浙江省社科联社科普及课题
——23KPD20YB——

悦读丛书

浙江当代交通简史

ZHE JIANG DANG DAI JIAO TONG JIAN SHI

徐子寿 主编

浙江工商大学 出版社
ZHEJIANG GONGSHANG UNIVERSITY PRESS
·杭州·

图书在版编目(CIP)数据

浙江当代交通简史 / 徐子寿主编 . — 杭州 ：浙江
工商大学出版社，2023.12
ISBN 978-7-5178-5816-4

Ⅰ．①浙… Ⅱ．①徐… Ⅲ．①交通运输史－浙江－
1949－2020 Ⅳ．① F512.9

中国国家版本馆 CIP 数据核字 (2023) 第 227965 号

浙江当代交通简史
ZHEJIANG DANGDAI JIAOTONG JIANSHI
徐子寿 主编

策划编辑	王黎明
责任编辑	张　玲
责任校对	李远东
封面设计	胡　晨
责任印制	包建辉
出版发行	浙江工商大学出版社
	（杭州市教工路 198 号　邮政编码 310012）
	（E-mail：zjgsupress@163.com）
	（网址：http://www.zjgsupress.com）
	电话：0571-88904980，88831806（传真）
排　　版	杭州彩地电脑图文有限公司
印　　刷	杭州宏雅印刷有限公司
开　　本	710 mm×1000 mm　1/16
印　　张	16.25
字　　数	273 千
版 印 次	2023 年 12 月第 1 版　2023 年 12 月第 1 次印刷
书　　号	ISBN 978-7-5178-5816-4
定　　价	88.00 元

宁波港（引自《浙江通志·交通运输业志》）

2015 年 12 月 24 日，宁波-舟山港举行第 2000 万集装箱起吊仪式（浙江省海港投资运营集团有限公司提供）

2007 年 12 月 29 日，浙江省首条千吨级内河航道——湖嘉申线湖州段建成通航（引自《跨越：浙江交通改革开放 30 年大事记》）

运河穿过余姚城区后，在沃野上形成了一个大拐弯（徐渭明摄）

1996 年 12 月 14 日，浙江省首个水上"四自"工程——杭州三堡二线船闸竣工并投入使用（引自《跨越：浙江交通改革开放 30 年大事记》）

富春江船闸扩建改造工程（浙江省港航管理中心提供）

1973 年的杭州武林门轮船码头（浙江省港航管理中心提供）

1986 年，钱塘江汽车轮渡通航（浙江省港航管理中心提供）

2017 年 12 月 8 日，舟山市举行江海直达船型首制 1 号船接水仪式（舟山市港航和口岸管理局提供）

内河集装箱船（浙江省港航管理中心提供）

京杭大运河杭州段的水上巴士（浙江省交通运输厅提供）

嘉兴港（嘉兴市港航管理服务中心提供）

2020 年 9 月 29 日，嘉兴市区水上巴士试运行（沈雅芳摄）

1996 年 12 月 6 日，浙江省第一条高速公路——杭甬高速公路全线建成通车，图为杭甬高速公路上虞段（浙江省交通运输厅提供）

2003 年 9 月 22 日，杭金衢高速公路全线建成，图为金华傅村枢纽（引自《跨越：浙江交通改革开放 30 年大事记》）

东阳怀鲁枢纽（王志金摄）

2003 年，浙江省开始实施乡村康庄工程，图为仙居县的县乡公路［引自《浙江省交通志（远古—2010 年）》］

2008 年 5 月 1 日，杭州湾跨海大桥建成通车，为当时世界最长跨海大桥（浙江省交通运输厅提供）

1998 年 5 月 26 日，温州大桥建成通车，为当时全国最长公路桥（引自《跨越：浙江交通改革开放 30 年大事记》）

2009 年 12 月 25 日，舟山大陆连岛工程——舟山跨海大桥全线通车，图为桃夭门大桥段（引自《浙江通志·交通运输业志》）

2020 年，湖州市实现省级"四好农村路"示范县（区）全覆盖，图为安吉县农村公路
（湖州市交通运输局提供）

2007 年 10 月 12 日，诸永高速公路括苍山隧道全线贯通［引自《浙江省交通志（远古—2010 年）》］

杭州东站外观（浙江省铁道学会提供）

胜利（SL）12型蒸汽机车（中国铁路上海局集团有限公司杭州机辆段提供）

韶山（SS）4型电力机车（中国铁路上海局集团有限公司杭州机辆段提供）

"和谐号" CRH2型电力动车组在浙江客专线上行驶（中国铁路上海局集团有限公司杭州机辆段提供）

2018 年 1 月 30 日，中欧班列（义乌—莫斯科）从义乌铁路西站首发
（王志金摄）

1990 年初的温州永强机场。2013 年 3 月，该机场更名为温州龙湾国际机场
（温州龙湾国际机场提供）

杭州萧山国际机场 T1 航站楼外景（杭州萧山国际机场有限公司提供）

宁波栎社国际机场（宁波机场集团有限公司提供）

浙江航空"中"字杭徽机队（中国国际航空股份有限公司浙江分公司提供）

2009 年 8 月 31 日，宁波栎社国际机场开通对台直航客运航班（陈轩摄）

2007 年 12 月 27 日，嘉兴市最后一处渡口——嘉善县杨庙镇三店渡举行撤渡建桥
落成典礼（引自《跨越：浙江交通改革开放 30 年大事记》）

2017 年，湖州市启动"绿色岸电"示范项目，建成标准化智能岸电装置 70 套，
京杭大运河湖州段实现水上服务区岸电全覆盖（湖州市交通运输局提供）

丽水畲乡百姓欢庆"绿谷巴士"通车［引自《浙江省交通志（远古—2010 年）》］

杭金衢高速公路萧山东收费站监控中心举行文明公路揭牌仪式［引自《浙江省交通志（远古—2010 年）》］

2016年，湖州获批成为全国首个内河水运转型发展示范区（湖州市交通运输局提供）

2020年4月20日，杭州市运管中心参加萧山机场应急处置专班，对所有境外来杭人员开展防疫检测、分流和转运工作（杭州市交通运输局提供）

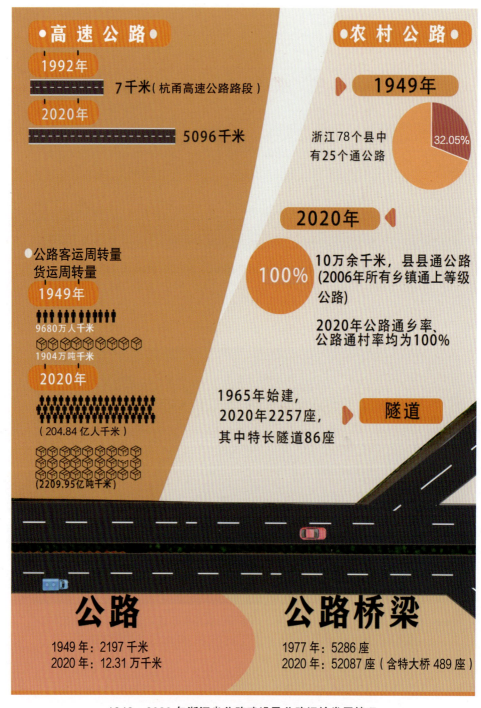

●高速公路●

1992年

7千米（杭甬高速公路路段）

2020年

5096千米

●公路客运周转量
货运周转量

1949年

9680万人千米

1904万吨千米

2020年

（204.84亿人千米）

（2209.95亿吨千米）

●农村公路●

1949年

浙江78个县中
有25个通公路

32.05%

2020年

100%

10万余千米，县县通公路
（2006年所有乡镇通上等级
公路）

2020年公路通乡率、
公路通村率均为100%

1965年始建，
2020年2257座，
其中特长隧道86座

隧道

公路

1949年：2197千米
2020年：12.31万千米

公路桥梁

1977年：5286座
2020年：52087座（含特大桥489座）

1949—2020年浙江省公路建设及公路运输发展情况

机动车保有量

1949年：1343辆

2020年：1984.07万辆
其中私人1756.01万辆

公共汽电车

1949年

56辆

2020年

4.46万辆

1949—2020年浙江省机动车保有量发展情况

港口货物吞吐量

1949年：30万吨

2020年：18.5亿吨

集装箱吞吐量

2000年：11.85万标准箱

2020年：3327万标准箱

内河航道

1949年：3575千米

2020年：9765.7千米

水路运输

水路客运周转量

1949年　0.54亿人千米

2020年　4.53亿人千米

货运周转量

1949年　1.72亿吨千米

2020年　9883.14亿吨千米

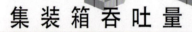

1949—2020年浙江省水路运输发展情况

铁 路

1949年：390千米

2020年：2808.8千米，其中高速铁路1510.1千米
（不含地方铁路和金温铁路公司所辖铁路235.9千米）

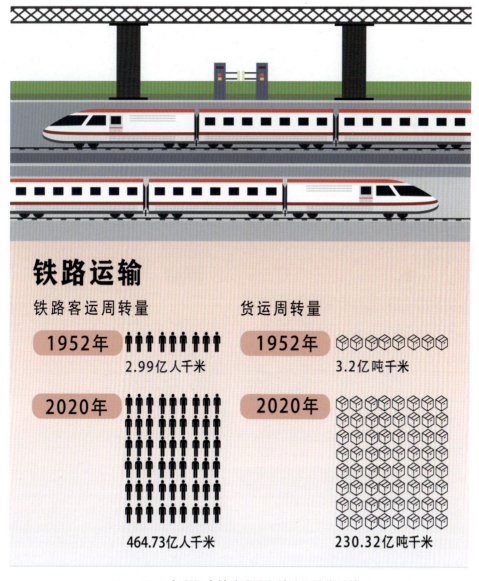

铁路运输

铁路客运周转量	货运周转量
1952年	**1952年**
2.99亿人千米	3.2亿吨千米
2020年	**2020年**
464.73亿人千米	230.32亿吨千米

1949—2020 年浙江省铁路建设和铁路运输发展情况

民用航空

1956年
在杭州笕桥机场筹建民航杭州站

1957年
1月1日，民航杭州站成立

1957年
1家运输机场，旅客出港971人次

2017年
7家运输机场，旅客出港3040万人次

2020年
国内定期通航点384个
国际地区通航点42个
国际地区定期全货机通航线22条

民航旅客吞吐量
货邮吞吐量

2020年
4996.39万人次

2020年
101.94万吨

1956—2020年浙江省民用航空发展情况

序

    1949 年中华人民共和国成立后，在中国共产党的领导下，开启了中国特色社会主义建设的伟大航程和交通运输事业发展的新篇章。浙江人民在非常薄弱的基础上，不畏艰难，不断探索，使浙江交通事业突飞猛进，获得了巨大的发展。特别是 1978 年党的十一届三中全会以来，浙江人民解放思想、开拓创新，日益深化对交通运输本质属性、发展规律的认识，将交通运输工作逐步纳入全面发展的轨道。20 世纪 80 年代，浙江把握住城乡经济快速发展的机遇，贯彻"普及与提高相结合，以提高为主"和"先缓解，后适应"等方针；20 世纪 90 年代初，抓住发展社会主义市场经济的机遇，引入社会资金，着力发展"四自"工程；20 世纪末期，抓住国家实施积极财政、金融政策的有利时机，确立"建设大交通，促进大发展"的指导思想，实施"三八双千"工程，实现"四小时公路交通圈"。2003 年 7 月，中共浙江省委第十一届四次全体（扩大）会议提出的"八八战略"，成为引领浙江发展的总纲领，从此开辟了中国特色社会主义在浙江生动实践的新境界。

    在全面建成小康社会的进程中，浙江交通人开拓进取、攻坚克难，全面深化改革，加快"四个交通"建设，认真落实省委、省政府关于"建设大交通，促进大发展""港航强省"等的重大决策，先后实施交通"六大工程"建设、现代交通"五大建设"、"5411"综合交通发展战略，加快构建现代综合交通运输体系，实现从"瓶颈"制约到总体适应的跨越。浙江被交通运输部列为全国首个现代交通示范区。特别是党的十八大之后，在以习近平同志为核心的党中央坚强领导下，浙江交通运输改革步伐不断加快，迈入了加快现代综合交通运输体系建设的新阶段。浙江省委、省政府印发《中共浙江省委、浙江省人民政府关于深入贯彻〈交通强国建设纲要〉建设高水平交通强省的实施意见》，并高规格召开全面推进高水平交通强省建设动员大会，自此全省综合交通投资持续快速增长。"十三五"期间全省综合交通投资达 1.36 万亿元，居全国第一。

浙江交通运输在初步实现"总体适应"基础上，逐步转向"先行引领"，在经济社会发展中的先行地位进一步凸显。2020年，浙江综合交通网络实现里程碑式的发展，交通线网规模达14.2万千米；高速公路突破5000千米，全省"两纵两横十八连三绕三通道"的高速公路主骨架基本形成，连通沿海港口的主要港区、机场、铁路等重要枢纽，陆域实现"县县通"；贯通内河航道，实现所有地市"通江达海"；宁波舟山港货物吞吐量连续12年稳居世界第一、集装箱吞吐量连续3年居全球前三；浙江省成为全国第二个拥有三大千万级机场的省份，旅客吞吐量突破4996.39万人次；海铁联运、内河港口集装箱吞吐量双双突破百万标准箱；圆满完成"四好农村路"、污染防治、运输结构调整等小康攻坚任务，为全省经济社会发展迈上新台阶提供了坚实保障。

中华人民共和国成立70多年来，浙江交通人用汗水和成绩书写了一部创业创新史，一部浙江交通全面发展史。它见证了浙江交通人"惠民、奉献、服务"的精神，记录了浙江交通人奋发有为的足迹，成为我们取之不尽、用之不竭的力量源泉。学党史讲交通，回顾中华人民共和国成立以来浙江交通运输事业辉煌历程，这既是对交通运输事业发展历史的尊重，也是对交通人继承和发扬传统、忠于共同的事业、履行神圣使命的激励。让我们用心血和汗水，谱写更为壮丽的乐章，铸造更加美好的明天！

浙江交通运输事业之所以有今天，之所以能得到这么大的发展，主要是因为有中国共产党的领导，有正确的路线方针政策，有各级政府的精心谋划，有广大人民群众的大力支持，有全省交通人的敬业奋进。在此，让我们向曾经为浙江交通运输事业建设、发展做过贡献的所有同志，表示由衷的感谢和崇高的敬意！

徐子寿

2023年6月18日

目 录

CONTENTS

第一章

探索发展　曲折前行

>>>>>>>>（1949—1977 年）

1949年，全省公路通车里程仅为2197千米，多为泥结碎石路面，实际能勉强通车的只有1356千米，公路技术标准低，通过能力差。运输车辆破旧不堪，能参加营运的仅有700余辆，以短途客运为主。同样，内河航道也处于长期失修失养的状态，通航里程只有3575千米，其中可通机动船的航道1024千米；营运船舶中，99%为木帆船，轮驳船不到300艘，水路客货运量非常小；浙江沿海港口仅有20个小码头，没有深水泊位，主要依靠人力装卸，宁波、温州、海门3个港口的货物吞吐总量只有30万吨。铁路仅有沪杭线和浙赣线，通车里程487千米，但因内战而处于全线瘫痪状态。民用航空事业则是一片空白。为保证军需畅通和民生改善，浙江军民协力，在一片千疮百孔、支离破碎的烂摊子上重建，迅速修复全线瘫痪的沪杭、浙赣铁路，快速抢修支前公路和公路干线。至1952年，杭温、杭徽、丽青温、金丽龙等干线相继修复通车，短短三年就迅速改变了交通设施破败的状况。

20世纪50年代中后期，浙江开始进入全面建设社会主义的历史时期，兴起建设交通的热潮。"一五"期间，交通建设投资占浙江省基建投资的16.7%，其中60%用于铁路，兴建萧山至宁波、金华至岭后两条铁路支线。在"大办工业、大炼钢铁"热潮下，公路建设一度发展速度较快，到1960年，浙江公路通车里程9557千米。宁波港为我国沿海主要港口之一，后因上海港的崛起而地位下降，到解放初几乎成了死港。1957年，宁波港开始恢复，兴建2个3000吨级泊位。全省的公路和水路运输以接管私营、个体运输为起点，经过社会主义改造，在组织运输合作社、公私合营的进程中，积极发展国营经济、扶持集体经济，逐步奠定以全民所有制运输企业为主导，全民、集体与个体经济共存的运输体系。浙江的民用航空事业起步，1957年，中国民用航空局在笕桥机场设立民航杭州站，开辟上海至广州经停杭州和南昌航线。这一时期，浙江交通的发展初步适应了当时工农业生产和人民生活的需要。

1958年开始"大跃进""大炼钢铁"运动，公路、水路货物运输需求迅速增长，全省交通面临巨大压力。浙江交通千方百计挖掘运输潜力，发挥"全民办运输"的突击作用，对装卸机具和木帆船进行"双革"（即技术革命和技术革新），新增船舶运力，改进船舶运输方式。1961年起，加强国防公路建设，开发山区交通，路况稳定上升。同时，道路运输积极支援农业生产，增辟客运线路，发展零担货运，较好地完成了计划任务。至60年代中期，浙江交通发展取得了一定的成绩。

但从 1966 年开始，长达 10 年的"文化大革命"，对浙江交通事业的发展造成巨大冲击。交通基础设施建设破坏严重，公路路况日渐恶化，港口建设缓慢；公路和水路运输处于停产、半停产状态，运输生产起伏不定。至 20 世纪 70 年代后，情况有所缓和。70 年代初，为配合"夺煤大会战"，解决长广煤矿的煤炭运输问题，修建了杭州至长兴的铁路，并于 1972 年通车。1972 年杭州筧桥机场完成较大规模的改建扩建工程，成为当时中国四大机场之一。

第一节 基础设施

一、公路建设

1949 年，浙江大部分地区解放。[①]浙江境内可通车公路里程只有 2197 千米，其中可全天候通车公路只有 935 千米，而且技术标准低，通过能力差；车辆破旧不堪，货运车辆很少，客车虽有 700 余辆，但以短途客运为主。这是浙江公路交通恢复重建时期的全部家底。

解放初期，浙江交通为支援解放战争，恢复工农业生产和人民生活，全力抢修公路，恢复交通。至 1952 年底，全省可通车公路增加到 2710 千米，公路干线相继恢复贯通。随后，开展国防公路、经济干线和山区公路的修复和新建。在 1956—1957 年农业合作化高潮中，浙江掀起第一次群众筑路高潮，两年建成简易公路 1496 千米，同时全省公路实行统一养护管理，路况良好，进入全国先进行列。

1958 年，全国进入全面建设社会主义的历史时期。在"大办工业、大炼钢铁"热潮下，浙江再次掀起筑路高潮，3 年内建成公路 4549 千米，省内大部分县市都有新公路建成，发展之快，前所未有，至 1960 年，全省已有公路 9557 千米。但因公路建设战线长、摊子大，修筑标准低、质量差，有 2354 千米晴通雨阻。1961 年起，全省调整公路建设部署，重点开发山区交通，加强国防公路建设，接通迂回路线，开展路、桥、渡改造，推广石拱桥，试建梁式桥，试铺渣油

---

①1950 年 5 月 17 日，舟山群岛解放。1955 年 1 月 18 日，一江山岛解放；2 月 13 日，大陈岛、渔山列岛、披山岛解放；2 月 26 日，南麂山岛解放。至此浙江全境解放。

路面，同时加强公路小修保养，路况由此稳定提升。至 1966 年底，全省通车公路 10459 千米，其中桥梁 3523 座 6.21 万延米。县乡公路建设获得初步发展，即使最偏远的山区县也通上了公路。

1966 年开始，受"文化大革命"运动的严重干扰，公路失养严重，但公路建设仍有一定进展。1967—1971 年，全省新建改建公路 10 条共计 355 千米，实现县县通公路。1971—1976 年，修建浙北至浙南国防迂回路线等 10 多条国防公路计 423 千米。1972 年实施全省社社①通公路规划，至 1976 年新建县社公路 3072 千米，当时全省 2990 个人民公社中有 1820 个通上了公路。

1973 年起，开展干线公路路基、路面恢复改造和公路绿化，铺筑高级、次高级路面②，路况有所改善。同时，开展桥梁改造和撤渡建桥。在桥梁建设中推广双曲拱桥，试建多种型式桁架拱桥。至 1977 年末，全省公路 17020 千米，与 1966 年相比增加 6561 千米；高级、次高级路面 1137 千米，与 1966 年相比增加 1118 千米；公路绿化里程 2853 千米，公路桥梁有 5286 座共 10.34 万延米。

这一时期，由于公路交通建设资金缺少，且长期实行"三统"管理③，地区分割，部门封锁，总体发展比较缓慢，加之公路运输车辆技术状况差，公路运输事故频发，乘车难、运货难的问题仍十分突出。

（一）抢修公路，恢复交通

1949 年中华人民共和国成立之初，浙江省通车公路里程仅为 2197 千米，且破损严重，路面多深坑大洞，行车艰难，晴通雨阻。1949 年 5 月中旬，杭州刚刚解放，杭州市军管会交通处就提出"解放军前进到哪里，就把公路交通恢复到哪里"的目标。至是年 8 月，就修复杭金线④上的 3 座桥梁，恢复杭金线通车，支援解放上海战役；简修杭昱线（杭州—临安昱岭关）杭州至余杭和玲珑至昱岭关段，恢复浙皖公路交通；简修恢复金丽线（金华—丽水）永康至丽水段、宁崇线（海宁—崇福）胡家兜至长安段、杭温线（杭州—温州）蒿坝至天台段；并在杭父（杭州—长兴父子岭）、杭金、杭昱 3 线开展养护工作，维持通车；恢复 16 处公路渡口的渡运。以上工程完成后，共增加通车公路 841 千米。8 月起，公

---

① "社"指人民公社。

② 次高级路面，主要指沥青灌入式、沥青表面处治及半整齐块石路面等。

③ "三统"管理，即统一政策、统一计划、统一流动资金的管理。

④ 杭州至上海公路浙境段，"金"为平湖金丝娘桥。

路建设重点转入抢修急要公路、援建闽北公路、整修主要干线和恢复地区性公路。至 1950 年 5 月，先后抢修鄞穿线（鄞县—穿山）、甬百线（宁波庄桥—上虞百官渡口）、江拔线（奉化江口—新昌拔茅）等，为支援解放定海做出重大贡献。1950 年初至 1951 年 10 月，跨省修建闽北公路，改建自江山经浦城至建阳公路244 千米；新建水吉至建瓯直达公路 64 千米；整修杭昱、杭温两条主要干线和长界公路（长兴—浙皖交界的界牌）共 548.01 千米，其中新增通车里程 280.23 千米。此外，还恢复、续建地区性公路（大都是半山区公路）322.90 千米。1952 年起，浙江公路建设从恢复阶段转入有计划、有重点的建设阶段。

（二）修建沿海干线公路和军用公路

1952 年起，为加强边防、海防，浙江重点修建具有国防意义的公路和沿海公路。主要工程有：

1. 修建丽青温线（丽水—青田—温州）

此为浙南山区外通海口、内联金华铁路交通的主要干线，全长 128 千米，路线大多傍山沿溪，在抗日战争期间损毁严重。线路改由梅岙建渡口过瓯江至温州市区，并新建道路 18.49 千米。1952 年 11 月动工，1953 年 10 月全线建成通车。

2. 改建乍平嘉线（乍浦—平湖—嘉兴）

1952 年 11 月动工兴建，1953 年 9 月竣工。该线东起杭金线的乍浦，西接杭枫线（杭州—枫泾）上的嘉兴，是上海至杭州公路外线、内线和沪杭铁路之间的联络线，故改建此线的军事意义大于经济意义。

3. 修建海岛及沿海公路

修建海岛及沿海公路 13 条，总长 281.54 千米，这包括新建舟山、岱山岛上公路，修复路椒支线（黄岩路桥—海门），新建柳黄支线（乐清柳市—黄华专用码头）等。

4. 修建"国防三线"

修建"国防三线"，即泽楚线（泽国—楚门）、宁高线（宁海—高枧）、温分线（温州—苍南分水关）。工程始于 1955 年 2 月，同年 12 月竣工，共修建公路 200.94 千米。该沿海国防公路干线北通上海，南接福州，串联省内乍浦、杭州、宁波、镇海、海门、温州等重要港口、机场，前方有支线连接专用公路、专用码头，后方连通嘉兴、杭州、金华等地公路、铁路、水路交通枢纽，是浙江海防公路干线和沿海地区主要公路交通线，对浙江经济发展起到重要作用。

1962年根据国防战备需要，打通几条迂回路线，开展渡、桥、路改造。公路通过能力提高，路况提升。

（1）改建、新建渡口。新建丽水至温州线梅岙渡。梅岙渡是瓯江上的重要渡口，1962年9月开工建设，1963年4月建成。新建钱塘江预备渡口（设址杭州市郊袁浦和萧山龙山），为钱塘江大桥遭破坏时备用渡口，1962年下半年开工，1963年7月建成。改建龙游南山线碧湖渡为永久式码头，1964年8月开工，1965年1月竣工。

（2）改造桥梁。解放初，浙江公路桥梁以半永久式和临时性木桥居多。1960年起，利用老桥台墩，以中小型装配式钢筋混凝土桥面替换木桥面。至1966年，共改造木面桥454座，共5832延米，拆换改建临时性贝雷钢架桥21座。

（3）改善公路。①贯通龙南丽瑞线（龙游—南山—丽水—瑞安）。该线连接东南沿海公路，是杭州至温州、金华至温州两条公路干线的国防迂回路线。除在原有公路上改善贯通外，还新建公路44.19千米。工程于1962年11月开工，1965年8月竣工，主要由解放军铁道兵部队施工。②拓宽金温线缙云至丽水段路基为全线双车道。该工程于1963年12月开工，1964年12月竣工。③改善吴长安公路（吴兴—长兴—安吉）。工程于1966年3月开工，同年11月竣工。④改建桐庐经於潜至千秋关公路。工程于1965年8月动工，1967年8月竣工。

1971—1976年，贯彻"备战、备荒为人民"方针，平战结合，民办公助，修建战备公路。①修建、改建浙北至浙南战备公路迂回路线。充分利用原有公路，选择关键位置修建新路，改建提升个别路段，使其连接贯通，其中新建里程205.73千米。②修建青山—临安、德清—塘栖、新昌三坑—宁海双湖、宁海桥头胡—象山莲花、丽水大港头—云和云章、苍南县城线、杭父线九九桥—白雀、奉化马头—石沿、象山西周—莲花顶等公路10余条，共210.12千米，其中新建185.62千米，多数为国防需要修建。③金华交通枢纽穿城公路改线，全长7.02千米，1972年1月开工，1973年10月竣工。其中，洪坞大桥长210.34米。

（三）地方道路建设

1952年，根据政务院恢复与开辟交通，改善老根据地人民生活的指示，开始修建地方道路。至1952年底，全省77个县，已有57个县的县城通公路。1953年起，浙江地方道路建设面向山区、面向老根据地，为发展农业生产服务，采取"民用、民建、民养与国家适当补助"办法，由县主办，省、地在技术上给予帮助和指导。1953—1955 年，建成县、乡公路共 9 条，共 222.28 千米。其中伸入四明山的余梁线（余姚—梁弄）长 24.71 千米，是浙江解放后第一条由县新建的县乡公路；老路改造为简易公路的有 8 条，共 197.57 千米；修复龙泉—庆元县城干线，新建东阳—磐安县城干线。

1956 年 1 月，浙江掀起第一次群众筑路高潮。全省 82 个县中有 62 个兴建公路，公路施工里程计 2350 千米。至 1957 年末，修建干线公路 14 条，共 535.50 千米。全省通行条件差的 8 个县中，庆元、磐安、分水、仙居、文成 5 个县通了公路，景宁县轻车勉强通行，象山、泰顺两县在建。新建、修复寿昌—衢县线、东阳—永康线等 8 条公路，共 295.37 千米。经过修建，浙江中部各干线基本贯通，山区公路成网。另外，还建设长兴煤矿、绍兴滴渚铁矿两条厂矿干线共 50.87 千米。

1958 年，浙江根据交通部提出的"依靠地方、依靠群众、普及与提高相结合，以普及为主"公路建设方针，再次掀起持续 3 年的筑路高潮。1958 年，建成公路 294 条，共 2452 千米；1959 年，新建、恢复公路 104 条，共 1058.10 千米。1960 年，公路建设由各自为战转向统一规划、联合修建。1960 年下半年因经济出现困难而调整建设计划，不少公路停建，但当年仍增加公路里程 1085 千米。1958—1960 年间，浙江 19 个山区县增加公路 1739 千米，工厂矿区公路增加 1226 千米，基本做到有矿就有路。上述公路建设，主要依靠地方和群众力量，国家只给少量补助，由于经费不足，造成有些公路陡坡、急弯、狭路、视线不良，连最低技术标准都达不到，以致难以行车。

1961 年，浙江公路建设重点是开发山区交通。主要工程有：连接贯通 4 条干线公路，共 357.54 千米；择要续建、接通 5 条山区公路，共 225.03 千米；配合水库电站建设修建公路 8 条，共 276.50 千米；修建通往林区公路，有省建景宁东坑至上标公路 27 千米，有县建公路 15 条，共 356.89 千米；在安吉、德清、吴兴、长兴 4 个县毛竹产区新建通往毛竹基地公路 11 条，共 110.14 千米，改建 16 条，共 106.12 千米。另外还修建手车道、机耕路 2000 千米，改善 2100 千米。这一阶段建设，较好解决了山区、半山区通行道路问题，并为以后扩建成公路打下基础。

1967—1971 年，全省新建、改建公路 10 条。续建富阳虹赤至萧山楼塔段公路 49.67 千米。续建泰景公路（泰顺—景宁）罗阳（泰顺县城）至童岭头段，新建 20.88 千米，改善 19.09 千米，续建 30 千米。改善云和至景宁公路，改道新建

25.60 千米。拓宽改善遂昌至黄石玄口公路，全长 38.85 千米。新建龙泉伍大堡（今庆元）至荷地公路，全长 26 千米。新建象山茅洋至石浦公路，全长 47.38 千米。修复杭沪线嘉兴经嘉善至枫泾段 28.86 千米和余杭临平至桐乡崇福段 19.05 千米。嘉善是当时浙江唯一未通公路的县，上述线路于 1970 年 7 月修复贯通后，全省实现县县通公路。新建淳安唐村至安徽歙县三阳坑公路浙境段，长 21 千米。新建罗阳通往福建寿宁公路浙境段，长 5.04 千米。新建龙泉新窑至福建松溪公路，全长 23 千米。该公路浙江境内虽然只有 2 千米，但全线均由浙江施工，于 1966 年 10 月开工建设，1967 年 9 月竣工。

（四）公路桥梁建设

1. 河底便道改建为桥梁

公路主要干线上的河底便道，通过建桥，改善路况，提高通过能力。这一时期，大型公路桥梁采用贝雷式钢架桥，中小型桥梁为石台（墩）木面半永久式桥。1956 年 3 月至 1957 年 2 月，为支援浙江第一个国家重点建设项目——新安江大型水电站建设，确证杭兰（杭州—兰溪）线杭州至建德白沙段畅通，将该路段的安仁、大兴、下涯埠、西水 4 处河底便道改建为桥梁。其中，西水桥为 4 孔等跨 12 米的石拱桥，全长 60.74 米，桥面净宽 7 米，是解放后省内新建的第一座跨径超过 10 米的中型公路石拱桥。此后，石拱桥一度成为浙江公路桥梁的主要类型。

2. 新建黄岩大桥

黄岩大桥是中华人民共和国成立后浙江省第一座自己设计施工建设的大型公路桥梁。1954 年 10 月开工建设，1955 年 7 月 1 日建成通车，投入劳动力 19 万工，总投资 196.52 万元。全长 184.30 米，桥面净宽 7 米，桥高 13.70 米，其在结构型式、梁桥跨度、空心管桩长度等方面处于国内领先地位。

1958 年以后，浙江公路主要任务是改建危桥、撤渡建桥和过水路面建桥，以提高公路通过能力。在桥梁建设中，推广建设石拱桥，因为既能就地取材，充分利用当地石工、石料，又可解决当时钢材、水泥供应紧张问题。1958—1959 年，全省建造中小型公路石拱桥 200 余座，1958—1966 年，全省建造大中型公路石拱桥 13 座。白沙大桥是这一时期的石拱桥建设杰作，该桥是省内第一座多孔大跨径石拱桥，1959 年 10 月 1 日动工建设，次年 7 月 1 日建成通车，全长 362 米，桥面行车道宽 7 米，两边行人道各宽 1.50 米，桥高 24 米。这一时期，钢筋混凝土技术也有新发展。原来梁桥建设基本上套用苏联标准图，高大笨重，1958 年后开始在设计施工上进行一定的改进。至1966年，浙江共建梁式大中型桥40座，其中最具代表性的是桐庐大桥和临海大桥。桐庐大桥位于桐庐县城西北，跨分水江，是浙江省第一座多孔大跨径装配式梁桥，全长228.84米。1959年10月开工建设，1961年1月建成。临海大桥位于临海县城东边，跨灵江，主桥为9孔30米净跨预应力混凝土装配式梁，全长549.67米。1964年7月开工建设，1965年10月建成。至1969年，全省尚有公路木桥811座12000延米，占全省公路桥梁的21.53%。公路渡口改建桥梁，自1955年新建黄岩大桥始，至1966年共改建14座。还有40处渡口，一遇台风、洪水就要停渡堵车，成为浙江公路交通最薄弱的环节。

1967—1976年，共改建公路危桥93座，其中干线公路桥19座、1777.75延米；撤渡建桥18处，其中干线公路12处；干线公路过水路面改建桥梁13座、1024.18延米。1976年尚有半永久性、临时性桥105座、1403延米，渡口22处，过水路面320处23246米。这一时期建设的主要桥型是双曲拱桥。双曲拱桥用料省、造价低，施工简便且形式美观又具民族风格。1966年浙江交通部门赴江苏无锡参观学习后，始建武义白洋渡双曲拱桥，此后逐步推广，并在结构设计、施工工艺上有所改进。1975年3月建成兰江大桥，首次采用伸臂拼装法，开辟双曲拱桥无支架施工新途径，成为国内的范例。至1976年全省共修建大中型双曲拱桥129座、8396延米。

在总结双曲拱桥经验基础上，1970年以后，陆续建造几座跨径35—50米的桁架拱桥。1971年在余杭塘栖至德清公路上建成跨径50米的里仁桥和斋糠山桥，曾有20多个省份的代表团前往参观。钢筋混凝土球面扁壳拱也是浙江公路桥的一种创新构思，很适用于山区溪流及浅河地段，有自重轻、用材省、双向受力、刚度大、工期短等优点，如1974年建成的鄞县华锋桥。还有向山东学习的双铰平板拱桥，如1976年在宁波至临海线上建造的黄坛桥。浙江为探索建造特大型桥梁合理桥型和积累施工经验，试建大跨径桥梁——宁海越溪桥，为主孔净跨75米预应力桁架拱和边孔净跨40米双曲拱组合桥。1974年4月开工建设，1976年10月建成，全长138.20米。

（五）公路养护工作

1. 建立公路养护机制

中华人民共和国成立之初，浙江的公路中，商营汽车公司养护（简称商养）584 千米，占 47%；民工养护（指原系旧省公路局道班养护）492 千米，占 39.50%；旧第一区局养护 118 千米，占 9.50%；市、县养护 50 千米，占 4%。当时原有道班工人所剩无几，民工养路几乎就是无人养护。1949 年 8 月，刚成立的浙江省交通管理局，决定整顿养路机制，普遍采用道班养护制。明确除商养路线和施工通车路段由施工单位负责养护外，余均由省局道班养护。撤销旧第一区局和旧省公路局两套养护机构，成立杭州、海宁等 10 余个工务段，配置道工 996 人，共养护公路 1641 千米，渡口 14 处，配渡工 107 人，养路工作有所加强。

1950 年开始试行县养公路（通称地方养路），将地区性路线及支线 396 千米，由县发动民工进行临时性养护，以维持通车。1952 年 7 月，省公路局决定扩大省养路线，主要干线均由省养护，收回商养公路 458 千米，收回县养公路 233 千米。至年末，省养公路里程 2024 千米，占全省公路总里程的 75%。1956 年商养路线全部收回省养，商营公司代办养路的历史宣告结束。群众筑路新增公路 644 千米，其中 82% 为县养公路，18% 为省养公路。1957 年末省养公路 3008 千米，县养公路 1811 千米，市养公路 66 千米，福建省代养公路 77 千米。初步形成以省养为主的分级养护机制。

1967—1976 年期间，公路严重失养，路政管理松弛，人为损坏严重。不少路段路基缺口、越来越窄，路面露骨、坑坑洼洼。全省公路好路率下降，1972 年是 46.60%，1973 年是 44.40%，1974 年是 42.50%，1975 年回升至 44.90%，1976 年又降至 43.10%。当时有顺口溜："车子跳，浙江到。"

从 1973 年冬开始，浙江公路部门狠抓公路路基恢复、路面改造和公路绿化，依靠当地政府，发动沿线群众，采取民工建勤，进行老路改造。至 1975 年，累计完成干线公路路基恢复、加宽、改善线型共 1000 余千米。此外，开展路面改造，铺筑渣油（沥青）路面、水泥路面和块石路面。1965—1970 年，杭州公路部门铺筑 41.96 千米。1971 年起，浙江在几条主要干线铺筑油路，1972—1976 年每年铺筑 100 千米以上。至 1976 年，全省已有渣油路面 797 千米。1975 年，省际干线公路杭州至长兴父子岭 139.46 千米，全线路面实现黑色化。浙江公路水泥路面铺设始于 20 世纪 50 年代，至 1970 年累计铺设仅 12.38 千米，1971 年后有较大发展，至 1976 年全省累计建成 147 千米，当时在全国首屈一指。块石路面主要建在温岭、玉环、缙云、永康等石料资源丰富县。1972—1976 年全省累计建块石路面 10 千米。至 1975 年全省公路绿化里程共 2852.74 千米，其中干线公路计 2500 千米，行道树为 190.40 万株。

2. 开展养护技术改造

新中国成立初期，浙江公路路况甚差。公路路面为泥结碎石路，晴时尘土飞扬，雨时坑坑洼洼。全省 977 座公路桥梁中木面桥占 70% 以上，使用寿命短。为此，省公路养护部门采用"木桥面上加铺石灰三和土"新技术，尝试"铺装砂土拌和面层""铺装级配磨耗层"新工艺，推广道班工人"晴扫湿削，巡回保养"经验，养护技术有一定提高。至 1955 年，中小型木面桥梁已全部改造为石灰三和土桥面，实际使用寿命延长至 20 年。各线路况亦已基本做到"晴少尘土，雨无泥浆"，得到当年来浙江视察的交通部副部长潘琪和苏联专家聂格达耶夫的肯定。在 1956 年全国公路养护会议上，介绍浙江的养路经验，并授予浙江"养路模范"锦旗。

3. 调整公路管理体制

1958 年后，浙江公路交通出现重运输轻养护、重大中修轻小修保养倾向，公路路况有所下降。为此，省交通厅采取措施，加强小修保养。1963 年将公路管理体制调整为省工程局、养路总段（段）、养路工区三级，试行农工养路[1]，路况显著改善，有 900 千米等外路上升到六级（路基宽 7.50 米、路面宽 3.50 米）公路。至 1966 年底，全省公路养护里程 9958 千米，其中专业养护 7506 千米，农工养护 2452 千米，优等路 313 千米，良等路 4843 千米，次等路 4236 千米，差等路 566 千米，绿化里程 4169 千米，路况稳定改善。

二、港口建设

中华人民共和国成立之初，浙江省沿海的宁波港、温州港、海门港只有 20 个小码头，没有深水泊位，设施破旧，年货物吞吐量仅 30 万吨。1950 年开始，宁波港码头陆续得到修复、重建。至 1959 年底，宁波港码头增加到 14 个。温州港于 1957 年形成历史上第一个完整的港区——朔门装卸作业区，同年国务院批准对外开放。1958 年温州港建成 3 号和 4 号码头及客运站，1966 年 8 月建成 3000 吨级沿海客运码头。舟山定海港和沈家门港在 1955 年虽有港务码头 6 个，但遇有较大船舶到港，还需借用驻舟海军部队码头靠泊装卸。海门港于 1957 年

---

[1] 农工养路即亦工亦农养护方式，养路工人是农工，不列入国家事业编制。

建成木质浮码头4个和石油码头1个，1960年建成省内首个沿海3000吨级高桩框架结构、双栈桥永久性码头。乍浦港于20世纪70年代中期由上海石化总厂开发建设陈山原油码头。内河港口方面，杭州港于20世纪50年代相继建成6个石砌岸壁式简易码头，1960年建成首个工矿企事业单位专用码头——半山杭州钢铁厂码头区。湖州港和嘉兴港分别于1954年、1964年建成客运专用码头。绍兴港于1964—1970年间建成企业自用码头5个。

在"文化大革命"期间，沿海港口虽然发展缓慢但仍有发展，宁波港镇海港区建成万吨级泊位，温州港已形成安澜新港区，舟山港新建、改建码头泊位18个，海门港新建泊位8个。内河港口也有一定发展，杭州港于1976年7月建成崀山港作业区，泊位13个；嘉兴港建成码头2个，泊位12个；兰溪港建成客运码头1个，泊位2个。

（一）疏浚进港航道、修复航标设施

抗日战争时期，为防止日舰入侵，宁波港通过采取"堵口塞江"的措施来阻止日军进港，沉船堆积，导致进港航道的淤浅。温州港亦有大批沉船。这些沉船严重威胁进出港的船舶航行安全和正常靠泊。因此，解放初，即组织人员打捞沉船，并对进港航道进行疏浚，改善港口通行条件。

1954年4月，宁波港务分局委托交通部航务工程总局疏浚公司上海市疏浚队先后在甬江口外小游山至虎蹲山、虎蹲山至招宝山以及清水浦实施挖泥工程，这三段航道浚深在1米以上，挖土总量计42.07万立方米。当年7月工程完成。在第一次疏浚以后，继而对宁波港一号码头（即原招商局江天码头）、二号码头（即原宁绍码头）前沿淤浅地段实施挖泥工程。一号码头的挖泥区长180米、宽20米，挖深至最低潮面下4.5米，挖泥4000余立方米；二号码头的挖泥区长140米、宽20米，挖深至最低潮面下6米，挖泥6600立方米。1955年工程完成。

为解决沿海港内沉船问题，1950年10月，镇海生产打捞组成立，于1950—1953年先后打捞起"宁镇""新宁余""江利"等小型轮船。1950年10月至1952年初，宁波港务分局组织对宁波港的白沙、拗艚江、镇海口门等段水域的沉船、旧趸船，作了一次较大规模的清理，基本上清除了主航道上的障碍物，为沪甬线3000吨级客货轮复航创造了条件。

1956年10月开始，在温州港进行沉船打捞工作，并于1957年3月先将妨碍航道最严重、吨位最大的"东南"轮、"荣华"轮的主机以及沉没在岐头山附近海面的日本运输舰打捞出水。这些沉船的清除不仅有利于船舶航行安全，而且扩大了港内船舶停泊和驳锚地。其间，温州港务办事处先后两次组织力量前往黄大岙海面，拔除了遗留在海中的木帆船桅杆 6 根，同时对该处南航道附近的 800 平方米、北航道附近 1300 平方米的海面逐段反复探测，确保障碍物清除干净。

此外，浙江港航系统还通过修复港域航标、增设导航设施确保船舶通行安全。1950 年，宁波航务办事处组织技术人员陆续修复已损坏的航标，于 1952 年沪甬航线开通前全部完成。1953 年，温州港务办事处在瓯江北岸潮峃（楠溪江口以东约 4 千米处）附近的浅滩航道上，设立了 2 只不发光浮筒。夜间有引水员引领轮船进出港时，派舢板在浮筒上悬挂煤油灯，以指示航向。从此，温州进出港的轮船有了夜航。后陆续设立 8 座电气灯桩，使轮船夜航的困难基本上得到解决。1955 年温沪线海运畅通以后，温州港又陆续增设了一些灯桩。潮峃附近 2 只原来不能发光的浮筒也改为灯浮。江心屿前的象岩灯桩于 1957 年下半年改建为电气发光的钢筋混凝土灯桩。港内助航设施的改善，对于保证进出港船舶的航行安全起了重要作用。

（二）沿海港口码头的修复和新建

解放初，沿海港口只有少量码头可勉强靠泊船舶。当时，宁波支前和民生必需品的运输任务十分繁重，因此于 1950 年 10 月前陆续修复了招商局轮船公司宁波分公司的江天码头以及宁绍码头、宁兴码头。其中，江天码头因仅有 1 只趸船，于 1953 年 8 月重修时，把 1 艘铁壳油驳改装成趸船，恢复了该码头原有的靠泊能力。其余 8 座码头中，美孚、太古码头移作军用；泰昌祥码头于 1952 年划归宁波港务分局接管，经修理后改称镇海码头；剩下的 5 座较小的码头，至 1955 年也相继由私营轮船行自行修复，投入使用。宁波港在 1954—1956 年间还新建了 7 座码头，这些货主码头的出现，打破了宁波港务分局独家经营的局面，对加速港口的发展起了一定作用。

1953 年 11 月，港口封锁局面初步打开，运输生产和安全秩序逐步恢复，温州港务办事处修复了原招商局码头的 1 座木引桥和 1 座木栈桥，同时从岩头山拖回铁驳进行安装，投入使用，成为当时温州港唯一的生产码头。1956 年 11 月，温州港务办事处在原招商局码头西边建成港务二号码头（原招商局码头改称港务一号码头），安装钢筋混凝土趸船 2 只，各长 32 米、宽 9 米，泊位长 64 米，可以靠泊 2000 吨级船舶。

海门港解放前遗留下来的前所码头，即第一、第二、第三码头（即原振市公司的 3 座码头），于 1953 年得到修复。同年，浙江省粮食厅在海门港新建一座码头，供粮食运输装卸之用，1954 年 6 月由海门航管所予以接收。另外，椒江上游的临海码头，因流沙淤积，无法停靠轮船，因而于 1954 年改在下游另建一座临时码头，以适应运输的需要。

1953—1956 年间，石浦港、象山港、沈家门港、定海港也各建成小型码头。

（三）从修缮老设施到建设新港区

为满足社会经济发展需要，在修复破旧码头设施的同时，全省港口逐步开展新港区的建设工作，建成海门一号码头，宁波白沙新港区，温州西门、东门新港区，改造杭州南北港区等。

1. 海门一号码头

中华人民共和国成立初期，海门港的港口设施十分简陋。为该地区输入煤炭、接运黄岩蜜橘的 3000 吨轮船，虽能进入港口，但无码头靠泊，只好锚泊江心，用小船驳运，效率低。为提高港口通过能力，1955 年曾进行测设，计划将旧三号码头栈桥接长 41 米。码头建设的标准是以停靠 3000 吨级轮船为主，2000 吨级为辅，500 吨级则可停靠 2 艘。码头前沿水深 5.5 米。码头形式是两座栈桥连接固定的混凝土高桩平台，整个码头平面呈"n"形。码头最大起重能力为 10 吨。该码头于 1959 年 9 月 16 日批准立项。一期工程为下游栈桥工程，1959 年 4 月完成木栈桥 53.5 米和混凝土栈桥 60 米。第二期工程是上游栈桥、高桩平台及两条引桥，于 1960 年 1 月开工，8 月竣工，为浙江省第一座自己设计、施工的 3000 吨级混凝土高桩平台固定式码头。码头建成后，上海海运局的 3000 吨级轮船可在海门港和大连港之间直接运行，快速地将黄岩蜜橘运往北方，把北方的煤炭运入台州地区。

2. 宁波白沙新港区

1956 年 10 月，萧甬铁路修至宁波庄桥，并决定货运线由此岔出至白沙设站，开辟水铁联运。宁波港务分局于 1957 年 9 月报请上级批准，拟兴建联运码头。该工程于 1957 年 10 月动工，至 1958 年 2 月 1 日建成投产，定名为"联运一号"。码头为双引桥钢质浮码头，趸船长 50 米、宽 8.5 米、高 2.1 米，靠泊能力为 3000 吨。1958 年，港口煤运量陡增。为适应需要，港务分局于当年二季度又在一号码头下游建设与上述同等规模（靠泊能力 3000 吨）的煤炭专用码头 1 座，至此，加上该区原有市粮食局的 2 个粮食专用泊位（靠泊能力 500 吨）和一个煤建公司煤类专用泊位（靠泊能力 150 吨），共有大小码头 5 座的浙江第一个水铁联运新港区初步形成，为开辟水铁联运创造了条件。当年 3 月，庄桥至白沙货运铁路接通，白沙作业区的综合通过能力大为提高，逐步承担了一区的货运（特别是煤炭和矿建材料）业务，并被命名为宁波港第三装卸作业区。1960 年 5 月 1 日开启水铁联运后，其月吞吐量即达 5 万吨。

3. 温州西门、东门新港区

1958 年，温州港进出口物资迅速增长，常出现到港船舶锚泊江心等候码头装卸的情况。1958 年 12 月，在二号码头以西建成三、四号码头。其中，四号码头是 3000 吨钢质浮码头，主要供温沪大型客班轮使用，并在码头附近兴建一座面积为 400 平方米的小型客运站。自此，朔门老港区扩展到麻行，4 个码头连成一片，陆域面积增加 1 倍，解决了大客班轮的停泊问题。

在建设三、四号码头的同时，开辟西门新港区，建设 1000 吨级的木质趸船五、六号码头及堆场 6940 平方米。温州市煤炭公司也修建后方堆场 2 万多平方米。这些码头、堆场的建成，在西门形成了一个新的装卸煤炭专业港区。1961 年，温州港拆除振华原有 2 座木质高桩平台，在东门新建 50 米长的 1000 吨级钢质浮码头 1 座和 500 平方米堆场，主要供装卸粮食之用。1964 年，又在该处扩建长80 米的 2000 吨级钢质浮码头 1 座及仓库 2200 平方米、堆场 4000 平方米。至此，以装卸粮食为主的新振华专业作业区初步形成。1966 年 6 月，在安澜亭兴建 1座大吨位客运码头，可停靠 3000 吨级货轮或 7500 吨级客货轮，建有 1040 平方米的客运站 1 座及相应的仓库、堆场。省石油公司温州分公司 1960 年在状元桥一带建成 1 座泊位长 93 米、能靠 3000 吨级油轮的钢质浮码头以及配套设施——2.4 万升的油库。

经过老港区的改造、扩展和西门、东门港区的新建，温州港初步发展成为包含货运（如混合货物、煤炭、粮食、石油运输等）和客运的新型专业港区。

4. 杭州南北港区的改造和发展

1958 年，在钱江港区海月桥（货运）码头锚泊地段，采取抛石淤沙成陆，再砌石驳坝护岸的方法，建成 3—9 号和 17—27 号浆砌块石岸壁式泊位 18 个。1964 年，又继续建成同样结构的 10—16 号泊位 7 个。前后两次建设合计总长近700 米。同时，泊位装备了 1.5—3 吨桅杆或转盘起重机或皮带输送机，提高装卸效率。同年在海月桥西侧的化仙桥外海码头建成 1—4 号浅基驳坝泊位 4 个，1968 年又建成 5—8 号浅水沉箱结构泊位 4 个，8 个泊位共长 420 米。

"大跃进"时期，半山钢铁厂和大运河义桥港的兴建，促进了运河港区的发展。运河港区向东北延伸 2 千米至义桥港，向东北延伸 4 千米至半山钢铁厂。与此同时，港区内原有作业区的码头、仓库、堆场和装卸设施也有较大改善。1958 年 11 月，扩建德胜坝港区码头，扩大码头、堆场，开阔港池，缩短过坝距离。工程于 1959 年 2 月 25 日开工，完成后港区堆场由原来的 1000 余平方米扩大到 7000 平方米，建成总长 155 米的用于装卸砂石、煤炭等物资的 7 个简易泊位，改善了港区集疏转驳条件。1963 年 12 月，扩建湖墅客运码头，工程于 1964 年下半年动工，年底竣工。翻建候船室 621 平方米，扩建雨棚码头 46 米，还添置服务设施，使该码头站房面貌有了较大的改观。

（四）港埠建设较快发展

"文化大革命"期间，全省新建、改建、扩建了一批码头泊位，开辟新港区，改造老港区。特别是宁波港，在镇海兴建了万吨级码头泊位，这是前所未有的创举。内河（内江）港埠的码头建设也有较快的发展，仅在 1970 年为了配合"夺煤大会战"的开展，就建成各类内河码头 67 座。宁波港建设加快步伐。1957 年，老港区白沙水铁联运码头定点兴建，第一期工程先后建成 3000 吨级泊位 2 个。为解决上海港分流问题，缓解华东地区货运压力，1973 年 7 月，新成立的国务院港口建设领导小组负责人粟裕亲临宁波港视察，并选定在甬江口门外依托镇海县城开辟新港区。次年 1 月，国家计委批准建设镇海新港区第一期工程，包括 2 个煤炭专用码头和 3 个深水杂货码头，由此迈出了宁波深水港建设的第一步——从内河港向河口港推进。镇海港区由人工造堤填筑而成，大堤长 3186 米，从陆域上的招宝山沿甬江北侧水面向东偏北方向伸展，与大、小游山岛相连。1974 年 2 月—1975 年 9 月，完成土石方总量 66 万立方米。港区规划建设 16 个泊位。1977 年，建成万吨级和 3000 吨级煤炭专用码头各 1 个。从此，浙江有了第一个万吨级深水泊位。这 2 个煤炭码头的建成，解决了浙东地区供煤困难，减轻了上海港中转的压力。同时，镇海发电厂等大型港口电站也随之诞生。这一期间，还对宁波老港区的一些码头泊位进行了改建，增加了新泊位，特别对第三作业区（白沙作业区）进行了规模较大的扩建。

加大舟山港改扩建力度。1972 年底开始实施定海港扩建。其中，第一期工程于 1973 年结束，建成沙垫层基础浆砌块驳岸 56 米，拆建一号、二号、三号码头，并在一号、二号码头各配置钢筋混凝土趸船 1 艘、钢引桥 1 座，两码头合用，可靠泊 3000 吨级船舶。三号码头配置钢筋混凝土趸船 1 艘、钢引桥 1 座、桩基栈桥 1 座，也可靠泊 1000 吨级船舶。第二期扩建工程于 1974 年 2 月开始，历时8 个月，建成长 71 米的铁石驳岸和四号码头，可靠泊 1000 吨级船舶。定海港第一、二期扩建工程的完成，初步缓解了舟山港泊位紧张的局面。1972 年在沈家门港以西的墩头开辟新港区，利用原来的海塘建造了 1 座钢筋混凝土高桩货运码头，同时修建 500 平方米仓库 1 座。1976 年又在原海塘 30 米外修筑一条 300 米长浆砌块石驳岸，以保护该码头和附近陆上建筑物基础，并使港内陆域面积增加到 3 万平方米。1972 年，在泗礁岛西北角的李柱山岛南岸建造客货运码头 1 座，采用了先预制钢筋混凝土桩柱，1974 年完成投产。此外，还在李柱山岛与泗礁岛之间的海峡上，建成 1 座长 78.4 米、整体双曲拱式钢筋混凝土桥梁，可通行10 吨载重汽车，使两岛连成一片。物资单位建造的专用码头也有较快的增长，1968—1976 年共增加 12 座，最高可靠泊 5000 吨级煤轮和油轮。

温州港码头设施不断完善。"文化大革命"期间温州港共新建了 3 座码头，并根据运输生产的需要和航道水深的变化，改建（扩建）了 3 座码头，重建了 1座码头。在新建的码头中，最重要的是安澜一号码头。1959 年瓯江主流向发生变化，朔门、西门港区一带河床逐渐淤浅，严重影响了船舶的靠泊和装卸。为了适应运输生产的需要，从 1967 年开始，在水深条件较好而又比较稳定的东门新码道一带，兴建一座杂货固定码头，1969 年 11 月建成投产。该码头泊位长 95 米，可以靠泊 3000 吨级船舶，提高了港口通过能力。在建造该码头时，拆迁了许多民房及海军船坞等，使其和安澜二号沿海客运码头连成一片，并扩大了安澜港区的范围，成为该港的一个重要的装卸作业区。另外新建的码头 2 座，分别是供沿海短程客班轮使用的安澜三号浮码头和供内港客班轮使用的望江客运浮码头。安澜三号码头位于安澜二号码头西边，于 1967 年 5 月建成，泊位长 40 米，可以靠泊 300 吨级客轮。望江码头位于望江东路，于 1968 年 9 月建成，泊位长 25 米，可以靠泊 100 吨级客轮。随着码头泊位的兴建，温州老港的仓库和堆场面积也有一定的增加。1976 年底，温州港务部门所属仓库共有 8193 平方米、堆场 16404平方米，分别比 1965 年的 4998 平方米和 14460 平方米增加了 63.9% 和 13.4%，港口的堆存能力有了较大的提高。1970 年进行的温州港航道整治工程，使朔门港区水深得以恢复和改善。1978 年 3 月，南京水利科学研究院和温州港务局共同制作的温州航道整治试验模型，被全国科学大会和交通部列为重大的科学技术研究成果之一，受到了嘉奖。1967 年，对海门港三号码头进行了改建，改建为钢筋混凝土结构，并伸长 20 米，低潮时水深 3.2 米，可以停靠 1000 吨级客货轮。至 1975 年，通过对客货两用的七号码头两次的改造扩建，使其可以靠泊 3000 吨级客货轮。海门的一些物资单位也在港口新建水产码头、专用码头 2 座，扩建固定码头 1 座，靠泊能力分别为 500 吨级、500 吨级和 1000 吨级。

为改善杭州港各单位分散经营局面，改变码头岸线短、场地狭小、设备简陋、效率低下的情况，1969 年，在省航运局的支持下，开始筹建艮山港码头，性质为公用件杂货码头。当时，艮山港是京杭大运河的终点港，接近艮山门车站，可以进行铁路、公路、水路联运，是杭州港件杂货集散的一个重要中转点。艮山港码头设计年通过能力为 50 万吨，工程总投资为 360 余万元，项目包括疏浚并拓宽德胜坝至艮山港的航道达 5 千米，疏浚后航道面宽 60—70 米，底宽 15—20 米，水深 2.5 米，成为 100 吨级航道；修建驳岸码头长 360 米，共有 12 个泊位，并配置 3 吨起重机 10 台、5 吨起重机 2 台等附属设施，建设锚泊区 250 米、仓库 4 座（每座 976 平方米）；新建中山北路桥 1 座，跨径 50 米，德胜桥 1 座，跨径 40 米，可通航 100 吨级船舶。艮山港建设一期工程自 1970 年开工，1975 年完成，1976 年 7 月验收。艮山港建成后，运河延伸到艮山门工业区，物资驳运距离缩短 6—7 千米，还可将拱墅港区 1/3 左右的船舶分散到艮山港，以充分利用港口的码头泊位、装卸机具设备和库场，加速船舶的周转，提高港口通过能力。1976 年，艮山港建成 372 米长的驳岸码头，可以同时停靠 100 吨级船舶 13 艘，并新建客运站 1 座，建筑面积 4600 平方米。为适应沿海 300 吨级货轮的停靠和装卸的需要，1974 年开始在化仙桥港区建设 300 吨级的浮码头 1 座，以及仓库等其他配套设施，于 1976 年投产使用。

三、航道建设

1949 年 12 月，浙江省航务局成立，内河航道建设贯彻"一般维持，重点建设"的基本方针，对杭嘉湖、浙东、钱塘江水系的主要航道实施疏浚、养护和初步建设，经过几年努力，主要航道恢复通行，通航里程逐年增加，通航条件有所改善，特别是杭申甲线、杭申乙线、湖申线等干线航道的通航能力明显提高。至1957年，全省内河航道里程为11130千米，其中可通机动船里程为2241千米，分别是1949年的3.1倍、2.2倍。

浙江航道建设先是在原有等级的基础上，对碍航段进行挖深拓宽、裁弯取直、开挖新线等，改善并解决了一些闸坝的碍航问题，使全省主要航道通过能力得到提高，通航里程有所增加。

浙江航道建设继续按六级航道标准对杭嘉湖、瓯江、钱塘江等主要航道的碍航段进行疏浚整治；并与水利部门配合，结合农田水利建设，组织对水运非发达地区（山区航道）因地制宜地进行疏浚整治，但部分地区由于对水资源综合利用重视不够，在一定程度上导致内河水运非发达地区航道的萎缩。至1977年底，全省内河航道通航里程为11723千米，比1965年减少105千米，其中通机动船里程为8678千米，比1965年增加4420千米。

（一）杭嘉湖主要航道的疏浚和改线

1. 杭申甲线（浙境段）航道

1951年对杭申甲线航道紧急疏浚。解放初期，杭州到上海的水上运输，大多数走杭申甲线航道[①]。该航道起自杭州艮山门，经崇福、嘉兴，过清凉庵进入上海市境，在泖港口入黄浦江，抵苏州河口，全长219.21千米。其中，浙境段（杭州艮山门—嘉善清凉庵）长133.37千米，为京杭大运河浙境段的古航道，因年久失修，部分航段岸堤塌毁，航道狭窄淤浅。特别是"嘉兴三桥"[②]航段，桥低、航道弯曲狭窄、水流湍急，是事故多发河段，通航条件差，严重影响繁重的支前运输和一般货物运输。为此，1951年11月，华东军政委员会交通部决定与水利部门一起，组织民工进行紧急疏浚，并拨出大米150万斤，作为紧急疏浚的专项经费。紧急疏浚工程前后历时2个月，于1952年1月20日竣工，航道通行得到了恢复和改善。这是中华人民共和国成立后第一次规模较大的航道疏浚工程。之后，又对该航道其他若干航段实施较小规模的疏浚工程。至1956年，杭申甲线通行条件有所改善，60吨级船舶可全线通行。

1967年开始，对杭申甲线航道进行疏浚。1967年疏浚整治嘉兴市河南门东

---

① 杭申甲线航道现称杭申线航道。
② "嘉兴三桥"指嘉兴河段上的秋泾、北丽、端平三座碍航桥梁。

栅下至秋泾桥航段。1970 年，实施桐乡崇福市河"三弯取直"①疏拓工程。崇福市河自北门至三里桥全程 1.8 千米，河床狭浅，航道弯曲，来往船舶经常阻塞搁浅，素有"航船老大好当，崇福三弯难过"之说。是年春，政府投资 60 万元，取直"三弯"，疏拓航道，拆建桥梁 7 座，并改建了崇福客运码头。疏拓后，河面宽达 50 米，底宽 22 米。同年，再次整治嘉兴市河航段，疏浚航道里程 6.92 千米，新建桥梁 4 座（高丽桥、西门大洋桥、北丽桥、端平桥）。1972 年冬，疏拓白马塘至南市茧库的石门市河段（石门弯）2.4 千米，河面宽达 50 米，底宽 22 米。经过多次疏拓，杭申甲线嘉兴段可通航 100 吨级船舶。

2. 杭申乙线（浙境段）航道

1952 年开始对杭申乙线航道进行疏浚和改线。杭申甲线航道经紧急疏浚后，通航能力虽有一定提高，但崇福至嘉兴等市区航道狭小多弯，行船仍不通畅，航行事故仍时有发生，特别是在冬季水涸时节，运输船舶或减载航行或被迫停航，严重影响物资运输和流通。同时，德清新市、吴兴练市、桐乡乌镇等水路沿线物产丰富，但由于运输不便，流通困难，因此，亟待开发该航线以发展经济。该航道水面较宽阔，水深一般在 2 米左右，通行条件比杭申甲线优越，是杭州至上海理想的水上运输新航线。航道起自杭州艮山门，经德清新市、湖州练市、桐乡乌镇、鸭子坝后进入江苏省，过平望、黎里、芦墟，再入浙江，经俞家汇、池家浜进入上海市境内，在泖港口入黄浦江，抵苏州河口，全长 233.07 千米。其中，浙境段为 111.40 千米。该航道不足之处是乌镇河段的河面狭窄，只有 20 多米，河床底宽不到 10 米，30 吨船舶只能单向航行。1952 年，浙江省交通厅内河航运管理局工程队进行实地勘查，并与桐乡县政府多次研究后，认为拓宽桐乡航道工程量大，决定将乌镇西面日晖桥以北支流小河加以拓宽挖深，以替代乌镇河段航道。1953 年，乌镇河改道工程开工，改线 300 米，当年竣工。该工程是 20 世纪 50 年代建立专业养护队伍后的内河航道的主要工程，建成后，杭申乙线从原来只能通行木帆船成为可通轮船的航道。1955 年 5—9 月，浙江省交通厅工程局又开挖了许家弯和龙腰弯两段河道，共长 500 多米，开辟从湖州含山，经练市、施奥塘，接乌镇西栅的新航道，从而避开事故多发的练市河段航道。至此，经过疏浚和改线，杭申乙线航道成为杭州至上海的主要航道。

---

① "三弯取直"即崇福市河中的跃进桥弯、司马高桥弯、南门弯。

1966年对杭申乙线航道进行整治。1966年12月进行桐乡乌镇航道第二期疏拓工程，拆除旧桥3座，改建新桥5座，挖掘土方55万立方米。疏拓后，河面宽达50米，底宽18米，通航能力从50吨级提高到100吨级。1974年12月—1975年5月，对德清新市步云桥航段进行改线，新辟航道244.41米。1976年5月又建成新市大桥1座。

3. 湖申线（浙境段）航道

1954年对湖申线航道进行疏浚和改线。湖申线航道是除杭申甲线、杭申乙线以外的通往上海的第三条主要内河航道，起自浙江湖州三里桥，经南浔，在平望南草荡与杭申乙线相衔接，至上海苏州河口，全长178.24千米，其中浙境段长53.79千米。湖申线航道浙江境内南浔航段，弯曲浅窄、驳岸坍损、河床淤浅，阻航、搁船、沉船事故常有发生。1954年，南浔航道改线工程列入地方交通基建计划。浙江省交通厅航运管理局、吴兴县、南浔镇和江苏省吴江县震泽区等派员组成南浔改线工程委员会，组织实施改线工程。改线工程全长1920米，底宽12米，另外还疏浚该新挖段两头接线点，以及湖州东门采花泾二里桥段淤浅航道。工程于当年7月开工，12月竣工，改线后可供200吨级船舶通航。

1968年，该航道在湖申线的基础上通过整治和改善，由湖州向西延伸至长兴，形成长湖申线航道。航道全长223.94千米。其中，浙境段99.49千米。"文化大革命"期间，按六级航道标准，对长湖申线浙境段进行整治和改善。1968年12月起，全面拓浚长兴午山桥至湖州雪水桥段航道22.4千米，底宽10—12米，再次改建雪水桥；1969年11月—1971年5月，拓宽长兴县境内三里桥至五里桥航道，投资23.4万元修筑护岸和码头810米，确保了70年代初期长广煤矿的煤炭由三里桥码头，经水路中转运至杭嘉湖各地的水上运输，同时改善湖州南门驿西桥S形弯道，拆除驿西桥和知稼桥，挖除分水墩，新建航道护岸500米；1970年6月改善狭窄的旧馆航段330米，航道底宽拓至20米，深2.4米；1973年裁切湖州一字桥河段弯道；1975年改善湖州市河客运码头前沿航道3千米，拆除碍航旧桥4座，建新桥3座；同年整治东迁市河，疏浚航道687米，河床底宽增至30米，河面宽至45米，筑成687米驳岸，并拆除老桥1座，新建钢筋混凝土双曲拱桥1座。

（二）浙东主要航道的疏浚

浙东运河航道，由萧绍运河、四十里河、姚江串通而成，起自萧山西兴江边，经萧山、绍兴、上虞、余姚到达宁波，是浙东地区的主要内河航道。其中绍兴境内航道起自钱清下乡桥，经柯桥、绍兴市区、皋埠、上虞曹娥，进入四十里河，抵上虞安家渡，全长 79.5 千米。20 世纪 50 年代初绍兴市区段，只能通行 7 吨级船舶；四十里河段，夏季遇 7 天不下雨，只能通行 7 吨以下船舶；上虞蔡山头一段，夏季遇 7 天不下雨，只能通行 4 吨级以下船舶，10 天不下雨，则河底无水。1954 年，浙江省交通厅航运管理局宁绍管理处组织疏浚蔡山头河道，航道挖深 1.5 米，河面拓宽至 14 米，整治长度 350 米；同时对梁湖 600 米河道也按上述标准疏浚。1955 年，浙江省交通工程队对绍兴市区段进行疏浚。疏浚后的浙东运河绍兴境内航道一般常水位能通行 10—15 吨级船舶。

（三）钱塘江水系航道疏浚

1. 杭建（杭州—建德）线航道疏浚

杭建线航道，是钱江水系的主要航道。其走向从三堡溯江而上，经闻家堰、富阳、桐庐，过七里泷船闸，进入富春江水库，再经兰江口、梅城、白沙，到达新安江大坝，全长 171 千米。其中，杭州至桐庐段是钱江水系通航机动船舶的干线航道。20 世纪 50 年代初期，随着机动船舶吨位的增加和主机功率的加大，要求有一条常年水位在 1.50 米以上的深水航道。而富阳至桐庐航段的新店滩、阳江滩、偷牛垅、密涧垅、窑头滩在秋冬时节航槽水深不足 1 米，杭桐客轮不能直达，必须在场口、密涧垅、窄溪等地盘船转驳，时人称为“杭桐客运四接班”。朝发杭州，夕至桐庐，90 千米航程在航时间竟达十二三小时。1956 年对密涧垅封锁坝实施水下爆破作业，辅以人工打捞、疏浚，将航槽拓宽 20—30 米。同时疏浚新店滩、阳江滩、窑头滩等浅滩航道近 1000 米，使航槽水深一般在 1.50 米左右，初步改善了机动船舶的通航条件，至此，杭桐客运“四接班”变成为“两接班”，杭桐客轮在航时间缩短 2—3 小时。当时，新安江水力发电站建设急需提升运输能力，遂于 1956 年夏，使用简陋的疏浚工具，先后疏浚南门滩、小里滩、风门滩、乌石滩、淄江滩等。疏浚后，航槽水深基本达到 1 米，可供浅水机动船舶通行，满足了新安江水电站工程从水上运输大宗物资的需求，并为开通杭州至建德的客运航线创造条件。

2. 富春江浅滩疏浚

富春江电站大坝建成后，为发展富春江上游航运事业创造了条件。但桐庐至富春江电站间的 14 千米航道上有桐庐滩、溜江滩、大坝滩，船舶航行困难，船舶触礁事故时有发生。1969 年，桐庐县组织开展疏浚改造桐庐至七里泷航道大会战。

1970 年 11 月起，分上下两段疏浚桐庐滩，经 6 个月奋战，疏浚航槽长 1400 米，宽 30 米，深 2—2.5 米。

溜江滩为富春江最大的浅滩，面积 1350 亩，航道沿俞赵村而上，河床多石且有暗礁，船民称之为"老虎口"。1970 年 11 月，当地航管部门组织 60 人，以姜酒御寒，下水搬石，突击两夜，用双手搬掉 200 余吨石块，拔掉了"老虎牙"。为拉直航道，自当年 12 月开始，历时 4 个月，于溜江滩中心线开挖出一条长 3000 米、宽 30 米、深 3 米的新航道，以改善杭州至兰溪旅客运输。溜江滩工程一竣工，就着手疏浚大坝滩，大坝滩疏浚工程分水上、水下两期施工。水上工程始于 1971 年 8 月，民工们用肩挑、车拉、船运方法，搬掉水面大石 65000 方；水下工程始于 1972 年 9 月，由水电部十二局的两条大型采砂船施工为主，完成土方 14 万立方米。大坝滩疏浚的同时，开展发电厂护岸驳墈工程，以收清障、采石之利。之后，在 1973—1974 年间，还多次疏浚了阳江滩、密涧垅、窑头滩、舒湾滩。

富春江航道经过 5 年的疏浚和整治，在夺煤大会战时，解决了建德长坑石煤水上运输问题，并为开通杭州至兰溪客运航线奠定了基础。

3. 钱塘江中上游内河航道的萎缩

"文化大革命"期间，钱塘江中上游地区在水利工程建设时，只考虑农业灌溉需求，忽视航运效益，修建闸坝，造成航道断流、碍航，严重影响航运事业的发展。20 世纪 60 年代，金华地区就因为碍航闸坝而导致航运萎缩。金华地区的婺江航道本来就水源不足，船舶时常停空，航运企业亏损。1968 年春，兰溪县板桥公社为解决 4000 亩农田灌溉需要，在婺江的咽喉之地沈村，拦江筑坝，截流蓄水，使船舶无法通航。货物过坝只能进行搬驳，因而增加搬驳费、装卸费。由于运输成本提高，金华、义乌、武义到兰溪等地的货物运输不得不弃水从陆。"文化大革命"期间，婺江上这样的碍航闸坝共有 18 座，造成断航或半断航里程达 277.5 千米，迫使婺江水运企业停业或改行，婺江航运从此一蹶不振。

（四）改善闸坝碍航

浙江内河航道闸坝众多，碍航情况严重。1963 年，浙江省交通厅开展过一次碍航闸坝调查，并于 1964 年 8 月编报《浙江省碍航闸坝调查报告》。该报告指出，1963 年全省 11828 千米的通航河道上，有各类闸坝 170 处。这些闸坝大部分建于 1949 年之后，用于农田排灌、挡咸保淡、防洪防潮等。在修建闸坝时忽视航运需要，未设置过船设施。这些闸坝中造成碍航的有 62 座，其中严重碍航的就有 45 座，严重制约了航运事业的发展。如浙东内河航道上的 17 座闸坝造成上岸陆运、过坝倒载、迂回倒流、船舶修理等方面费用，仅 1963 年就增加 102 万元。

为改变这种状况，各地曾修建了一些过船设施。但这些过船设施结构简单，过坝效率低，依靠人力，劳动强度大。因此，在技术革新活动中，曾试制出电动简易木排过坝机、简易升船机等。特别是 1966 年省交通厅航运局海港养护队建成的新三坝升船机，操作性能得到改善，通过效率大有提高，年通过能力可达 9 万吨，取得了良好的经济社会效益。与此同时，1965 年后，宁波在大通堰、莫枝堰、澄良堰、胜利堰先后改建了同类升船机，在一定程度上改善了闸坝过船问题。

（五）开展航道开发

1. 开发闲半（闲林埠—半山）航道

1958 年全国"大炼钢铁"，浙江在杭州市北郊半山地区兴建杭州钢铁厂，并采用闲林埠铁矿砂供应杭州钢铁厂冶炼钢铁。为解决铁矿砂运输问题，决定紧急开发闲半航道。闲半航道从杭州闲林埠，经大关、义桥，至半山杭州钢铁厂，全长 31.9 千米。其中大关至义桥 6.4 千米的大运河航段能通航 60—100 吨船舶外，其余航段浅狭，桥梁低矮、跨径小，只能通过 10 吨左右的小木帆船。1958 年 10 月，工程在闲林埠动工，按六级航道通行 100 吨船舶标准建设。航道走向改由闲林埠经何母桥、徐伯公桥、仓前、女儿桥、杨家桥至三元桥，从庆隆桥新开一段长 1830 米航道至大关入大运河，再经义桥至半山。在工程期间，发现闲林埠矿砂生产能力有限，且各行各业都在"大干快上"，劳动力紧张，遂决定降低工程通航标准。1959 年工程竣工，航道基本达到七级航道标准，可通行 40—60 吨机动船舶。

2. 疏浚杭申乙线十二里漾航段

随着"二五"计划的全面展开和"大跃进"运动的掀起，水上运输量迅速增长。杭申乙线的船舶数量多，吨位大，特别是十二里漾航段每到枯水季节，水深不足，重船从上海到杭州要"三接班"，即分 3 段接运：上海到江苏平望航道条件好，用大拖轮把货驳船队拖到平望，而平望到塘栖段改用小轮挂拖，到塘栖后再将货驳减载，改用拔班小轮挂拖，以便通过十二里漾至杭州港。为改变这一状况,从 1958 年开始对十二里漾航段进行疏浚,1959 年下半年疏浚基本结束。此后该航道又做了数次疏浚,从而通航条件得到较大改善。

3. 疏浚六平申(海盐六里山—平湖—上海)线航道

该航线是嘉兴到上海的重要石料运输航线。随着上海基本建设的大规模展开,自海盐、海宁运往上海的石料迅速增加,六平申线船舶日益增多。但该航道中,高福桥至白荡段水浅道窄,运输船舶常常受阻。为改变这一状况,1963 年起海盐县采取民办公助方式,利用冬闲时间对该航段进行人工疏浚。1964 年 2 月工程竣工,共拓疏航道 46 千米,船舶通过能力有所提高。

4. 京杭大运河浙江段工程开建与调整

京杭运河工程,是国家“二五”计划的内河重点建设项目之一。1958 年浙江省运河工程指挥部成立,组织、指挥京杭大运河浙江段工程的规划、设计和施工。当年 7 月提出京杭大运河浙江段工程修正计划任务书,出于战备需要,航道走向选定为南浔—湖州—菱湖—塘栖—杭州,主要工程有 4 项:一是按交通部统一规划,以二级航道标准(可通航 2000 吨级船舶)拓宽疏浚大运河航道;二是改建航道桥梁 30 座,其中公路桥 10 座、人行桥 20 座;三是京杭大运河与钱塘江沟通工程;四是杭州和湖州港区的建设工程。1959 年 4 月,交通部大运河建设委员会会议在上海召开,根据当时劳力、物力、财力紧张的实际情况,会议决定将浙江工程投资额由 1500 万元压缩为 240 万元。1960 年底,贯彻中共中央“调整、巩固、充实、提高”八字方针,京杭运河工程全部调整停建。1961 年 1 月,浙江省运河工程指挥部撤销。至此,浙江段 4 项工程,仅第 4 项工程中的杭州港义桥港区基本建成投产,其余项目均未动工。

这一时期全省航道建设,是在维持原有航道等级(大都为六级以下)的基础上,对碍航航段进行挖深拓宽、裁弯取直、开挖新线等改善工程,以及解决一些闸坝的碍航问题。通过建设,全省主要航道通过能力得到改善,通航里程有所增加。到 1965 年底,全省内河航道通航里程为 11828 千米,其中通机动船里程为 4258 千米。

(六)瓯江干流航道整治

瓯江干流航道始自龙泉,经云和、丽水、青田,到温州市乐清县岐头,全长 280 千米。其中,丽水至温州段为主干航道,长 163 千米。青田温溪以上的中上游属溪流河段,卵石河床,河道时宽时窄,青田温溪以下为下游,属感潮河段,河底为淤泥，河面开阔，候潮 500 吨级海轮可抵温溪港。

1. 瓯江中游（丽水—温溪）航段整治

1965 年 2 月，作为交通部全国山区浅水航道整治试点工程，对瓯江中游段 86.5 千米河道进行整治。工程全线水面落差 42 米，共有大小滩险 52 处，其中有碍航重点滩险 22 处。由于坡陡流急、滩险多变。整治以疏浚挖槽为主、筑坝导治为辅，先求其通，后求其畅。1965 年 9 月开工，1970 年 7 月第一期工程竣工，共挖槽 7.47 万立方米，筑坝 7.21 万立方米（其中顺坝 20 座，丁坝 21 座，坝体总长 8018.2 米），总投资 52 万元。工程完成后经受多年洪水，绝大部分坝体完好无损，单纯挖槽地段均有不同程度洄游，筑坝与挖槽相结合地段水深有明显增加。整治后，一般水深从原来的 0.4—0.5 米增加到 0.6—0.8 米，航行条件有所改善，船舶装载量成倍增加，2.75 吨舴艋船，上行可载 1.75 吨，下行可满载；10—14 吨的大凼船，上行可载 3 吨，下行可满载。周转率（由丽水至温州 135 千米）下行从 3 天减至 2.5 天，上行从 5 天减至 3—3.5 天。

2. 瓯江上游航段（龙泉—丽水）整治

枯水期，上游航段绝大多数浅滩水深不足，最小水深仅 0.2 米。船队过滩，经常候雨待发，有时候雨长达数月之久，造成物资积压或者弃水走陆。为解决枯水航行困难，1972 年投资 0.55 万元，在龙泉建造活动蓄水坝，1973 年又在遂昌县西屏建造活动蓄水坝。活动蓄水坝投资省、效果好，对增加山区枯水期航道水深，消除减载停航，确保瓯江上游航道的安全畅通等起了重要作用。

四、铁路建设

中华人民共和国成立后，为恢复生产，保障军事运输和人民生活需要，重点对遭受战争毁坏的沪杭、浙赣铁路进行抢修、补强，加固钱塘江大桥，确保铁路畅通。

（一）沪杭、浙赣铁路恢复通车及技术改造

1949 年 5 月 3 日，杭州解放。8 日，杭州市军事管制委员会接管浙赣铁路局。杭州解放前夕，国民政府为阻止解放军进军，对沪杭线的设施进行毁坏，主要桥梁被炸。经铁路员工和部队全力抢修，5 月初钱塘江大桥修复通车，5 月 12 日杭州、硖石间和杭州、金华间开行客车，6 月 12 日沪杭全线恢复行车，8 月 21 日杭州、

南昌间恢复通车，12月21日浙赣全线恢复通车。

20世纪50年代开始，重点对沪杭、浙赣两线进行技术改造，以缓和运输能力紧张局面。沪杭线的钢轨逐步换成43千克/米、50千克/米、60千克/米；轨枕由木枕换为钢筋混凝土枕，每千米配置由1300根增至1840根；道床厚度、宽度增加。浙赣线经数年大力整修，1953年起对钱塘江桥开放大型机车，并逐步提高速度，并对路基、道床采取紧急补强。1959年对金华至新塘边部分轻轨进行更换，并开放友好型（FD型）机车。1971年起，换成50千克/米新轨。

（二）萧甬线及其他支线建设

为适应国民经济发展，配合重大工程建设，20世纪50年代开始，建设萧甬线及各支线。

萧甬线初建于1936年。1937年抗日战争全面爆发后，国民政府在撤退前全部拆除萧甬线。1953年开始重建，1954年12月，萧山至曹娥间通车，1955年12月修至庄桥，1959年10月1日全线通车。

为配合修建新安江水电站，1956年，修建金兰支线，将铁路由兰溪延伸至新安江，1958年3月通车。此后，还修建金岭线①，为新安江至岭后段过坝铁路，1975年10月1日全线通车。

中华人民共和国成立后，浙江成立长广煤矿公司，恢复采煤。浙江省政府为解决运煤问题，新建长牛支线。1959年3月动工，1960年10月1日通车运煤。长牛支线为Ⅱ级专用线，正线全长42.3千米。1970年7月，为解决煤炭外运问题，决定铁路延伸至湖州严家坟。1972年2月，湖州至杭州线通车。至此，杭州至湖州、长兴线与长牛线相连接，统称杭牛铁路。②长牛支线运营后，除为矿山外运煤炭外，还承担浙江省西北山区所产竹木杂物、石灰石和粮食外运及外地生产资料内运的任务。

为配合杭州钢铁厂的建设，1958年6月开始修建艮半支线（艮山门—半山），全长9.01千米。当年10月铺轨，年底竣工，沿线设白田畈车站和半山车站。

（三）杭州铁路枢纽建设

中华人民共和国成立后，杭州周边加快修建新线，并陆续引入杭州。1956

---

① 岭后改称千岛湖站后，该线改称金千线。

② 1994年6月，宣杭铁路建成通车后，杭州至长兴一段成为宣杭干线的组成部分，长兴至牛头山作为支线，仍称长牛线。

年起，继沪杭、浙赣线后，将萧甬线引入杭州枢纽。杭州站改为客运站，南星桥站改为编组站。1958 年修建艮半支线，1971 年与杭长线接通后又引入杭州枢纽。至此，杭州地区形成向四个方向辐射的铁路枢纽。

杭州铁路分局对运输生产设备进行技术改造、更新换代。沪杭、浙赣线原有轻型钢轨开始更换，沪杭线于 1972 年将原美国产 90 磅 / 码轨更换为鞍钢产50 公斤 / 米新轨，浙赣线于 1971 年开始，更换为 50 公斤 / 米新轨。钱塘江桥于1949 年 9 月开始整修，1953 年起开放行驶大型机车，1954 年 3 月全部修复交验。电务设备方面，臂板联锁、钥匙联锁、色灯信号机电锁器联锁被先后启用，小站电气集中系统相继投入使用并从 50 年代开始机车信号的安装工作。机务部门自 1952 年起统一全国机车机型，淘汰老杂型小机车，客机以 SL 型为主，货机以KD7、JF 型为主。1960 年，机务部门开始引入 FD 型，并用其逐步取代 KD7 型使之成为干线货运主型机车。车辆部门从 1950 年开始实行客车配属制，国产 21型钢结构客车陆续配属杭州分局，各种杂型客车逐步退居支线。1958 年，配属国产低重心客车在管内运行。1964 年，国产双层客车在沪杭间担当快客任务。

五、民航建设

（一）杭州笕桥机场军民合用，浙江民航起步

杭州笕桥机场建于 1935 年，抗日战争时期，曾以中国历史上第一场空战而盛名于外。1949 年 5 月杭州解放后，杭州笕桥机场由中国人民解放军接管，成为解放军空军机场。1957 年 1 月，中国民用航空局设立民航杭州站，揭开了浙江省民用航空业的序幕。成立当日，浙江民航第一个航班从杭州笕桥机场起飞，首辟上海至广州经停杭州和南昌航线。1959 年，杭州笕桥机场新建供候机、航行指挥、通信联络、气象观测和办公使用的综合大楼。1960 年 5 月 25 日，民航浙江省管理局在民航杭州站的基础上扩编成立，与此同时，杭州笕桥机场，这个距离市中心 12 千米的军用机场也变成了军民合用机场。

（二）杭州笕桥机场改建扩建，成为国际备降机场

1971 年 11 月 8 日，为满足美国总统尼克松访华时大型机起降的需要，国务院、中央军委决定改扩建杭州笕桥机场，改扩建工程简称"118 工程"。1971 年11 月下旬动工，次年 2 月竣工，整个工程只用了 2 个多月的时间。工程主要包括：

（1）场道由原来的 2200 米延长至 3200 米，滑行道由原来的 1800 米延长至 2900 米，新建联络道 216 米，扩建、新建停机坪；（2）新建候机楼 5700 余平方米，停车坪 1.52 万平方米；（3）新建通信导航工程。包括发报台、变电所、归航台、夜航灯及通信设施等；（4）改建杭州笕桥公路 6.17 千米。

1972 年 2 月，整个工程经国家验收投入使用，杭州笕桥机场遂成为当时中国四大机场之一。1973 年 8 月，国务院、中央军委将杭州笕桥机场确定为国际备降机场。

第二节　运输生产

一、道路运输

浙江解放后，全省能营运的民用客货汽车仅 1200 余辆，道路损毁严重，军事接管交通后，即组织抢修车辆，恢复交通，并成立省营汽车运输企业，接收私营客运线路，扩大经营范围，发展客货运输，兴办市、县运输。1957 年，全省私营汽车公司完成社会主义改造，并入省营汽运企业，实行全省集中统一的道路运输经营体制；全省民用客货运输汽车 2259 辆，其中客车 906 辆，货车 1353 辆；全省完成道路客运量 2714 万人次、客运周转量 5.7 亿人千米、货运量 817 万吨、货运周转量 1.06 亿吨千米，与 1950 年相比有较大的增长。

1958 年，在"大办工业、大炼钢铁"热潮下，道路客货运量急剧增加，运力严重不足。道路运输普遍采取加班加点、超载行驶、加快车辆周转等措施，同时制造客货挂车，全面推行拖挂运输。1958 年底，省营汽运部门载货挂车总数达 848 辆，挂车完成的货运周转量占总量的 1/4。厂矿企事业单位陆续增添汽车，承运本单位物资，分担道路运输压力。但乘车难、运货难现象仍然普遍存在。

1961 年起，根据中央"调整、巩固、充实、提高"方针，道路运输进行全面调整，省营汽运企业陆续增加运力，支援农业生产，增辟客运线路，发展零担货运，开拓客货联运，改善运输服务。同时发展市、县运输，统一厂矿企事业单位自备货车，整顿发展民间运输，全省道路运输有较大发展。至 1965 年，全省民用汽车 4650 辆，其中客车 1545 辆，货车 3105 辆；全省完成道路客运量 4915 万人次，客运周转量 10.5 亿人千米，货运量 1587 万吨，货运周转量 2.55 亿吨千米。

1966 年起，随着"文化大革命"运动的开展，大批领导干部和专业技术人员被批斗、下放，许多行之有效的规章制度被视作"管、卡、压"而被废除，道路经营、管理机构被下放、撤并，道路运输生产处于停产、半停产状态。运行秩序混乱，不少客运路线行车时通时断，运输成本上升，事故频繁，效益下降。"文化大革命"中期，开展"抓革命、促生产"和"增产节约"运动，道路运输经营状况有所好转，完成了数项有重大影响的客货运输任务；厂矿企事业单位自备货车发展，拖拉机进入农村运输市场并快速发展。至 1976 年，全省民用汽车 18283 辆，其中客车 4284 辆，货车 13999 辆，拖拉机 26096 辆。全省完成道路客运量 7748 万人次，客运周转量 17.9 亿人千米，货运量 1683 万吨，货运周转量 3.54 亿吨千米。

（一）军事接管、恢复交通

浙江解放前，官营公路运输机构称"浙江公路联营运输处"，有客货汽车 144 辆，负责经营浙西北和浙南 1204 千米固定线路的客运和一些不定线路的货物运输；23 家私营长途汽车公司，有大小客货汽车 393 辆，经营着 1791 千米线路的客货运输；还有 200 余家货运汽车行，近 700 辆无固定线路的运货汽车。解放前夕，国民党军队强征车辆设备、毁坏道路桥梁，公路运输基本停顿。

1949 年 5 月杭州解放后，杭州市军事管制委员会即派军代表接管浙江公路联营运输处及其客货汽车。立即组织抢修车辆，恢复交通。杭州解放第 3 天，市区的 1 路（湖滨—拱宸桥）、6 路（湖滨—留下）两线公共汽车恢复行驶。至 5 月底，全省各地相继解放，部分长途客运线路陆续恢复。对私营长途汽车公司按原有经营范围扶持其恢复营业。至 7 月底，陆续恢复客货运输路线 1443.50 千米。

（二）建立省营汽车运输企业，发展公路客货运输

1949 年 8 月 1 日，杭州市军事管制委员会撤销旧官营浙江公路联营运输处，成立全民所有制省营公路运输企业"浙江省交通公司"，主持省营汽车运输。成立之初，设有第一（杭州市区）、第二（吴兴）、第三（嘉兴）、第四（江山）、第五（丽水）和杭甬（筹设宁波）6 个运输段，杭州武林门、玉皇山 2 个修理厂和江山、丽水 2 个保养场。1953 年 1 月，省交通公司改称国营浙江省运输公司，1954 年改为浙江省交通厅公路运输局，兼具行业管理职能，从上至下实行政企合一体制。1955 年 10 月又改名浙江省交通厅公路运输管理局，管理职能进一步强化。1957 年局下属有杭州、宁波、金华、温州 4 个运输处和 1 个汽车修理厂。

省交通公司在积极恢复省营客运的同时，对省内承租期满或经营不力的私营

客运线路，采取作价收购和租赁等办法，逐步予以接收，不断扩大公司经营范围，加快全省公路客运的恢复、整顿和改造。至1952年底，客运线路由公司成立之初的758.40千米增加到1912千米，占当时全省公路客运总里程的71%以上。实行重点车站不限班次流水售票、预售5日客票和随车售票，增设停靠站点，乘客携带的物品尽量随车装运等便民措施。1956年1月开通杭州至南京、9月开通杭州至芜湖跨省客运直达车。

公司按照面向农村、面向货主、低利多运的经营方针，积极发展货运业务，在各主要货源地增设货运所（站），建立货源信息网，深入产地调查，组织货源，开辟山区货运线路。利用自身点多面广的有利条件，开办杭州至省内各地和江山至福建建阳的省内、省际零担货运班车。在杭州至递铺、孝丰线开展代购业务，受托代购物品大至数十吨食盐、成捆棉纱，小至1斤挂面、几枚笔尖、几副妇女发罩。这种代购业务虽极繁杂，付出劳务多、得到收益少，但便利了沿线群众，赢得了人民交通为人民的声誉。

1956年浙江国民经济较快发展，省内工农业产品产量大幅度增长，货运量急剧上升，运力紧张，在一些地区出现物资积压。为力求做好疏运工作，省营汽运部门在陆续接收经过社会主义改造的旧私营、公私合营货车和添置新车、自制挂车、增加运力的同时，组织机关、企事业单位自用货车及民间手车参加货物运输；大力开展与铁路、水运的联运和手车、木船以至肩挑背驮的联合运输，努力缓解运输紧张状况。

1958年1月，浙江贯彻中共中央"增产节约、精简机构"的指示，撤销省交通厅公路运输管理局，原局属4个运输处和1个修理厂由交通厅直管，4个运输处改称杭州、宁波、金华、温州区公路运输管理局。省交通厅建立月度运输平衡会议制度，检查客货运输计划执行情况，布置重点物资运输任务，协调处理相关事宜。1961年4月，厅公路运输管理局复设，负责全省公路运输、管理、监理工作。1964年7月成立浙江省汽车运输公司，专营全省汽车运输生产业务。一年后又与厅公路运输管理局合并办公。省公司下属运输机构，基本上按各地区（专署）行政区划调整设置。

"大跃进"期间，为克服客运运力严重不足，省营公路运输部门普遍采取加载措施，加装客车临时座位，使用35座客挂，在一些线路实行客车拖挂，还不时抽调货车参加旅客疏运，用环座客车加开区间班车。加班加点、超载行驶，习以为常，1960 年的实载率 105.60%，但仍未能从根本上缓解运力不足的矛盾，旅客滞留现象经常出现，重大节假日就更为突出。这一时期货物运输以确保冶炼钢铁原料，兼顾建材、粮食等物资为主，全面推行拖挂运输。在不切实际的"车吨月产超万吨""拖挂运输列车化"口号下，温州区局放出一车拖挂 16 辆挂车、共装载 165 吨的"特大卫星列车"，杭州区局 1959 年 12 月货车平均车吨月产达 14600 吨千米，兰溪运输段报出车吨月产高达 20552 吨千米等难以置信的数字。1960 年，省营汽车运输企业运货 624 万吨、35746.10 万吨千米，为 1957 年 148.20 万吨、8052.30 万吨千米的 4.21 倍和 4.44 倍。

1961 年，省营汽运部门开始整顿客货运输工作。客运面向农村、支援农业、提高服务质量。积极开辟和延伸山区村镇线路，调整布局，增设站点，加开县城、重要集镇至农村班车。为适应农民早出生活习惯，将通往农村班车，改为在公社、生产队过夜，次日一早由农村发车。同时开行定期集市班车。至 1965 年底，省营汽车运输公司已有客运营运路线 310 余条，每日开行客运班车近 2000 班次，共设有 2701 个站点（包括代办点、停靠点），有 199 辆农村班车，在 181 个农村过夜点过夜，增加与江苏、安徽、江西、福建等省合开的省际直达客运班车。1966 年底客运路线长达 10239 千米，全年运送旅客 5807.80 万人次、123886.50 万人千米，为 1957 年的 2 倍多。货运保证农业、兼顾一般。新开及恢复在"大跃进"中停开的零担货运班车线路，方便农副产品运销。对农业物资实行"优先运输、优惠运价"的双优政策，设立联运站点，受理整车和零担农副产品联运业务，并实行一票到底（货主在起运站办理一次托运，即可凭货票在到达站提货，一切中转联运统由承运一方代办）。1965 年，零担货运班车增加到 106 条，路线长达 8244 千米，其中 21 条为货郎担式零担班车，深受沿线农民欢迎。1966 年，省营汽车运输企业完成货运量 594.90 万吨、24640 万吨千米，为 1957 年的 4 倍和 3 倍。

1958—1960 年，由于运力严重不足，无限制超载加拖，保修制度形同虚设，车辆失修、失养，带病行驶，车辆完好率和大修间隔里程下降，机械事故频繁。1961 年起，开始重视保修，加强技术管理，革新机具设备，逐步改进生产工艺，实现保修机械化，车辆技术状况逐步好转。客车、货车完好率，大修间隔里程，1961 年为 77.70%、75% 和 5.90 万千米，1966 年分别为 95.40%、94.20% 和 14.70 万千米。

省营汽运企业自制客货挂车，对缓和当时运力紧张起到一定作用，但因质量普遍较差，遂被逐步淘汰。1961年后，通过强化管理，提高质量，挂车生产走上正轨，使货挂运输成为提高汽车效率、降低运输成本的一项有效措施被广泛采用。至1966年底，省营汽运企业有客车695辆、24373座位，货车1195辆、4424吨位，挂车967辆、4152吨位，挂车吨位占货车总吨位的48.40%。

1966年9月—1967年1月，浙江执行国务院指示，调派车况较好的解放牌大客车100辆（其中省汽运公司65辆）到北京，承担义务运送"红卫兵"任务，历时3个多月，致使省汽运公司被迫减少客运班次，给旅客乘车带来困难。

1967年6月开始，省汽运系统受极左思潮影响，部分单位争夺领导权，武斗不断，客货运输陷入极度混乱。如1967年6月29日，绍兴运输段嵊县汽车站两派发生持枪武斗，客货运输生产停止3个多月；同年8月13日，温州运输段两派参与地方武斗，全地区汽运中断4个多月；同年11月，舟山地区两派武斗，全地区汽车停运11个月之久。造成省内、省际部分旅客运输路线开开停停，大量物资积压，部分车辆散失和人为损坏。仅以1968年客货工作车率与1966年相比较，客车下降近13%，货车下降近16%，客货车千人（吨）千米综合成本由1966年的145.18元上升到1969年的153.46元。1967—1969年平均每年运货535.90万吨、24260万吨千米，平均车吨月产4464吨千米。

1969年7—8月，中共中央连续发出抓革命、促生产命令，1970年6月又发出开展增产节约运动指示，省、地营汽运企业开始恢复和健全各项规章制度，使运输生产逐渐得到回升。客运方面：在维护各线班车正常运行的同时，先后开通宁波至义乌、乐清至临海、临海经仙居至义乌、宁波至金华等直达班车，先后与江苏、安徽、江西等省联合调整、新辟了客运班车线路11条。1970年10月，湖州运输段孝丰中心站开行了10条、共长537千米的城镇至农村公共汽车，深受农民欢迎。积极安排新建公路客运班车，1970—1973年共增运营里程2188千米，为山区、农村经济开发，提供交通条件。货运方面：尽力协助各单位疏运物资，完成省内重点物资运输和时间性强的突击运输任务。如：1970年浙江开展夺煤大会战，省汽运公司和部属第八汽运分公司调派100辆货车，完成长广煤矿每日1.30万吨、52万吨千米煤炭运输任务。1971年10月，省第二汽运公司派货车45辆，完成杭州笕桥机场扩建工程5万余吨砂、石料运输任务。1970—1973年省、地营汽运企业平均每年运货680.50万吨、36010.30万吨千米，平均车吨月产5483

吨千米，较 1967—1969 年增加 26.90%、48.40% 和 22.80%。

1971 年 1 月，浙江改革省营公路运输企业管理体制，撤销省汽运公司，下放其所属的 10 个运输段和杭州运输段的 1 个车队，将保留的杭州运输段和交通部下放浙江的原驻浙部属第八汽车运输分公司，分别改为省属第一、第二汽车运输公司。下放后的运输段大都改称 ×× 地区汽车运输公司。

1974 年初，各派别造反组织又到处挑起武斗，省、地营汽运企业客货运输再次陷入混乱。温州地区汽运公司有 85% 的客运班车长期停驶，杭州、宁波也经常出现班车不能正常运行的现象，特别是 1975 年 1 月金华市生产和工作均处于瘫痪状态，金华至各地客货运输被迫中断长达 55 天。当年春运期间，数千返乡探亲旅客滞留当地，不能与家人团聚。大批重点工程建设材料，水库移民物资，一些地区所需食盐、粮食、生活必需品和毛竹等土特产品得不到及时运输，从而影响了国家建设和民众生活。

1974—1976 年，省、地营汽运企业营运效率大幅度下降。1976 年，客车、货车的车辆工作率[①] 降至 68.90%、67.40%，车吨月产降至 1902 吨千米，不少地营汽运企业出现亏损。省、地营汽运企业 3 年总利润仅为 568.90 万元，只及 1970—1973 年年平均利润的 24.20%。

这一时期车辆技术管理、保养维修工作亦经历了 3 个阶段，前期在批判"专家治厂、技术挂帅"和"政治可以冲击一切"的错误口号下，各保修厂、场、车间生产瘫痪，工具散失，浪费惊人，消耗上升，车况下降。中期进行整顿，恢复、建立各种规章制度、革新机具、更新设备、改进工艺、自制配件，逐渐改变保修无计划、质量无检查、设备无维修、人员无考勤的局面，车辆技术状况有所好转，车辆完好率得以回升。后期又遭干扰和破坏，使略趋正常的生产再度陷入混乱之中。如温州地区汽运公司汽修厂，1974 年 9 月—1975 年 10 月停工达 1 年多，大修、保养无法进行。其他地营汽运企业修理厂（场、车间）也仅仅是失常程度不同而已。客车、货车完好率 1976 年降至 74.90%、69.30%，为历史最低点。

（三）兴办市县运输

1958 年，浙江取消物资搬运一律由市、县装卸搬运企业独家承揽的规定，放宽物资单位和有运输工具单位自装、自运、自卸范围，允许各县、城镇的手拉

①车辆工作率指统计期内企业营运车辆的工作车日与总车日之比，即车辆工作率＝工作车日／总车日 ×100%。

车经营县境内长途运输和零星物资搬运业务，市、县运输迅速发展。1958年第4季度起，全省先后有36个县盲目组建集水陆装卸、搬运为一体的地方国营综合性运输公司，抽调大批农民进城当工人，又不合时宜地推行固定工资制度，形成吃"大锅饭"局面，造成不少企业亏损，增加国家负担。1961年，开始纠正冒进现象。1962年精减下放职工，将综合性运输公司内的各个单位进行拆分，恢复其组建前各自原来的集体所有制性质，实行独立核算、自负盈亏、职工工资与企业经济效益直接挂钩、计件与计时相结合和多劳多得的拆账制，各单位加强经营管理，生产得到发展。调整后至1963年底，全省有市县运输企业241家，经营方向从以装卸搬运为主逐步转向以运输、装卸为主。至1966年底，全省市县运输企业拥有载货汽车284辆，载货挂车96辆，其他机动车18辆，人力货车17159辆。1966年共完成货物搬运量1114万吨、5852万吨千米。

"文化大革命"期间，社会物资流通大为减少，市县运输企业普遍出现生产无人管，制度被废弃，劳动纪律松弛，运输秩序混乱，效率低下等情况，有的企业连年亏损，陷入困境。温州市运输公司10年累计亏损472万元。各市县运输企业为求得生存和发展，都尽力添置汽车或其他机动车辆和装卸机具，为以后企业发展积累力量。

（四）厂矿企事业单位自备货车运输和民间运输

1961年，国民经济进入调整时期，部分基本建设项目受到压缩。各厂矿企事业单位自用物资量急剧下降，车辆经常停空，开始从自货自运向对外协作经营发展，涌入社会流通领域，专业运输部门实行多年的计划运输受到冲击。1964年下半年，浙江调整运输秩序，按专业分工原则将商业、水产、粮食、物资、供销、外贸等部门在社会流通领域中使用的自备货车，调给省营汽运企业统一管理使用。首批调拨货车共440辆、挂车共112辆，此后未再继续调拨。

"文化大革命"开始，省营汽运企业受其影响，常有物资积压待运，所以不少厂矿企事业单位又购置运货汽车，自行解决物资运输问题。至1970年，全省厂矿企事业单位自备货车总数已达2164辆，占当时全省运货汽车总数的45.90%。至1976年底，全省厂矿企事业单位拥有的自备货车已达9725辆，占全省运货汽车总数的69.50%。

1956年，浙江民间有人畜力车5.67万辆（其中城镇6104辆），多为农民私有自用和在农闲时承运货物。1959年8月，省交通厅、省商业厅动员民间运输力量疏运各地积压物资，以短途运输为主的民间运输迅即在全省广泛展开。1963 年，浙江全面整顿民间运输业，按"自用""营业"两类发给不同牌照，纳入正常管理，使其继续在短途运输中发挥作用。1966 年，民间运输完成货运量 830 万吨、货运周转量 2490 万吨千米，平均运距 3 千米。

1959 年，在农闲时间，农用拖拉机也被允许参加社会物资运输。至 1966 年，全省从事公路运输的轮式拖拉机达 451 辆。1967 年后，手扶拖拉机发展迅速，配挂拖斗涌上公路，从事副业运输，其数量很快超过轮式拖拉机。因其运输效率远比肩挑、人力手车高，对不同道路适应性强，托运手续简便，能满足各种需要，因此深受各地供销、物资部门欢迎，在城乡短途运输中很快占有一席之地。1972 年，浙江制定管理办法，开始将拖拉机从事公路运输纳入交通管理。至 1976 年底，全省开展公路运输的拖拉机有 2.61 万台，其中手扶拖拉机 20014 台，轮式拖拉机 6082 台。这一时期，浙江民间运输工具胶轮手拉车也有较快发展，1966 年全省有 15.70 万辆，1976 年发展到 36.50 万辆。胶轮手拉车大多用于城镇码头、车站和田间小道运输。

二、水路运输

解放初，浙江省航运局将国营轮船业、民船运输业、私营轮船业这三支水运队伍进行组织和调动，投入内河、沿海的客货运输。对 149 家私营轮船业按"利用、限制、改造"政策，进行扶植和社会主义改造，1956 年公私合营后并入国营轮船公司统一经营。至 1957 年末，全省机动船及附拖驳船共 1154 艘、39311 吨位，有 19530 客位；木帆船减至 2.24 万艘、16.57 万吨。1957 年，全省完成水路客运量 1332 万人次、客运周转量 2.85 亿人千米，比 1950 年分别增长 2.9 倍、2.7 倍；货运量 1134 万吨、货运周转量 9.8 亿吨千米，比 1950 年分别增长 3.6 倍、3.8 倍。

随着国民经济的起落，浙江水运经历了急剧增长、回落、调整、稳步增长的曲折过程。1958—1960 年，面对"大跃进""大炼钢铁"运动各种指令性运输物资计划，特别是铁矿石、焦炭的运量急剧增长，全省开展了"全民办运输"的群众性运动。浙江水运发动行业内外参加港口突击装卸和疏运，组织社会运力参加运输，同时对装卸机具和木帆船进行"双革"[①]，新增船舶运力，新建内河专

---

① "双革"指技术革命和技术革新。

业港口，改进船舶运输方式，实施"一条龙"运输大协作和沿海拖带运输。1960年冬，浙江水运开始全面调整，逐步走上稳步增长、健康发展的轨道。至1965年末，全省机动船及附拖驳船2765艘、10.7万吨位、4.3万客位，分别比1957年增加1.4倍、1.7倍、1.2倍；木帆船减至1.48万艘、16.1万吨，分别比1957年减少34%、3%。1965年，全省完成水路客运量2689万人次、客运周转量4.4亿人千米，货运量2255万吨、货运周转量22.8亿吨千米。

受"文化大革命"的干扰，全省船舶失修失养甚至损毁，生产秩序混乱，停运半停运、压船压货现象经常发生，浙江水运在逆境中艰难发展。这一时期，机动船舶运力有所增长，货运起伏不定，客运则有所增长。至1977年，全省机动船及其附拖驳船9530艘、27.5万吨和9.3万客位，分别比1965年增加2.45倍、1.58倍、1.15倍；木帆船减至5849艘、4.2万吨，分别比1965年减少60.6%、73.8%。1977年，全省完成水路客运量5564万人次、客运周转量9.1亿人千米，比1965年均增长1.07倍；货运量3592万吨、货运周转量34.7亿吨千米，是1965年的59%、52%。

（一）国营轮船业的创建和初步发展

1949年12月，浙江省航务局成立，特别是1950年9月浙江省航运公司的建立，标志着浙江省国营轮船业的诞生，并经发展逐渐成为浙江省水路运输业的领导、骨干力量。1951年1月，浙江省航运公司改称国营华东内河轮船公司浙江省公司，1953年4月改称国营浙江省内河轮船公司，同年6月改称国营浙江省轮船公司，1956年7月国营浙江省轮船公司撤销（保留公司名义），业务并入浙江省交通厅航运管理局。

浙江国营轮船业从诞生的第一天起，通过接管、调入、购置、租用等手段，发展运输船舶，从事内河、沿海运输。浙江解放之初，可以接管的国民党官僚资本企业的船舶寥寥无几，仅在1950年1月，由浙江省航务局所属钱江管理所，接管了原钱江渡轮管理所的拖轮1艘（主机功率32马力）、驳船5艘（载重量共125吨），继续经营钱江轮渡业务。接着，浙江省航务局从华东交通部先后调入内字号机帆船6艘（每艘60吨）、拖轮1艘，钱江管理所又购置"民力"号客轮1艘，经营杭（州）桐（庐）线客货运输业务。由此，浙江国营轮船业的内河运输开始。1950年5月舟山解放后，沿海运输起步，有10艘机动船舶投入甬申线（宁波—上海）营运，这些船舶来自省航务局调拨的4艘内字号机帆船、上海调入的 5 艘内字号机帆船以及接收从甬江打捞上来的 1 艘沉船（载重 85 吨，取名"浙航"）。1951 年 8 月，又相继开辟杭州至上海、无锡、苏州 3 条跨省内河航线的货运业务，宁波至余姚内河客货班轮运输业务，宁波至舟山沿海岛屿客货运输业务。1951 年 9 月，根据运输实行专业化的规定，华东内河轮船公司浙江省公司及其分支机构的经营范围大大缩小，只能由本公司及其分支机构的自备船舶从事内河轮船客货运输业务。尽管当年购置增添了一些内河拖轮、客轮，也只能勉强维持营业，杭嘉湖地区的客货运输业务十分清淡。1952 年 3 月，华东内河轮船公司浙江省公司及其分支机构分别接收了当地的内河轮船和驳船近 40 艘，自备运力得到了扩充，增辟了一些新的航线，业务得到了恢复和发展。1953 年 6 月，浙江省内河轮船公司改称为浙江省轮船公司，业务范围又扩展至沿海，同时又陆续接收了一些单位的船舶，并投资新建一批拖轮、内河客轮、客货轮、铁驳，业务经营进入了稳定发展时期。随着 1956 年社会主义改造的完成，又有公私合营的 178 艘轮船、88 艘驳船并入浙江省轮船公司。到 1957 年底，浙江省轮船公司拥有机动船、驳船共 870 艘、0.70 万客位、3.13 万吨位（其中机动船 127 艘、0.39 万客位、0.19 万吨位），与 1953 年相比分别增加 5.74 倍、1.41 倍、5.80 倍。

随着船舶运力的增加和航线的增辟，国营浙江省轮船公司在全省沿海、内河各主要港埠都设立了分支机构，初步形成了运输网络，运输量不断提高。1957 年该公司货运量 309 万吨、48233 万吨千米，与 1953 年相比增加 6.73 倍、6.42 倍；客运运输量 996 万人次、22245 万人千米，与 1953 年相比增加 8.49 倍、4.41 倍。国营轮船公司运输量比重也大幅度提高，显示出国营经济在航运业中的骨干作用。如 1953 年，国营船舶所完成的货运量和货运周转量，仅分别占全省船舶总货运量和货运周转量的 6.2% 和 13.4%，而 1957 年则分别提高至 27.2% 和 49.1%。

（二）民船运输业的整顿、维持和合作化及对私营轮船业的利用、扶植和社会主义改造

解放初期，浙江民船运输业拥有民船 2 万余艘 10 多万吨位，从事民船运输人员 6 万人，是一支重要的水上运输力量。当时生活和工农业生产所需的各项物资，以及"三支"①运输主要由民船来承担。1949 年 5 月—1950 年 5 月，全省民

---

① 三支，即支援前线、支援重点建设工程、支援抗灾救灾的物资运输。

船水运量占全省水运量的 90%。

浙江省对民船运输业贯彻"充分利用、限制发展、自我改造、逐步淘汰"政策。首先，民船接受航运主管部门行政和组织管理。经过整顿，从 1951 年 4 月开始，逐步建立起在航管部门领导下的船民自愿结合、联合互助的民船联合运输社（简称联运社）。1954 年 1 月，全省有 189 个联运社，参加联运社的民船占 90% 以上。其次，限制木船扩吨，限制新造木船，限制陆上人口流向水上，对有条件的木帆船进行技术改造，改装为机动船，逐步减少和淘汰木船。最后，为解决民船运输业的实际困难，省航管部门采取一系列帮助性措施，如贷款修船，调剂航区之间船舶运力，减少或补偿民船因停空、调空、放空等而造成损失等等，从而维持了民船的运力，提高了运输效率，以满足水上运输生产的需要。

因联运社无法担负原有任务，1954 年 1 月起逐步取消联运社，到 6 月底，基本撤销完毕。与此同时，遵循党的过渡时期总路线精神，采取互助合作、公私合营等多种形式，对民船运输业进行社会主义改造。1954 年 9 月 17 日，全省第一个木帆船运输合作社——岱山县秀山区秀东乡试办的合作社（6 艘船共 450 吨）诞生。到 1956 年 6 月底，全省共有合作社 225 个（其中高级社 71 个），互助小组 19 个，合营公司 3 个，参加组织的船舶数、吨位数、人员数分别占总数的 85.25%、76.77%、79.74%，基本实现了全行业的合作化。

这一期间，浙江省民船的数量虽然逐年有所减少，但运量却有所增加。1957 年底，全省沿海、内河共有民船 2.25 万艘，货运量为 16.59 万吨（其中内河民船 2.07 万艘、内河货运量 12.82 万吨），比 1952 年底的 2.74 万艘、21.14 万吨分别减少 17.9% 和 21.6%；完成货运量 823 万吨、货运周转量 49755 万吨千米，比 1952 年的 458 万吨、34568 万吨千米增加 79.69% 和 43.93%。民船对促进物资运输起到了积极作用。

这一时期，还对私营轮船业进行利用、扶植和社会主义改造。解放初，浙江省有私营轮船行 149 家，分布在全省 16 个城市和集镇。所属船舶航行于浙北内河、浙东运河、钱江、瓯江、灵江和沿海港口、岛屿之间。党和政府对私营轮船业采取"利用、限制、改造"的政策。私营轮船业接受航管部门的管理，照章合法开展经营活动，限制其盲目发展以及投机、违法行为。同时，浙江航运管理部门运用"公私联营""私私联营""私私合营""租赁经营"等多种扶植形式，采取贷款修船等扶植措施，对一些经营主要航线的私营轮船行进行扶植。私营轮船业有利于国计民生的一面得到了利用、发挥，在完成全省客货运输任务中起了一定的作用。

1954年，全省由点到面，对私营轮船业进行有计划、有重点的社会主义改造。1956年1月，私营工商业社会主义改造进入高潮，私营轮船业资本家纷纷申请公私合营，2个月后，全省私营轮船业基本实现了全行业的公私合营。不久，公私合营企业并入国营轮船公司统一经营。

私营轮船业的社会主义改造，改变了旧的生产关系，解放了生产力，许多企业的经营管理、运输效率和运输质量都有所提高。如温州公私合营轮船公司船舶周转率比合营前提高22.5%，有些原来亏损的企业，合营和并入国营以后，则有了盈余。

（三）港口装卸生产的恢复和初步发展

解放后，浙江省在恢复、发展船舶运输的同时，遵照政务院《关于一九五〇年航务工作的决定》《关于废除各地搬运事业中封建把持制暂行处理办法》，着手维修码头和仓库，改进装卸手段和港埠设施，建立统一的搬运公司和固定装卸工人队伍等，恢复港口装卸生产。"一五"期间，在恢复港口装卸生产的基础上，改善港口管理。1954年，浙江省根据政务院《中华人民共和国海港管理暂行条例》和交通部、浙江省的有关规定，制定港章和各类办法，建立统计制度和定额管理，编制作业计划，以实现计划管理，同时建立调度机构和各类生产责任制度。所有措施的实施，促进了浙江港口生产较快发展。1956年以前，浙江沿海运输和港口生产因一江山、披山和大陈岛尚未解放而受阻，其恢复和发展要比内河港口迟。1957年，宁波、温州、海门、舟山和杭州等5个主要港口吞吐量为429万吨。

这一时期，浙江水路货运量在公路、水路总运输量中所占比重较高，1952年全省公路、水路总运输量为892万吨，其中水运量为488万吨，占54.7%；到1957年全省公路、水路总运输量为1951万吨，其中水运量为1134万吨，占58.1%，基本实现了"一五"计划提出的必须积极地提高水运在整个运输中的比重的要求。

（四）全民办运输、"一条龙"运输和沿海拖带运输

1958年"大办钢铁"时，水路运输跟不上生产需要，为解决这一矛盾，全省发动行业内外群众参加港口突击装卸和疏运。1958年8月10日，海门港首先在长航驳的卸煤任务中组织突击卸煤，组织农民、学生参加劳动，"分班作业，

分舱包干，先卸后搬"，用 36 小时卸完 1750 吨煤炭，卸煤速度比通常提高 3 倍。不久，该港又实现 28 小时卸完 1750 吨煤炭。同年 9 月，温州港和温州市交通委员会发出"苦干 10 天，装卸量翻番，船舶停港时间减半"的号召，抽调交通系统大批人员和工具支援港口外，并动员居民、家属、干部、战士、学生、农民参加装卸，第一次突击装卸就以 20 小时 30 分卸完 2000 吨煤炭。在此后的 3 个月，还组织过 3 次突击卸煤，装卸速度一次比一次快。宁波港也不甘落后。9 月 7 日，创下日装卸量 2200 吨的纪录。在各海港"放卫星"的同时，内河港口也组织了以缩短船舶留港时间为内容的"放卫星"活动。如 1958 年 10 月 19 日，钱江航运局 24 小时完成 3012 吨装卸任务。当然，这些"放卫星"活动创下的纪录是拼人力、拼设备的结果，不能反映通常条件下的工作效率，因此是不可持续的。

为缓解地区性短途运输紧张的局面，1958 年第 4 季度开始，组织以社队为主的社会运力参加运输。特别是 1959 年 9 月 25 日中共中央、国务院发出"关于开展群众短途运输运动"的指示后，引起全民办运输的高潮。1960 年 1 月，全省 638 个公社中有 430 个建立了 900 多个规模不等的专业运输队，拥有手车、畜力车 2 万余辆，木船 5 万余吨，竹筏 2000 余张，运输人员 3.8 万人。这些运输队参加短途运输达千万人次，出动手车、畜力车 270 万辆次，木船竹筏 178 万吨次，从农村、山区运出竹木、柴炭、粮食、矿石、经济作物、畜产品等物资 800 余万吨（包括水陆运量），平均每天运出 7 万吨，占全省日货运量的 1/4 以上。这些物资的运出，保障了工业和基建所需的原材料、燃料，以及城镇所需的生活资料，具有一定的社会效益。

"大跃进"来势迅猛，一开始就打乱了原来的计划部署，使交通运输全面紧张。1959 年 12 月 2 日，浙江省运输指挥部组织交通、冶金、建工、林业、粮食、商业和铁路等 7 个厅局，召开由生产、运输、销售 300 余个单位参加的全省"一条龙"运输①大协作电话会议，拉开了全省运输大协作的序幕。浙江水运企业学习和推广秦皇岛路、港、航"一条龙"运输大协作的经验，开辟了多条一线相连、环环相扣、水陆相续的运输线路，以加速车船和货物周转，扩大路港通过能力，推动江海、江河直达运输，完成大量的运输任务。例如，温州航运局、钱江航运局与林业部门协作开展木材运输，改变从温州北运上海后经浙北内河南运杭州的

---

① "一条龙"运输，实质上就是货物专线运输。

旧航线，由温州拖木排直接经钱塘江进入杭州，运距足足缩短 208 千米，当年就节省运输费 50 万元。钱江水系"一条龙"组成后，打通了衢县龙游到杭州的航线，使木材、毛竹等物资改陆运为水运，减轻铁路压力，加快物资流转。宁波地区组织的绍兴漓渚至杭州钢铁厂的矿石运输"一条龙"，做到矿石、车、船三对口，劳力、机具两统一，挖掘了运输潜力，平均日运量提高 37%。

随着全省经济建设的发展，海上运量急剧增长。为了解决运力与运量的矛盾，曾在 1953 年和 1956 年试行过的轮木结合的拖带运输又在浙江沿海重新兴起。

1958 年，温州市海运以 1000 吨大轮进行拖带运输试验成功。随后，舟山区航运局、宁波市轮船公司、海门航运局、浙江省交通厅驻沪海运经营处相继开展了沿海拖带运输。经营的航线有温甬线、温申线、舟申线等，拖带的对象有木帆船、木（竹）排、铁（木）驳、趸船等。这样，拖带运输在浙江沿海普遍开展了起来，产生了较好的经济效益。例如，"浙海 117 号"轮船拖带"浙温帆 11 号"木帆船后，产量增加 140%；拖带前月收入 2954 元，拖带后达 6102 元，增加 106%。又如，温甬线木帆船原来每月只能跑 3 个单程航次，拖带后可跑 8 次，提高 166%。

1960 年冬，中共中央对国民经济实行"调整、巩固、充实、提高"的方针，遵照交通部和浙江省政府的部署，浙江水路运输生产开始全面调整。1965 年，全省水路货运量 2255 万吨、货运周转量 228310 万吨千米，客运量 2689 万人次、客运周转量 44016 万人千米；温州、海门、宁波三港完成货物吞吐量 249 万吨。

（五）装卸机具和木帆船的"双革"，新增船舶运力

1957 年前后，水路运输基本上还是靠人力，木帆船靠纤、篙、橹、桨行驶，港口装卸搬运主要靠手提、肩挑、背负，劳动强度大，生产效率低，不能满足"大跃进"和"大办钢铁"的需要。1958 年第 4 季度开始的"全民办交通""全民办运输"的突击办法，不能根本解决问题。紧接着，浙江水运业就开展"双革"，着手在运输船舶（木帆船）和港口装卸搬运两个方面开展技术革新，提高运输生产效率。

1958 年 8 月—1959 年 1 月为"双革"第一阶段，这一阶段，技术革新土法上马，主要措施有：在手拉车上安装滚珠轴承，制作土吊车、土输送机，建筑土码头，在木帆船上安装脚踏翻水板以代替手摇桨橹，利用旧发动机改装机帆船，及利用水力绞引木帆船过滩等。据统计，仅木帆船运输系统就新建土码头 40 余座，制作土吊车、土输送机 40 余台，在 3000 余辆人力车上安装了滚珠轴承，利用旧

发动机改装机帆船 94 艘，为 300 艘木帆船安装了翻水板。这些"土产品"技术含量虽然较低，但比单纯体力操作已是前进了一步。

1958 年底中共八届六中全会召开后，"双革"活动进入第二阶段。这一阶段采取"以土为主，土洋结合，土中出洋"的做法，开展"一系五化"[①]，提高港航技术。全省主要港埠装卸搬运机械化半机械化程度达到 50%（主要是半机械化），工班效率也从 5 吨左右提高到 10 吨左右，因此，全省沿海轮船平均留港时间从 32 小时压缩到 27 小时，内河轮驳留港时间从 40 小时压缩到 34 小时。

1960 年 3 月 6 日，浙江省交通运输"双革"经验交流大会召开后，浙江水运业的"双革"活动进入第三阶段。这一阶段，采取"能洋则洋，能部分洋则部分洋，不断提高"的做法，"双革"活动更加深入。据统计，当年 3—6 月份，全省参加装卸搬运技术革新活动的达 15 万人次，实现革新项目 2 万余件，主要的有各种输送机 480 台、土洋吊杆 1664 台、卷扬机 169 台、起仓机 38 台、土码头 504 座、联动作业线 153 条等，使全省装卸搬运机械化半机械化程度提高到 80%（其中机械化占 25%）。在船舶运输方面，实现轮木结合拖带化的木帆船 7.2 万吨，占全省木帆船总数的 46%；内河轮船实现机驾合一的有 127 艘，占 45%。

在对木帆船进行"双革"的同时，还对现有其他专业运输船舶的结构状况进行调整，接收上海方面下放的船舶，以及根据交通部为解决船舶运力不足而制定的"租船、买船、造船"的方针，委托造船开始起步，从而增添了不少机动船舶，运力有了新发展。到 1965 年，浙江省机动船的比重由 1957 年的 19.6% 上升到 39.7%。机动船的总艘数、客位、吨位和拖轮功率均有一定增长，而木帆船的艘数、吨位有所下降。1958 年 1 月 1 日起，接收上海方面下放的船舶。当年"和平 13 号"等沿海货轮 31 艘计 10735 吨和甬、温两港等移交浙江，公私合营上海海帆船运输公司及其所属海帆船 50 艘计 4511 吨及一切机构设备、人员等全部划交浙江。这两支力量后来成了浙江沿海运输的基础和种子，对发展浙江沿海运输起到了重要作用。上海市交通运输局在移交海帆船后，又于 1958 年 6 月 30 日将申浙内河运输业务交浙江省统一经营，并将其所属公私合营内河航运所的机动船 23 艘（拖轮 9 艘、客轮 3 艘、机帆船 11 艘）、客驳 4 艘，无偿移交浙江。另其所属第四运输民船合作社的全部船舶、设备、人员都划归浙江领导管理。

[①] "一系五化"，即土洋结合装卸机械的系统化和电动牵引化、搬运列车化、起重土吊化、输送机械化、水上拖带化。

为解决沿海运输船舶运力不足问题，浙江省交通主管部门从1959年开始委托上海中华造船厂建造较大吨位的海轮。1960年两艘3000吨级沿海货轮（浙海一号、浙海二号）先后下水投入营运。这两艘沿海货轮是浙江航运史上所拥有的第一批吨位较大、设备比较先进的沿海运输船舶。随后几年又陆续增添了一些大吨位的海轮。到1965年，浙江省沿海500吨级以上的船舶增加到15艘，总计15640吨、532客位、1500马力（拖轮），沿海运输的运力跨上了一个新台阶。

（六）"文化大革命"期间水路运输起伏不定

1. 船舶运力的增长和船舶营运率、完好率的下降

"文化大革命"期间，浙江的修造船工业有一定的发展，自制成功全省第一艘1000吨级钢质沿海货轮"浙海504"。修造船工业的发展以及通过购买和调入的途径，使浙江的船舶运力有了增长。1976年，全省机动船及其附拖驳船的艘数、吨位和客位，分别为9141艘、256844吨和88695客位，比1966年分别提高53.4%、52.2%和56.3%。然而，这一期间的船舶营运率和完好率却有所下降。以省属航运企业的情况为例，1966年内河货运拖轮平均功率为5758千瓦，营运率为84.8%，每千瓦年产122201吨千米，而到1976年，内河货运拖轮平均功率为8807千瓦，比1966年提高53%，可营运率却仅为68%，比1966年下降19.1%，每千瓦年产66261吨千米，比1966年下降45.8%；内河货驳和沿海货轮的情况也类似。船舶完好率比较低，许多船舶年久失修。1973年初，浙江省沿海船舶完好率为58%，内河船舶完好率为60%，降至历史最低水平（历史上一般完好率在80%以上）。一部分船舶不得不采取减载等措施，有的船舶不得不停航。这种状况一直持续到"文化大革命"结束。因此，这一期间的运力虽有增长，但由于船舶营运率和完好率较低，致使运力仍不能满足水上运输生产的需要。

2. 货运生产起伏不定

"文化大革命"期间，浙江省的水上货物运输起伏不定，呈下降—上升—再下降的曲折变化。1966年，全省水上运输生产还比较正常，货物量、货运周转量虽有所下降，但幅度不大。1967年开始，航运企业停航停产，货运量大幅度下降，内河货运量下降至1625万吨，货运周转量下降至120022万吨千米，分别比1966年减少19.5%和16.3%；沿海货运量下降至257万吨，货运周转量下降至68954万吨千米。从1968年开始，内河货量稍有回升，1969年货运量为1831万吨、货运周转量139437万吨千米。而沿海货运量和货运周转量则一直处于下

降趋势，1969 年分别为 139 万吨和 50756 万吨千米，比 1966 年分别下降 53% 和 39%。1970 年以后，社会秩序有所好转，加上当时全省开展"夺煤大会战"，煤炭运输和运往矿区的物资大量增加，全省水上运输有所恢复和发展。1970 年，内河货运量增至 2308 万吨、货运周转量增至 162276 万吨千米，沿海货运量增至 294 万吨、货运周转量增至 88596 万吨千米。1971 年后，水上运输量持续上升。1974 年的"批林批孔"运动和 1975 年的"反击右倾翻案风"运动，引起水运秩序再度混乱，水运量下降。1976 年内河货运量和货运周转量分别 2770 万吨和 176217 万吨千米，沿海货运量和货运周转量分别为 329 万吨和 97910 万吨千米。

3. 客运生产呈上升趋势

"文化大革命"期间，浙江省的水上旅客运输基本上呈上升趋势。1966 年浙江省内河客运量为 3097 万人次、客运周转量为 45072 万人千米， 1976 年分别上升至 5052 万人次和 69479 万人千米，分别增长 63.1% 和 54.2%。其间有些年份虽然有所下降，但下降的幅度比较小。沿海旅客运输和内河基本相同。这一时期，水上旅客运输在经营原有航线的同时，还开辟或恢复了数条客运航线。1970 年 8 月 1 日，由钱江航运分公司经营的杭州至兰溪客运航线开通，每天由杭州、兰溪各对开一班客轮，当天到达。1975 年 7 月 1 日，停航长达 10 年的海门至上海客运航线恢复，隔日开行一班；当年 9 月开通定海至上海客运航线，10 月开通宁波—定海—温州客运航线。这些航线的开辟和恢复，促进了沿海旅客运输量的增长。

三、铁路运输

（一）运输机车修复改造

此阶段的铁路客车、货车是由铁道部根据各局运输计划和需要，统一调度指挥和使用，各铁路局只负责按规定检修周期进行养护维修。

1. 客车

1949 年 5 月杭州解放，共接收浙赣铁路客车 150 辆，但车辆损坏严重，设施简陋。经修复改造，质量和面貌有改观。1956 年起国产 21 型客车逐步配属运行，老杂型客车退入支线或担当慢客。在客车更替过程中，1958 年曾配属一列由 8 辆硬座、11 辆可躺式软座和 1 辆行李发电车组成的低重心轻快列车，在杭州和上海间运行至 1960 年停用。为适应进京、进穗长途旅客列车开行，20 世纪

60 年代先进的 22 型客车先后配属杭州铁路车辆段。1964 年国产双层客车（第一代）列车组 12 辆，可载客 1074 人，先在杭州至上海间担当快客，后转杭州衢州间担当快客，1982 年停用报废。沪杭、浙赣线建路通车时，客车全部从不同国家进口配件，经组装后使用，设施简陋。中华人民共和国成立后，对危及人身安全的旧客车，进行修复改造，车厢两端上下车踏板、扶手和车厢间渡板、扶手，全部修复配齐；链条钩改为标准钩，增加缓冲器，从设施上保证旅客乘车安全。同时增加蓄电池组，保证照明和电扇用电，冬季则利用蒸汽机车向列车供汽取暖，在列车出发和途中确保蒸汽畅通和车厢温度。并在长途列车编组中设茶水炉，供应旅客开水，加装水箱，为旅客提供生活用水。在车辆整修时，有计划地为列车设置广播室和乘务员休息室。20 世纪 60 年代末，车内照明直流供电由 24 伏改为 48 伏，白炽灯改为荧光灯。部分客车通过段修和技改，将取暖设备改造成独立燃煤锅炉。为适应列车提速，从 1973 年起有计划地将配属客车中的滑动轴瓦改为滚动轴承。

2. 货车

1949 年 5 月杭州解放时，共接收浙赣铁路货车 692 辆（包括损坏 267 辆），其中棚车 141 辆，平板车 165 辆，敞车 365 辆，特种车 21 辆。此后，仅用 8 个月时间，修复破损货车 264 辆，并通过定检配合铁路工厂，将十几种连结器改成标准车钩，增加缓冲器。根据铁道部安排，统一货车车型编号，减少车型 140 多种，经逐年淘汰，报废货车 345 辆。1953 年国产载重 50 吨货车投入运行，30 吨二轴货车被淘汰。1960 年二轴守车淘汰，被国产守车取代。1965 年起国产 60 吨车大量生产投入运行，普遍采用滚动轴承。改造滑动轴承，新型转向架、CK 阀、120 分配阀等新装备普遍使用。货车平均净载重从 1950 年的 28.5 吨提高到 1965 年的 54.8 吨，为重载、长列、高速货物列车安全并行创造条件。

（二）开展客流调查，实施计划运输，旅客运输量快速增长

中华人民共和国成立之初，浙江铁路营业线路短，列车对数少，客车载客量小，旅客发送量不大，1949 年发送旅客 261 万人次，1952 年 419 万人次。铁路乘客为短途探亲访友者及部分小商小贩。其中商贩旅客几乎占全部旅客的 90%。此后，旅客发送量逐步增加。1953—1957 年，萧甬线分段建成通车，金兰线延伸至朱家埠，客运量随之加大，1957 年旅客发送量上升至 843.5 万人次。1958—1962 年期间，客运列车对数由 10 对增加到 18 对，旅客发送人数也上升，1962 年达 1926.8 万

人次。1963—1965 年，旅客发送量下降，1965 年为 982 万人次。"文化大革命"时期，由于"大串连"和"上山下乡"运动，客流结构明显变化，客流量激增，仅 1966 年 8 月—12 月就开行临时客车 1382 列，运送 239 万余人次。1974 年 10 月 1 日杭牛线（杭州—牛头山）运营，旅客发送量突破千万，1975 年达 1775.6 万人次，十年来年递增 6.1%。

20 世纪 50 年代开始，实施计划运输。每年下半年，杭州铁路分局组织客运专业人员进行客流调查，制订年度旅客运输计划，作为编制、调整旅客列车运行方案、改进客运设备和日常组织工作的主要依据。1954 年起，全国铁路实行旅客列车票额分配方案，一趟列车由始发至终到站划分为若干区段，然后按划分区段分配票额、组织售票。是年三季度起，杭州、萧山、临平、长安镇、硖石等站建立发送旅客日计划制度，审批各计划站提报的旅客发送计划，并据此调整列车编组增减车辆，防止列车过度拥挤。1961 年 7 月 28 日，铁道部提出"始发站照顾中间站、大站照顾小站"和"先中转后始发，先长途后短途；保证重点，照顾一般；长短途合理分乘"的原则，在运能不足的情况下，组织列车超员运输：直通旅客快车（特快、直快）始发站不得超员，途中超员 20%；直通旅客列车始发不得超员，途中超员 30%；管内、市郊旅客列车的超员率，由各局自定，但不宜超员过多。同时规定：直通快车的中转旅客实行签票乘车。对旅客计划运输组织工作，实行"以调度为核心，以计划区段为基础，以客流分配为主，以列车预报为辅和日常提报相结合"的组织方法。是年 8 月，杭州办事处及各中心站、直属站成立票调机构，配备客票调度人员，分级掌握票额。杭州、嘉兴、诸暨、衢县（今衢州）、绍兴、宁波等 18 个车站，实行并完善旅客发送日计划。1964 年，为加强旅客计划运输组织工作，指定杭州、萧山、诸暨、义乌、衢县、绍兴、曹娥、余姚、宁波等站为计划运输组长站，管辖各区段小站的日常计划运输的组织平衡工作。1965 年，再次强调按照"长短（途）分工""快慢（车）分工"原则组织旅客乘车，以减少不必要的中转。"文化大革命"期间，一度出现有多少走多少的客流失控局面。

（三）改善货运组织，挖掘运输潜力，生产效率有所提高

1949 年 8 月，在上海铁路管理局的组织下，嘉兴、硖石、长安镇、杭州、南星桥、萧山、临浦、义乌、衢县、江山等站参加上海—南昌间的直达货物运输。9 月，浙赣线开办零担运输。1950 年以后，杭州铁路分局与省、市主要物资部门联系，

以签订合同方式组织编制月度运输计划。1951 年杭州铁路分局将零星分散的农副土特产货物由供销合作社归口组织，集中外运。1953 年起省计委组织人员对铁、公、航等运输部门进行经济调查，摸清产、供、销、运情况，组织平衡运输。1956 年扩大到铁、公、水三方面联运。20 世纪 60 年代，为支援农业，分局管内各货运站增建货物线、仓库，扩大货场，以适应经济发展需要。

在货运组织上，1950 年杭州铁路分局在学习中增长经验，改善货运经营管理，不断挖掘运输潜力。1952 年开展"满载、超轴、五百公里"运动，在货车满载增载及经济使用车辆方面挖潜扩能。南星桥站创造圆木、毛竹支柱外插法，使圆木从原来每车装 24 吨，提高到 30 吨。诸暨、义乌等站采用多层装猪法，载重比原来单层增加 2 倍多；萧山站创新黄麻、棉花定型打包法，每车黄麻比原来平均多装 16.2 吨，棉花多装近 1 倍。20 世纪 50 年代后期，货车增载不用大型车装轻浮货物，组织大型货车成列或成组固定使用。60 年代组织直达列车和成组装车。70 年代根据"一卸二排三装"运输组织原则，及时预报到达车流，提高卸车及搬运能力；加速到达管内重车的移动，变当天无效卸车为有效卸车；组织牛头山到浙赣、萧甬线以及杭州地区煤炭直达列车或专列。

此时期，铁路运输主要为零担运输。20 世纪 50 年代初期，零担发送除少数站外，大多采用随到随承运的办法。1952 年 1 月 7 日起，浙江铁路推行零担计划运输。1955 年杭州运输分局实施合理配装，减少中转次数，加快零担货物运送速度。1957 年 3 月，开行区段沿零列车，实行固定运行线、固定沿零车数、固定编挂位置、固定接车线路的"四固定"运输办法。20 世纪 60 年代在"支农"运输中，开办活零业务，对鲜活急运货物及时装运，并开办化肥、农药等危险品运输业务。1962 年，浙江铁路发送"支农"物资 118.4 万吨。

除零担运输外，杭州铁路还开展鲜活易腐货物运输和危险货物运输。1959 年，杭州铁路推广在货车上预留车位，加装家畜等鲜活易腐货物的"捎脚运输"；1962 年 12 月，组织开行 753 次快运货物列车，为沪杭、浙赣、萧甬及金岭线的外贸出口（主要是生猪等）鲜活货物挂运创造快捷条件；1965 年，针对浙江的养蜂专业户多和嘉兴的鱼苗运输要求高等特点，开始执行"优先承运、优先进货、优先派装、优先托运、优先取送"的原则，做到快速运送。中华人民共和国成立之初，浙江铁路危险品到发站为南星桥站，1955 年起迁往白田畈站，1975 年起迁至拱宸桥。1978 年 10 月，杭州北站拱宸桥危险品货场开办业务，这是浙江铁路唯一办理危险品货物运输的专业站。

四、民航运输

（一）开辟航线，扩建机场

1957 年 1 月 1 日，民航上海管理处首辟始发上海，途经杭州、南昌至广州，翌日飞返的航线，航线里程 1253 千米。此后，航线网点及航班密度逐年增加，机型不断更新。1964 年，民航北京管理局启用英制子爵号和苏制伊尔 –18 型客机，开辟杭州—北京、杭州—广州的往返航线。1971 年，扩建杭州笕桥机场，使其能降落波音 707 及以上机型的客机。1972 年 4 月，民航北京管理局用苏制伊尔 –62 大型机加入航线，随后有三叉戟、波音 707 相继加入航线。

（二）民航运输艰难起步

1. 旅客运输

1957 年 1 月 1 日，民航杭州航空站开办航空运输业务。通航初期，仅保障由民航上海管理处开辟的上海—杭州—南昌—广州这条航线，每周飞行 2 班。开航的第一个月，共飞行 13 架次，出港旅客只有 5 人。1957 年杭州笕桥机场出港旅客为 971 人次。

20 世纪 60 年代中期，到中国参观访问的外国友人及华侨旅游团体占乘机人数的 70%。1965 年，杭州笕桥机场出港旅客 4638 人次。1966 年起，由于"文化大革命"，航空运输受到严重影响，杭州笕桥机场客运量逐年急剧下降，1969 年出港旅客只有 195 人次，是杭州航空运输史上运量最少的一年，仅为开航首年（1957 年）出港量的 1/5。

1971 年，民航浙江省管理局增至每周保障 6 个航班，航班目的地有北京、上海、广州、南昌、长沙等 5 个城市。是年起，国务院采取大幅度降低客运价格和适当放宽乘坐飞机的限制措施，杭州笕桥机场客运量开始逐年增加，当年出港旅客为 1073 人次，是 1970 年的 3 倍。1971 年 11 月，为迎接美国总统尼克松访华，国务院、中央军委下达关于扩建杭州笕桥机场的紧急指示。杭州笕桥机场扩建后可以起降波音 707 及以上机型客机，杭州至北京、广州航班密度及客运量逐年增加。1974 年出港客运量 1.47 万人次，首次突破万人大关。

2. 货邮运输

1957 年 1 月 1 日，民航杭州航空站通航后，即开办航空客货运输业务。开办当年，全年货邮运量仅为 9.3 吨，运输物品主要是小型包裹。

随着国民经济的发展，航空货运量逐年增加，1960 年杭州笕桥机场出港货邮量 133 吨。1962 年，杭州笕桥机场出港货邮量一度下降到 74 吨。1965 年，经国民经济调整，杭州笕桥机场出港货邮量又回升到 192 吨。

1966 年后因"文化大革命"的大串联造成地面交通阻塞、中断，部分物品如云母纸、咖啡因、电子管、绝缘材料、农业机械和医药用品等由陆运转为空运。1967 年，杭州笕桥机场货邮出港量 320 吨。1968 年起，货邮出港量开始下降。

1971 年杭州笕桥机场扩建，此后，货邮出港量逐年上升。1978 年货邮出港量 706.9 吨。

第三节　行业管理

一、公路管理

1949 年 5 月 3 日，杭州解放。5 月 7 日，杭州军事管制委员会成立，接管全省交通管理工作。8 月 10 日，浙江省交通管理局成立，隶属浙江省实业厅，管理全省水陆交通。10 月成立 13 个工务段，负责全省公路养护工作，成立 5 个工程队，担负公路工程抢修任务。

1950 年 4 月 3 日，浙江省交通厅成立，掌理全省公路、航务之管理及指导邮政、电信、铁路等交通事宜，直至 1953 年。

1954 年，浙江省交通厅下设公路局、航运局、汽车运输公司、轮船运输公司，主要负责交通方针政策等重大问题的研究贯彻，全省交通运输工作全面、长远的策划和长远计划的编制，年度、季度计划的审编，私营运输的管理与实行社会主义改造的研究、规划，组织全面性的经验交流，以及负责布置、检查、督促、总结等重大事项。浙江省境的公路主管单位是厅公路局。8 月，厅公路局机构撤销，建立厅公路运输局。

1958 年 1 月，撤销厅属公路运输管理局、航运管理局、工程局，省属企事业单位由厅直管。成立杭州、宁波、温州、金华区公路运输局，原工程局所属各养路段并入各区公路运输局，其他局属单位及杭州汽车修理厂、杭州修船厂归属厅领导。这是集运输管理、运输经营、工程养护、交通监理于一体，由厅直管的体制。

1961年4月，恢复工程局、公路运输管理局和航运管理局三局建制。1962年将1958年下放的一部分省属企事业单位的行政业务管理权收回由省管理。1964年恢复成立浙江省汽车运输公司。

1970年5月，省交通厅和浙江省邮政局合并成立浙江省交通邮政局。9月，省属各地区的汽车运输段下放给地区革命委员会领导。公路运输管理局、省汽车运输公司再次撤销。1971年局机关设公路管理处、陆运处。局属单位有第一汽车运输公司、第二汽车运输公司等。

1973年5月，浙江省交通局和浙江省邮政局分设，建立浙江省交通局革命领导小组。1977年10月撤销局革命领导小组，原正副组长改任正副局长。局机关设有公管处、统一运输办公室等。

二、水运管理

中华人民共和国成立之初，省内即成立水路运输管理机构。1949年12月设立浙江省航务管理局，开展水运管理。1950年4月，浙江省交通厅成立，厅属单位有公路局、航运局、汽车运输公司、轮船运输公司。1958年，成立杭州、湖州、嘉兴、钱江、舟山区航运局及驻沪运输经营处。

浙江省航务管理局成立之后，实施航政管理和港政管理。航政管理方面，1963年浙江省公布了《浙江省内河通航标准（试行）》，1—5级航道按部颁标准，将通航载重100吨—5吨船舶航道分为6—13级。1964年，国务院下达《关于加强航道管理养护工作的指示》。规定在通航河流上，修筑拦河闸坝、桥梁、渡槽、架空电线、过河电缆、码头等建筑物或拦蓄引用水源，进行河道治理以及建设其他设施时，必须与交通、林业部门协商，不得破坏通航和木材流放。港政管理方面，根据国家相继发布的有关港务管理规章先后制定《舟山地区码头管理暂行规定》《宁波港港章》《海门港务管理暂行条例章则》《杭州市港埠码头管理暂行办法》等，对港口实施管理。1959年12月起执行《浙江省港口管理暂行办法》。

中华人民共和国成立初期，浙江水路运输管理部门通过建立、发展省级国营航运公司，利用、扶持私营轮运业和整顿维持民船运输业，采取公私联营等方式，发展水上客货运输生产。1954年起，实行"分级递送、分区平衡"的管理办法。1956年，全省航运系统完成全行业的社会主义改造。1963年5月起执行《浙江省水运货物月度运输计划管理暂行办法》，实行集中领导，分级管理。

这一时期的水路交通规费主要有水路运输管理费、内河航道养护费、货物港务费、船舶港务费等，为水路交通行政管理的事业性收费，由省统收统支，财政专户储存管理。1951年，根据国务院统一收费指示，由航管机构向货主征收运费值1%的航政费，1954年，改航政费为管理费，木帆船按运费的3%征收，航快船按运费的2%征收。1963年起，改为向船舶单位征收营业总额3%的航管费，向货主单位征收运价总额4%的调配费。1964年4月，在沿海主要港口开征货物港务费。1965年10月开征内河航道养护费。

1952年，浙江省根据《华东内河运价管理暂行规则》制定统一运价与计算方法。沿海运输运价在1953年前由交通部上海海运局管理，1953年后沿海小港、短途运输运价逐步归浙江地方经营管理。1956年，浙江颁发《浙江省轮船运输货物运价规定》，调整全省沿海、内河机动船运价。

1958年起，按照交通部与浙江省颁布的相关标准，对沿海、内河小型船舶进行制造或改建的建造检验和营运船舶的定期检验，1958—1960年因"大跃进"曾一度中止。1953年起不定期组织船员检定考试，合格者发船员证书。1954年执行危险货物管理，并在两年内在全省范围内开展了两次航行安全大检查。

1974年，浙江省革委会生产指挥组颁发了《浙江内河航道管理暂行规定》和《浙江省内河航道分级管理办法（试行）》，航政管理依照上述规定实施。港政管理依照《浙江省港口管理暂行办法》执行。运政管理依照《浙江省水运货物月度运输计划管理暂行办法》执行。1972年1月起将沿海航政费、内河航道养护费分别调整为4%、6%。其他的基本上按上一个时期的规定执行。

三、铁路管理

中华人民共和国成立后，铁路实行中央集权的管理制度，按路局、分局、站段三级管理。杭州分局自1950年起普遍推行负责制。1951年，实行管理民主化，行政部门与工会签订集体合同。1952年，学习苏联和"中长铁路经验"，推行经济核算制，建立生产财务计划和新会计制度，实行定员、定工、定质、定料的查标定额工作。1956 年以后，实行党委领导下的厂长负责制。但在 1958 年"大破大立"中，一些管理制度被废止。1962 年贯彻"调整、巩固、充实、提高"方针，执行《国营工业企业条例》，恢复实行党委领导下的厂长负责制。"文化大革命"期间，成立"革命委员会"，许多管理工作处于停顿状态。1975 年，贯彻执行中共中央《关于加强铁路工作的决定》，经整顿，管理制度有所恢复。

四、民航管理

1949 年民用航空局成立。1957 年 1 月 1 日杭州航空站成立，并开航上海—杭州—南昌—广州航线。航站隶属民航上海管理处。1958 年 3 月 19 日，国务院将中国民用航空局改为交通部直属局，浙江省交通厅相应设立民航管理处。杭州民用航空站实行民航与地方双重领导的体制。1959 年 1 月 1 日，民航上海管理处改为民航上海管理局。1960 年 5 月 25 日，民航浙江省管理局成立，航站随之取消，民航浙江省管理局成为局站合一单位，由浙江省交通厅与上海管理局双重领导。1962 年 4 月 15 日，民用航空总局改为国务院直属局，省交通厅民航处建制撤销，民航浙江省管理局改由民航上海管理局和空五军双重领导，以民航上海管理局领导为主。1963 年 4 月 13 日，中央军委调整民航各级机构设置，明确民航总局相当于空军的军区，地区管理局相当于空军中的军，省局则根据其业务量大小及业务复杂程度定为甲、乙、丙三个等级，浙江省局定为丙级。

受"文化大革命"影响，1967 年 1 月，国务院、中央军委颁发命令，对民航实行军事管制。1969 年 11 月 20 日，国务院、中央军委批转中国民用航空总局党委《关于进一步改革民航体制和制度的请示报告》，民航划归中国人民解放军空军建制。此种状况一直延续至 1980 年 3 月，此后，民航局脱离空军建制，改为国务院直属局，民航浙江省管理局改由民航系统与浙江省双重领导。

第二章

解放思想　改革开放

>>>>>>>>>（1978—1991 年）

随着 1978 年党的十一届三中全会的召开，浙江交通事业迎来了大发展的春天。改革开放之初，浙江交通基础设施建设滞后，运输装备水平低、运输保障能力弱，严重制约经济社会发展。1982 年党的十二大确定把交通运输作为发展国民经济的三大战略重点之一。浙江人民解放思想，在基础设施、体制机制、运输服务、法治建设及对外开放等领域进行开创性探索，推行了一系列宏观放开、微观搞活的激励政策。交通发展从封闭走向开放，从主要管理直属转向管理整个行业，基础设施和供给服务能力大幅度提升。到 20 世纪 90 年代初，浙江交通事业的面貌呈现了深刻的变化：投入大幅增加，交通基础设施得到改善；打破独家经营格局，运输市场空前活跃；改革交通管理体制，推进政企分开。

1990 年底，浙江公路密度 29.6 千米/百平方千米，为全国平均水平的 2 倍以上。基本完成了杭、甬、温等城市进出口道路的改造，改善了道路拥挤状况。通过新建、改建贫困地区公路，使浙西南老少边穷地区的公路状况也有一定的改善。该时期浙江省境内的 320 国道养护质量居各省之首，104 国道湖州段养护工作受到交通部表彰。车站建设速度加快，一大批车站的建成投产，改善了旅客候车条件，增强了客运服务功能。20 世纪 80 年代初开始掀起建设新港和老码头技术改造的热潮，推动了浙江港口建设的进程。到 1990 年，全省地方沿海港口建设投资 2.8 亿元，建成泊位 28 个，新增吞吐能力 304 万吨，建成了万吨级以上深水泊位 17 个。这一时期，在内河航道建设方面，重点实施了浙北与浙东航道的连接贯通，以及主要干线航道"卡脖子"航段的改造等工程，船舶轧档堵航事故有所减少。同时，为了适应日益发展的海岛经济，浙江增加海岛交通基础设施建设投入，建设一批交通码头。至 1990 年，全省 27 个万人岛屿中，有 20 个已建成了客货交通码头。1990 年底，全省沿海岛屿有万吨级泊位 1 个，千吨级以上泊位 7 个，500—1000吨级泊位 24 个，500 吨以下泊位 28 个，改善了陆岛、岛屿之间的交通条件。铁道部实施"中取华东"战略部署，1983 年 12 月北仑支线开工建设，1991 年沪杭双线全部建成，1992 年 4 月钱江二桥建成通车。民航在义乌、衢州、黄岩等军用机场建立航站，修复或开工建设杭州萧山、宁波栎社、舟山普陀山、温州永强等民用机场，改扩建义乌、黄岩、衢州等军民合用机场。

但随着该时期浙江率先市场化改革和经济社会发展进程的逐步加快，交通作为先行行业，各方面期望较高，需要和可能之间的矛盾仍比较突出。浙江交通无论在基础设施、运力结构还是经营管理等方面，财力、物力、人力缺口均较大，浙江交通发展还滞后于国民经济发展的需要。

第一节　基础设施

一、公路建设

1979—1991 年全省共建成公路 10278 千米，平均每年新增近 1000 千米。至 1991 年底，全省公路总里程 30852 千米，每百平方千米有公路 30.24 千米，公路通乡镇率达 94.42%，桥梁总数达 9526 座、247252 延米，位居全国第三。修筑为数众多的隧道，取代盘山越岭公路，至 1991 年底，有公路隧道 85 座、18971 延米，座数居全国之首，总长度居全国第二。打通断头路，改造穿城路段，提高公路技术等级，至 1991 年底，全省经过改造，有二级路 1736 千米，高级、次高级路 6035 千米。基本完成 1986 年制定的"四四三——"交通重点建设项目工程（即：改建杭枫、杭父、杭甬、金温 4 条干线公路，改造温州、舟山、海门、乍浦 4 个港口和京杭大运河、杭甬运河、长湖申线 3 条航道，新建飞云江大桥和甬江过江隧道）。

随着浙江经济社会快速发展，干线公路交通流量急剧增加，加之浙江原有公路技术等级低，通行能力小，路网密度低，混合交通严重，供需矛盾十分突出。"八五"初期，浙江全省干线公路有 90 多处堵车路段，其中严重堵车路段有 4 处（余杭临平、萧山临浦、绍兴柯桥、温州将军桥），经常堵车路段 27 处，"大堵三、六、九，小堵天天有"，严重影响浙江经济社会快速发展。

（一）干线公路恢复改造

至 1990 年，全省境内共有国家干线公路 6 条，而 1978—1990 年改造的国道就有 4 条，分别是 320 国道浙境段、104 国道浙境段和 329 国道、330 国道。

这一时期还对 10 条省道重要路段进行改造。10 条省道中，03 省道最为重要。该线起自杭州，过钱塘江大桥、萧山、诸暨、浦江、义乌至金华，全长 204.67 千米。按二级公路标准改建 182.20 千米，1979 年开始改建，至 1990 年 7 月全线竣工。

1979 年后，浙江干线公路铺筑沥青（渣油）、水泥混凝土等高级、次高级路面较多。1985 年底达 3261 千米，占公路总里程的 12.70%，1990 年底达 5380 千米，占公路总里程的 17.80%。

浙江国道"第一隧"——临海长石岭隧道

　　1978年，位于临海市江南街道长石岭脚村的104国道长石岭隧道建成通车。隧道全长346米，是临海首条公路隧道，也是浙江省第一条国道隧道。

　　"出南门，过浮桥，当头又遇岭三条，长石岭头拗三年。"长石岭隧道未建之前，老临海人常把这句俗语挂在嘴边。长石岭，是临海人必须翻越的第一座大山。不打通长石岭这个"瓶颈"，临海对外交通无从谈起。

　　早在隧道设计前，浙江省公路局组织考察队伍，远赴湖南、广东等地考察。经过一次次的现场勘查和反复设计，1976年上半年，长石岭隧道开工。隧道行车道净宽8.6米，两侧设人行道各宽0.8米，净空高8.6米。隧道开挖时，先放一炮，再靠工人手工开凿，每天只能掘进1米多深。短短346米长的隧道，用了近3年才打通。

1.320国道浙境段

　　该线从上海枫泾入浙境，经嘉善、嘉兴、桐乡、临平、杭州、富阳、桐庐、建德白沙、寿昌、衢州，至常山太平桥出浙境，长443.15千米。杭州—白沙（今新安江镇）段，1975年10月至1979年9月全段按二级路标准（路基宽12米，路面宽9米）改建，铺筑沥青路面136.63千米，拼宽水泥混凝土路面2.07千米，改建后长138.70千米（原长150.25千米），是浙江境内最先按照二级路标准、整段改建的国道干线。杭州—枫泾段，按二级加宽标准（路基宽15米、路面宽12米）改建，里程98.90千米。其中嘉兴市段85.75千米（拓宽63.97千米，绕过市区改线新建21.78千米），工程于1987年1月开工，1989年12月竣工。嘉兴市区塘汇以北25.01千米，铺筑沥青混凝土路面，塘汇以南60.74千米，铺筑水泥混凝土路面。杭州市段，1985—1988年共改建30.88千米。市区艮山门—九溪段17.08千米，是杭枫段与杭白段连接段，由杭州市政负责完成改建。白沙—太平桥各段在1985—1990年间亦按二级路标准完成部分路段改建，计77.78千米。经过以上改建，面貌焕然一新。1990年，在交通部对320国道全线5省1市的检查评比中，浙江名列第一。

2.104国道浙境段

起自长兴父子岭，经湖州、德清、余杭、杭州、萧山、绍兴、上虞（曹娥岔口）、嵊县、新昌、天台、临海、黄岩、温岭、乐清、温州、瑞安、平阳，至苍南分水关出浙境。据统计，该路担负着全省公路运输16.88%的汽车流量，对浙江经济社会有十分重要的作用，国防意义更为重大。1978—1985年，杭州—父子岭段按二级路标准进行过局部改建拓宽。1986年，全路列为"七五"省交通重点建设项目进行改建拓宽。湖州市段，1986年3月开工，拓宽路基，铺筑水泥混凝土路面，于1989年12月竣工。杭州市段（不含市区段7.90千米）1987年8月开工，1989年6月竣工，铺筑水泥混凝土路面。杭父段改建后全长137.57千米（原长139.46千米），平均车速从原来每小时35千米提高到60千米。其他路段：（1）改造穿城路段。改造萧山穿城路段1.73千米、绍兴市区过境段3.89千米、临海穿城路段及温州市南进出口路段9.19千米等。（2）改造越岭线。开挖隧道的有台州境内段7座、长1915.50米，温州市段2座、长555米；改线新建的有天台—临海段，为避开猫狸岭盘山险道，新建12千米，改建22.69千米。（3）渡口建桥。新建温州瓯江、楠溪江、飞云江和临海河头、平阳岱口、苍南桥墩等大桥。（4）拓宽改造温岭大溪—乐清清江段39千米，瑞安—苍南段53千米等。改造后，104国道浙境段长699.84千米，大部分路段铺筑水泥、沥青混凝土路面，基本上达到二级路标准。

3.329国道

起自杭州，经萧山、绍兴、上虞、慈溪、宁波白峰跨海至定海，止于沈家门，全长296.05千米（其中杭州—曹娥岔口有84千米与104国道重合）。1980年前完成慈溪县境段43千米、定海县境段14.50千米沥青混凝土路面铺筑，1980年2月开始按二级路技术标准改造全线。杭州—宁波段改造1990年基本完成，宁波—白峰段1992年完成改建。白峰—定海鸭蛋山段横跨海峡，1986年设渡连通，新建鸭蛋山—定海段5.20千米，1991年完成定海—沈家门段改建。

4.330国道

起自温州，经青田、丽水、缙云、永康、兰溪，至建德寿昌，全长307.28千米。1986年按二级路先改建89.70千米，主要工程是金华市东关—上古井改线4.30千米；改建丽水—青田沿溪傍山路段69千米；改造温州市进出口路段9.40千米和新建温州过境公路7千米。全部工程于1991年9月完成。

（二）杭甬高速公路开建

杭甬高速公路西起杭州市彭埠镇，经萧山、绍兴、上虞、余姚、鄞县，东至宁波市大朱家，主线全长145千米，全线采用高速公路平原微丘区标准，路基顶宽26米，双向四车道沥青混凝土路面，中间分隔带宽3米，桥涵设计车辆荷载汽车-超20级、挂车-120级，设计车速120千米/小时。投资概算23亿元，项目总工期4年。1991年，完成投资2.4亿元，其中，彭埠至萧山钱江农场段7千米，1991年12月与钱江二桥公路桥同步建成，实现了浙江省高速公路"零的突破"。

（三）加快县社（乡）公路建设

1978年，浙江把山区和革命老区作为重点，继续贯彻"依靠群众，民办公助，自力更生，艰苦奋斗"方针，坚持支农、扶贫两兼顾，加快县乡公路建设步伐，同时也拉开了改革开放后浙江公路基础设施建设的序幕。这一时期，主要工程有：

1. 温州汽车西站

20世纪80年代初，随着浙江省公路旅客流量的不断上升，行车密度的增大，站房这个关系服务质量、市容观瞻的"文明窗口"日益显得重要，群众对车站设施的要求也越来越高。该时期，省汽车运输公司积极争取投资和多方自筹资金，加快站房的建设步伐，先后建成市县级汽车站20余座。其中，1981年12月，浙江省汽车运输公司温州分公司所属的温州汽车西站竣工投入使用，是当时全省最大的客运站点。该站房总建筑面积为9164平方米，候车室可同时容纳1200多名旅客，停车场可同时停放159辆大客车。

2. 温州瓯江大桥

1981年8月，建立温州瓯江大桥建设委员会工程处，1982年初该桥列为省重点建设项目。1983年4月，该桥实行单项工程承包责任制，1984年9月15日，全桥建成，长735.4米，该桥建造历时两年半，比计划提前半年竣工，验收质量评为优良。1984年10月，瓯江大桥开始征收车辆过桥费。这是浙江省利用贷款集资建造公路桥梁、隧道等征收通行费的开端。

3. 舟山海峡轮渡

杭州至沈家门329国道，因海峡阻隔客货车辆不能直达。以往最快方式是乘火车至宁波，换乘轮船抵舟山，再转乘汽车至沈家门，须经铁、公、水三种运送方式。凡从杭州、上海、温州、金华运输的货物均需到达宁波中转，较为费时。舟山海峡轮渡码头自1983年开始建设，1986年2月，舟山白峰汽车轮渡投入运行。至此，舟山海岛与大陆汽车可以直达。1988年后，舟山各大岛间相继开辟了4个渡口，以"蓝色公路"解决了岛与岛之间交通问题，改变了以往"开门见海，出门用船"的单一交通方式。"舟山建海渡"成为浙江"七五"期间公路建设的一大特点。

1977—1978年浙江的县社（乡）公路建设，年动工里程三四千千米，出现了"过热"的现象，但由于资金、物资不足，使用过于分散，以致有些公路质量不合格，影响通车。1979年，省交通厅决定把县社（乡）公路建设重点放到山区和革命老区，同时把县社公路的工作着重点转移到养护管理方面。1977—1985年，全省每年召开一次县社公路建设经验交流会，从而有效推动县社公路建设稳步发展和建设成果的巩固。20世纪80年代中期，随着浙江农村经济体制改革取得较大成就，浙江修建、改建县乡公路又发生了两个转变：一是克服重数量、轻质量的倾向；二是群众在实践中提出了"若要富，先修路"口号，出现了不少自筹资金修路事迹。1977年临安、仙居2个县首先实现了社社通公路。1986年后，不再强调乡乡通公路，各县情况也不再作统计比较。至1990年底，全省3196个乡镇中，通公路的有2990个，占乡镇总数的93.6%。

（四）桥梁、隧道、渡口建设新发展

这一时期浙江建造了一大批大型公路桥梁。1980年1月建成的嵊县清风桥获全国优秀桥型设计奖，列为与美国等国家进行桥梁技术交流项目之一；上虞章镇斜拉桥，1983年10月建成，是国内第一座单塔双索面预应力混凝土斜拉桥；1988年12月建成的温州飞云江大桥是当时国内最大跨径简支梁桥和浙江省最长公路大桥，也是浙江交通建设实行公开招投标的首个项目。

建造隧道是改造、改善山区公路路况的最好途径。这一时期干线公路上距离最长、规模最大的是省道丽水—花桥线上的严山岭隧道，全长1034米，1985年6月建成。这一时期还开工建设浙江第一条水底公路隧道——甬江隧道，其为宁波北仑港建设配套工程，隧道段长1018.84米，是浙江"七五"交通重点建设项

目之一，1995 年 11 月建成通车，是国内首条在软土地基上采用沉管法施工的水底公路隧道。至 1990 年底，浙江省尚有公路渡口 23 处，杭州钱塘江汽车轮渡和舟山海峡轮渡都是这一时期建成的。

1. 飞云江大桥

飞云江渡口位于瑞安县城东郊，为浙南、闽北交通要道，又是 104 国道线上的重要渡口。由于 20 世纪 80 年代飞云江水道变迁较大，渡口北岸码头淤积严重，渡船停靠困难，待渡车辆有时多达 200 余辆，待渡时间长达 4—5 小时，严重影响公路畅通。自温州市列为沿海对外开放城市后，浙、闽两省之间的物资流通、人员交往与日俱增，飞云江渡口日趋拥堵。飞云江大桥于 1986 年 3 月 15 日开工建设，1988 年 12 月 30 日竣工，该桥长 1719 米，是当时省内最长桥梁。1989 年 1 月 5 日，飞云江大桥正式通车，往日"走遍天下路，难过飞云渡"的历史宣告结束。

2. 钱江二桥

钱江二桥位于杭甬高速公路上，跨越钱塘江世界级强涌潮区，1988 年建成，为公铁并行分离式桥梁。公路桥长 1792.80 米，桥宽 20 米，双向四车道，主桥上部结构为预应力混凝土变截面箱形连续梁，是当时我国公路连续梁桥中连续长度最长的桥梁。

3. 甬江水底隧道

该隧道位于宁波镇海的甬江入海口，为单孔双车道汽车隧道，全长 1019 米，其水下段 420 米，采用 5 节 85 米 ×11.9 米的钢筋混凝土大型沉管水底对接而成。甬江水底隧道是我国第一条用"沉管法"修建在软土地基上的大型水底交通隧道，1995 年 11 月 8 日建成通车。它的建成填补了国内用"沉管法"在软土地基上建造水下隧道的空白，为我国在软土地基上修建沉管隧道积累了经验。甬江隧道的建成，打破了江河通道桥梁一统天下的局面，被誉为我国交通事业发展的一个里程碑，它代表着我国沉管式水下隧道施工技术的最新水平，为我国在长江、珠江及黄河下游广大软土地区建造水下隧道闯出一条成功之路。"宁波甬江水下隧道管段沉放法施工技术"获交通部 1997 年度科技进步二等奖。

（五）加强公路养护工作

在改革开放中浙江经济得到快速发展，公路交通量亦随之激增，这使本来就标准不高的公路路况日渐恶化。不少路段一到雨季就出现严重损坏，施工改造路段边通车、边施工，经常堵车，社会反响强烈。1981年7月，浙江省干线公路养护工作紧急会议召开，提出坚持"以养好路面为中心，以搞好排水为重点，加强全面养护"的方针，采取公路养护承包经济责任制、增加养路费等措施。由此，浙江干线公路路况渐趋好转。平均好路率，1982年列全国第25位，1985年列全国第21位，1990年列全国第15位。

第二节　运输生产

一、公路运输

（一）改革客运市场，大力发展省（市）际直达旅客运输

1978年，公路运输市场开始放宽搞活，客运汽车大量增加，形成国营、集体、个体多家经营的格局，省汽运公司旅客运输"一统天下"的格局开始改变：（1）市县汽运企业从1980年开始经营公路旅客运输，至1987年共有客车779辆，营运路线从本地区至跨地区、跨省经营，开辟至省内、外旅游客运班车。1985—1990年期间，市县公路客运采取"干支搭配、车头向下、区乡始发、依线挂牌"措施，重点解决山区、农村乘车难问题。至1990年已通营运客车线路1454条，营运里程达45575千米，设农村过夜点885个，过夜班车1115辆。（2）1979年以后，厂矿企事业单位自备车辆增长较快。1985年浙江省厂矿企事业单位共有大小客车24148辆，1990年增至33598辆，分别占当时全省营运客车总数的22.30%。厂矿企事业单位的大客车，1983年后，逐步开办旅游、长途客运，1990年完成的客运量占全省公路客运量的8%。（3）1983年11月，浙江省首个个体客运在温岭出现，至1985年全省个体客运汽车总数达513辆，至1990年已达6324辆、106569座位，分别占全行业营运客车总数的44.30%和28.60%。

20世纪80年代初，随着浙江公路旅客流量持续上升，省汽运公司虽然采取加密班次、添置客车，开通直达班车，加快车辆周转等措施，但因运力缺口较大，各线客车仍然大量超载。至1985年底，以杭州为中心，连接各市（地）、县、8281个营业站遍布城乡、山区、海岛的客运网初步形成。1985年运送旅客30965.40万人次，占全省公路客运量的92%。同时，省汽运公司大力发展省（市）际直达旅客运输。直达既免除旅客中转换车的麻烦，又节省旅途时间和费用，分

流铁路客运，因此深受群众欢迎。至 1987 年底，共有 51 条省（市）际直达客运班车线路投入营运。

在这一时期，各种型式的三轮、四轮机动车运输也随着乡镇企业的发展而兴起。至 1990 年底，全省拥有三轮、四轮机动客车 22837 辆、144650 客位（6—8 座/辆）。

1990 年全省有营业性客车 14267 辆、372869 客位，完成公路客运量 51082 万人次、公路客运周转量 1668719 万人千米，是 1978 年公路客运量的 2.74 倍和客运周转量的 6.05 倍。全省拥有民用客车 5.01 万辆，比 1978 年增长 9.07 倍。其中，交通部门营运客车 4825 辆，比 1978 年增长 3.34 倍。1990 年，全省已通营运客车路线 1454 条，营运里程 45575 千米，分别占全省营运客车的 86% 和 94%，站、线布局渐趋合理。1985—1990 年，共更新客货汽车 3210 辆，新增 1422 辆，增加一批新型的客车，大大提高了专业运输企业的竞争能力。

但同时，在这一时期浙江公路客运仍然不能适应国民经济发展的需要，客运紧张是一个突出的薄弱环节，存在着长期困扰的乘车难问题。就浙江公路交通而言，行业风气和服务质量还存在不少亟待改进的问题，"脏乱差"现象尚未彻底改变，违纪违法行为时起时伏。

（二）活跃货运市场，创办公路集装箱运输

1979—1990 年，浙江公路货物运输在量的增长和质的提高方面均取得一定的成绩，为浙江的经济发展和社会进步做出了重要贡献。

1979 年，省汽运公司面对日趋激烈的竞争，大力发展货车双班运输和拖挂运输，开辟新货源，更新货车，改善服务。着重省际货运业务的拓展，先后开通闽、苏、皖省际直达货运班车。1979 年 8 月始办 1 吨货物集装箱运输，实现浙江公路集装箱运输"零的突破"，继办零担集装箱公铁联运、直达班车和国际集装箱水陆联运。恢复和开拓定线、定车、定班零担货运业务。改进零担公铁联运，缓解铁路运输压力。至 1986 年，公铁分流零担线路达 128 条，月发班次 1555 个；与沪、苏、皖、京等省、市共同开行省际公路零担货运班车，连接全国各地 568 个零担受理点和省内 91% 的市县、123 个受理点；省内连接市、县、乡、村，实现零担货运"乡邮化"，至 1986 年，省内零担线路增至 314 条，班车总里程达 46354 千米，完成零担货运量 41 万吨、零担货运周转量 8574 万吨千米，基本形成省内、省外干支线相连的零担货物运输网。

市县汽运企业货运经营范围从省内各市、县、乡镇农村到省外各地，开行省内外零担货运定期班车，发展集装箱运输。1987年，浙江市县汽车运输企业共有载货汽车4127辆，运力结构初步实现以汽车为主，1987年完成货运量1756万吨、货运周转量97693万吨千米及大量物资装卸任务。1990年，市县汽运企业完成货运量1789万吨、货运周转量132590万吨千米，分别占1990年全省公路货运量的59.14%和公路货运周转量的19.23%。

1979年以后，厂矿企事业单位货物运输运力运量增长较快。1985年，全省厂矿企事业单位共有货车38488辆，1990年增至66508辆，其中经公路运输管理部门核准的营业性运输货车42160辆，占1990年全省营运货车总数的67.20%。厂矿企事业单位的货车在1987—1990年，年完成货运量均在5300万吨以上，占全省1987—1990年公路货运量的30%—40%。

1979年5月，浙江省首个个体货运在开化出现，随后，有越来越多的个体户购置汽车从事公路货运。至1985年，全省个体货运汽车已达6106辆。至1990年货车14789辆、61977吨位，分别占1990年浙江全行业营运货车总数的23.60%和22.60%。近70%的车辆聚集在杭、甬、台、温，又以温州最多。个体户和联户货运由于运距不论远近，时间不分昼夜，运货量不计多少，运费双方商定，而深受货主欢迎。

随着公路运输市场实行放宽搞活政策，省运管部门先后制定多种适应新形势的规章制度，不断强化运输市场的治理整顿，严格营运车辆的审批，建立货物配载中心，特别是在运输市场治理整顿方面取得了一定成果。至1990年底，共审验机动车17万余辆，其中审验客货汽车5.6万辆，无证经营基本被制止；共组织稽查人员18万人次，检查车辆145万辆次，道路运输车辆违纪违法率下降到12%—15%，运输经济违法违纪活动有所遏制；该时期加快了技术改造的步伐，淘汰了一批老旧车辆，1985—1990年，增加一批散装货车、零担货车、长大货物车、重型货车、特种货车及集装箱专用车辆，大大提高了专业运输企业的竞争能力。

同时，由于这一时期城乡经济逐步搞活，物资流通速度渐趋加快，浙江公路货运一时不能适应国民经济发展的需要，存在着"运货难"的问题。公路货运市场存在着机制不完善，措施不配套，对运力投放、经营行为缺乏有效宏观调控手段等问题；治理整顿运输市场的工作做得不到位，一些地方存在着"重建设、轻管理"的现象。

1990年全省有营运货车62775辆、274092吨位，完成公路货运量17547万吨、公路货运周转量689546万吨千米，是1979年货运量的5.85倍和货运周转量的9.06倍。1990年底，全省拥有货车9.7万辆，比1979年增长4.55倍。

二、水路运输

（一）内河客运在萎缩中开拓转型，多种经济成分活跃于水运市场

党的十一届三中全会后，随着政府工作重点向社会主义现代化建设转移，浙江工农业生产迅速恢复发展，浙江内河运输方式发生了深刻的变化，内河运输呈现出较快的发展态势，逐步适应了国民经济快速发展的需求。

这一时期，为了满足日益增长的内河客货运输的需要，浙江省通过基建投资、群众集资等多种筹措资金的渠道，发展船舶运力，并开始注重船舶的技术进步，淘汰了一批低效、高耗和安全性能差的木质和水泥质船舶，完成内河驳船、拖轮、客轮等船型、机型的系列定型工作。

随着旅游经济的发展，1981年杭州开辟了经太湖至无锡的旅游航线。1983年，浙江省航运公司杭州分公司投资的豪华型卧铺客轮首航苏州，打破了杭州—苏州客运航线长期以来由江苏省航运部门独家经营的局面，标志内河常规客运向旅游化方向发展，船舶向豪华型、舒适型方向发展。接着湖州又开辟了至太湖西洞庭山客运新航线。1985年，内河客运曾呈明显萎缩趋势。1986年，浙江省航运公司杭州分公司与中国国际旅行社杭州分社合营"古运河旅游公司"，运行"天堂"号豪华型游船，组织中外游客游览古运河。这是浙江省水运企业组建的第一家跨行业水路客运公司。

从1986年起，浙江水路运输打破部门所有、地区所有、条块分割的状况，实行并发展水路运输横向经济联合。联合形式从松散不固定的组合形式趋向优化组合，使水运横向经济联合有了新的发展。其间，出现了海宁县硖石航运站与农民合办的内河船队。

随着改革、开放、搞活方针的贯彻执行，浙江水路运输体制和运输市场发生巨大变化。在专业水路运输企业搞活经营的同时，个体户、联户迅速兴起，其他经济部门的船舶也参加到社会运输的行列之中，出现了国营、集体、联户、个体户、其他经济部门5种船舶一起竞争干运输的活跃景象。其中异军突起的个体户

和联户（简称"两户"）船舶担负着部分工农业生产资料、生活资料的水上运输任务。1984年底杭州、嘉兴、绍兴、温州等市所属部分县"两户"船舶总吨位，都接近专业运输船舶。1985年全省"两户"船舶5.40万艘、46万载重吨，相当于全省专业运输船舶的81%。1986年，"两户"水路运输发展迅猛，客运量、客运周转量与货运量、货运周转量分别为0.39亿人次、3.60亿人千米和0.53亿吨、22.70亿吨千米，在整个水运中所占比例分别为43.5%、21.3%和43.7%、16.4%。其中，货运量已超过专业运输部门。1987年，"两户"水路运输进一步发展。客运量、客运周转量与货运量、货运周转量分别为0.43亿人次、4.35亿人千米和0.61亿吨、36.48亿吨千米，在整个水运中所占比例分别为50.86%、25.27%和55.5%、24.5%。其中，客运量也已超过专业运输部门。"两户"运输业的发展，促使农村的经济结构发生了很大的变化，不仅解决了农村劳动力过剩问题，还增加了农民的收入。

（二）沿海运输多种经济成分并存，远洋运输兴起并迅速发展

1978—1983年间，浙江省实行指令性计划管理，海运经营主体基本以公有制国营企业为主，海运业总体呈较单一的发展态势。截至1982年，全省海上运输船舶总吨位达17万吨，1978—1982年运力平均增长4%；1982年全省海运货运量和货运周转量为720万吨、28亿吨千米，1978—1982年间海运货运量、货运周转量年均增长5%、8%。

随着浙江省对外贸易的发展，大量的外贸物资急需运输。1980年，中远浙江省公司成立，相继开始了散杂货运输、集装箱运输、客货班轮运输、代管冷藏船运输。1980年，中远浙江省公司"姚江"轮装载浙江省出产的瓷砖、味精、细布和各种罐头食品等共7777吨，自宁波启航，首航香港成功。这是中华人民共和国成立后浙江省货轮第一次从事外贸运输，标志着浙江省外贸运输事业的新起步。1982年，宁波—温州—香港航线从不定期航行改为每月上、中、下旬3次的定期航行，开辟了浙江省第一条散杂货定期班轮航线，这一条航线也是浙江省整个远洋运输的第一条定期班轮航线。1984年，中远浙江省公司"鳌江"轮利用甲板捎带形式，在宁波港装载了浙江省首批集装箱（10个约6米的标准箱），运往香港，再中转运往西欧4个港口，标志着浙江省国际集装箱运输的起步。1984年，中远浙江省公司"衢江"轮又在宁波港装载了96只国际标准集装箱，运往香港，再中转运往北美、西欧各地。1985年4月，这条航线定期航班开通（每

月 2 航次），为浙江省第一条集装箱定期班轮航线。

该时期沿海旅客运输发展较快，业已开辟的宁波—上海、宁波—温州、温州—上海等沿海各地间的客运航线，在这一期间照常经营，并不断提高服务质量。中断 40 多年的象山石浦—上海客运航线，也于 1989 年恢复通航。高速客船从无到有，1986 年浙江省第一艘高速客船（320 客位）投入营运。随着"开放、搞活"政策的深入贯彻，海岛人民出行要求日益提高，海岛交通在浙江沿海交通中的重要地位日显突出。普陀山—沈家门—上海、宁波—岱山—上海、宁波—沈家门—普陀山等客运航线相继开辟，并重点解决前往普陀山的旅客激增的问题，于 1984 年将国内第一艘沿海双体客轮"浙江 605"轮投入运营。海岛车客渡运输也从无到有，1986 年开辟定海鸭蛋山—宁波白峰渡运航线，这是浙江省第一条大陆与海岛开辟的客船航线。随后又相继开辟 3 条渡运航线，改变了海岛"出门乘船"的传统的单一运输方式。1986 年，浙江省航运公司、宁波市经济技术开发公司、香港港瑞投资公司联合组建了宁波花港有限公司，这是浙江省第一家中外合资水路客运企业；又引进第一艘高速客船——"甬兴"号高速双体客轮，新开辟了沿海的宁波镇海小港—上海南汇芦潮港航线，这标志着沿海常规客运向高速化方向发展。此外，温州港务局、厦门港务局、广州海运局联合开辟温州—厦门—广州定期沿海客运航线。1989 年，交通部同意中断 40 多年的宁波石浦—上海客运航线恢复通航，客轮停靠上海十六铺码头。

宁波港自 1979 年 6 月对外开放后，给浙江的远洋航运及对外贸易带来了转机，外贸进出口吞吐量成倍增长。宁波港与国外通航的港口越来越多，逐渐由刚开放时单一的中国香港，扩展到五大洲。1984 年有 19 个国家和地区的 72 个港口与宁波港通航，1987 年有 44 个国家和地区的 172 个港口与宁波港通航。温州港从 1979 年开始，结束了"三单一"（即只有日本单一航线、只有化肥单一货种、有进无出单一流向）的局面，1979—1990 年间，温州港进出口远洋船舶合计 1233 艘次，其中外轮 290 艘次，国轮 943 艘次。

党的十一届三中全会后，在国家扶持下，浙江利用银行贷款，新建了一批技术性能较好的 1000—10000 吨级货轮和 550 座双体客轮等新型运输船舶，较大地改变了船舶的状况。1985 年 11 月，浙江省航运公司宁波分公司第一艘万吨级货船"浙海 501"投入营运，标志着浙江省专业运输船舶趋向大吨位化和专业化发展。与此同时，船舶的技术改造也取得了较大进展，至 1984 年，全省拥有船舶数量比 1978 年增加 19%，载重吨增加 44.0%，拖轮马力增加 34.6%，客座增加 92%。节能型船舶在全省地（市）、县专业运输船舶的更新改造中被大力推广，由此千吨千米的平均油耗从 16 千克下降为 7 千克，下降 56%。1986 年，针对浙江省原有船舶的船型、机型十分复杂的情况，船舶技术部门运用现代科学技术，完成了沿海货轮、客轮等客货船的船型、机型的定型系列工作，向船舶技术改造的标准化、规范化迈出了重要一步。

截至 1992 年底，浙江省海上运输船舶吨位达 50 万吨，是 1982 年底的 3 倍，1982—1992 年间，运力平均每年增长 11%；1992 年全省完成海运货运量 2160 万吨、货运周转量 145 亿吨千米，1982—1992 年间海运货运量、货运周转量年均增长率分别为 10%、16%。

三、铁路运输

随着国家进入社会主义新时期，浙江铁路出现开拓创新、振兴腾飞的新局面。20 世纪 80 年代起，浙江铁路进行企业全面整顿，实施经济承包方案，扩大企业自主权，推行厂长负责制，开展企业上等级活动，引进全面质量管理、现代化管理等先进管理方法，企业管理水平跨上新台阶。

1978 年党的十一届三中全会以后，随着乡镇企业的兴起，浙江大量富余劳动力外出经商、务工。这股客流多集中在温州、金华、丽水、台州一带市、县、乡、镇，而以金华为集散地，流向遍及全国各地。另外，随着人民生活水平提高，旅游客流不断，季节性旅客每年倍增，铁路客运淡季（夏季）不淡。

1978 年 8 月起，浙江铁路增开杭州—北京、上海—厦门、上海—广州 3 对直快列车和杭州—金华 1 对客车。此后，列车数量每年有所增加，部分列车由直快改为特快。

20 世纪 80 年代，浙江铁路组织配装货车，开行定期或不定期的超编组计划的远程直达快运货物列车，如北仑至东湖绍兴钢铁厂矿粉专列、北仑至杭州北和杭州钢铁厂固定循环直达列车。1981 年起，在浙赣、萧甬等线开通快运直达列车，组织各站整装零担百杂货、鲜活货物，运达南方坪石以远、来舟、深圳和北方南翔以远、济南以远。1991 年，杭州铁路分局零担货物发送量超历史水平，达 171.4 万吨（不含集装箱）。1979 年杭州铁路分局先在南星桥、嘉兴、宁波北、金华、衢州和余姚 6 站推行集装箱运输。1985 年，南星桥站办理由外贸部门接运的 20 英尺（约 6 米）国际标准集装箱业务，1987 年增加 40 英尺（约 12 米）国际标准集装箱业务。1991 年，浙江铁路组织开行集装箱直达专列。

1991 年，杭州铁路分局全年完成旅客发送 3026.3 万人次、货物发送 1769.2 万吨，货运周转量达 216.6 亿吨千米。

四、民航运输

1978 年党的十一届三中全会后，航班密度增加，通航的网点增多，除民航上海管理局和民航北京管理局开辟航线外，又有民航广州管理局、民航沈阳管理局开辟的广州、桂林、昆明、沈阳等地到杭州航线。1979 年，杭州至香港开辟不定期航班往返于上海—南京—香港—杭州—上海之间。1980 年 11 月 2 日，民航上海管理局开辟杭州至香港的航线，浙江省航空运输逐步形成以杭州为中心，通往北京、上海、广州、昆明、香港等 7 个大城市的 12 条航线。1984 年开辟宁波—上海航线。

1985 年 1 月 4 日，浙江省第一家地方航空公司——飞达航空服务公司成立，是年浙江航空公司开始筹建。1986 年 7 月，省政府与东方航空公司合营的地方航空运输企业——中航浙江航空公司成立。1987 年，温州龙港镇农民企业家王均瑶创办天龙包机公司，先后与国内 10 多家航空公司合作，开辟了 20 多条航线。是年，温州外运办事处开辟空运快件外贸运输业务。

至 1991 年，从杭州、宁波、温州、黄岩、义乌 5 个基础地辐射的航线共有58 条，其中地区航线 2 条，与全国 29 个城市和地区通航。1991 年共完成起落航班 23350 架次，其中省民航局为 21427 架次（包括温州航站的 5163 架次和宁波航站的 3584 架次）。杭州每周达 280 班次，平均每天 40 个起落架次；温州每周达 142 班次，平均每天 20 个起落架次；宁波每周 90 个班次，平均每天 12 个起落架次。

1991 年，浙江民航完成旅客吞吐量首次突破 100 万大关，达 168 万余人次，其中旅客发运量 83.53 万人次，民航浙江省管理局旅客发运量为 79.42 万人次（包括温州航站和宁波航站），温州机场全年新增航线 17 条，航空口岸增加 1 个（义乌机场），通航里程 6.07 万千米。

1990 年 7 月温州永强机场通航后，乘机一直趋于紧张状态。1991 年 7 月，苍南县一家农民创办的股份制企业——金城实业公司与民航湖南省管理局达成协议，开辟温州至长沙的包机航线，由金城实业公司负责组织客源，每班出资 1.7 万元，自负盈亏；民航湖南省管理局提供一架飞机，每周往返飞行两次。民航温州站也随之与包机单位签订地面保障协议，负责售票、安检等工作，这条由农民出资开辟的新航线，在中国民航史上开了先河。

义乌机场自 1988 年 10 月经国务院、中央军委批准为军民合用机场后，由当地政府和群众集资 530 余万元，于 1989 年 8 月 8 日破土动工，1991 年 2 月 8 日主体工程竣工。改建后的义乌机场跑道长 2200 米、宽 45 米，机场达到 3C 级标准，可起降波音 737–200 以下的各型飞机。3 月 21 日，浙江航空公司在义乌机场首次试飞成功。

第三节　行业管理

一、公路、水路管理改革，以块为主，政企分开

改革开放后，交通管理体制发生了较大变化。从管理组织机构看，从新中国建立初的交通厅到后来的交通局，以及交通局和省邮政局合并与分开，1978 年前已经过了多次变更。1978 年成立浙江省航运公司和浙江省交通局航运管理局（两块牌子、一套机构）、浙江省汽车运输公司和浙江省交通局公路运输管理局（两块牌子、一套机构）、浙江省交通局工程管理局，时称"三局两公司"。1980 年，浙江省交通局恢复为浙江省交通厅至今。

从管理职能看，1987 年，根据国务院关于改革道路交通管理体制的通知精神，省交通厅将交通监理机构及职能移交省公安厅；同时设立浙江省公路稽征局、浙江省公路运输管理局，与厅公路管理局一套班子，合署办公，总编制 176 人；撤销省汽车运输公司，将所属 11 家分公司、2 家厂和省汽车驾驶技工学校及宁波分校成建制下放给所在省辖市（地区）；金华分校由厅直接管理，改名浙江汽车技工学校。同年，宁波港务局由部下放宁波市，实行部、市双重领导、以市为主管理。1988 年在甬省属交通企事业单位下放宁波市。

1989 年 1 月，公路管理和航运管理的领导体制由条块结合、以条为主改为

条块结合、以块为主。公路管理、航运管理改为条块结合、以块［市（地）］为主的领导体制，市（地）公路总段、市（地）航管处隶属所在市（地）交通局领导。厅属沿海港口和省航运公司所属杭州、嘉兴、湖州、钱江4家内河分公司及钱塘江海运公司，成建制下放给所在地的省辖市管理。浙江省航运公司改称浙江省海运总公司。

二、杭州铁路分局机构恢复，实行经济承包

1978年3月23日，杭州铁路分局组织机构恢复，同时撤销杭州铁路分局革命委员会。党的十一届三中全会以后，党的工作重点向以经济建设为中心转移，杭州铁路分局开始突破几十年来的传统管理模式，不断探索经济体制改革，引进全面质量管理、现代化管理等先进管理方法，各项工作出现开拓创新的新局面。

1981年，杭州铁路分局实行党委集体领导，厂长行政指挥，职工民主管理的领导体制。1982年开始，路局企业开展全面整顿，先在杭州车辆段等7个单位试点，后全面推开。同年，学习首都钢铁公司经验，在开展企业整顿的同时，抓紧管理体制和经济体制的改革。按照路局批准的"扩权试行方案"，公布《关于基层单位实行经济责任制扩大经营管理自主权若干问题的暂行规定》，全面推行经济责任制，扩大企业自主权，实现责、权、利、效的结合。1984年，分局对基层继续放权，进一步扩大基层在人事管理、劳动工资管理、计划管理、物资管理等方面的权限。同时，围绕增强企业活力，以领导体制改革为重点，全面推进五配套改革。1985年1月，在基层单位进行厂长负责制试点的基础上，实行分局长负责制，分局的生产指挥和经营管理由分局长全权负责。分局与主要运营单位签订"安全责任效益状"，对其他单位下达"安全责任效益责任书"或"责任书"，明确奖罚条件。是年5月，经路局企业整顿验收，杭州铁路分局被评定为"企业整顿合格分局"。1986年，铁路实行"大包干"。根据铁道部规定，1988年起，分局向路局实行经济承包，一包三年。为实现承包目标，杭州铁路分局采取撤销和调整机关部分机构、单位，深入挖潜提效，走内涵发展道路，继续完善和推行厂长负责制等各项配套改革，不断深化企业管理，提高经济效益。

杭州铁路分局自1986年起，同时开展以"抓管理，上等级，全面提高企业素质"为内容的企业升级工作。1987年5月，杭州铁路分局被浙江省人民政府授予"1986

年省级先进企业"称号,成为全路首批、上海路局第一个获省级先进企业的铁路分局,1987—1990年保持"省级先进企业"称号。

杭州铁路分局管辖范围:1978年为沪杭线杭州至嘉兴;浙赣线杭州至新塘边;萧甬线萧山至宁波;金岭线金华至岭后;杭牛线杭州北至牛头山。至1986年10月,因鹰潭分局撤销,其浙赣线管辖范围由新塘边调整为玉山,直至1988年1月杭州铁路分局恢复新塘边为分界口。

三、民航脱离空军建制,地方航空得到发展

1980年3月15日,国务院、中央军委决定民航局脱离空军建制,改为国务院直属局,民航总局不再由空军代管。5月17日,国务院、中央军委下发《关于民航管理体制若干问题的决定》,民航浙江省管理局接受民航上海管理局和省政府的双重领导,以民航为主。1980年起,恢复向社会招工制度。1983年3月,实行企业化管理,省局实行二级核算。1984年5月,民航浙江省管理局进行内部机构改革,下属业务单位由队级升为科级,设置二级机构,共设立17个处、科、室、公司等单位。10月4日,省政府和中国民用航空局合资成立浙江航空公司。12月21日,浙江省政府与中国民用航空局商定,将浙江航空公司移交给中国民用航空局管理,保留"浙航"的经营许可证、营业执照、银行账号和印章,由东方航空公司主管,民航华东地区管理局对"浙航"实行行业管理,民航浙江省管理局代管,民航浙江省管理局领导兼任浙江航空公司领导。民航浙江省管理局、浙江航空公司形成两块牌子、一套班子的管理体制。

1987年10月,组建浙江航空公司。1987年和1989年组建黄岩、义乌两个由地方政府管理的航站。

第三章

深化改革　快速发展

>>>>>>>>（1992—2002 年）

1992 年，邓小平南方谈话掀起了新一轮思想解放运动，党的十四大做出了建立社会主义市场经济体制改革的决定。1992 年 7 月，交通部出台《关于深化改革、扩大开放加快交通发展的若干意见》，交通运输行业进一步深化改革，加大对外开放力度，积极探索市场经济条件下交通行业管理部门职能定位，推进政企分开，建立现代企业制度，积极培育和规范交通运输建设市场，发展步伐明显加快。浙江省交通业抓住发展机遇，主动谋划，加快基础设施建设，全面推进公路网、航道网、高速公路快速发展。是年 12 月，浙江省政府下发《关于加快交通基础设施建设的通知》，全省交通运输建设进入快速发展时期。实施"四自"工程，即由地方自行贷款、自行建设、自行收费、自行还贷的办法，进行交通基础建设。私营企业和合资、外资企业的大量资金被吸引到交通基础设施建设上来。这是浙江第一次将社会资金引入交通建设，这一举措使交通基础设施特别是公路交通在短期内突破了"瓶颈"。1996 年 12 月 6 日，浙江省第一条高速公路——杭甬高速公路全线建成通车。从实施"三八双千"工程以来，浙江交通快速发展，在 2002 年实现了从杭州到其他 10 个地市的"四小时公路交通圈"。引入的公路建设基金被用于加强车站设施建设，改善候车条件，进而提高了城市的品位。此外，水路交通建设投资体制也进行了改革，着重对全省水路"卡脖子"的干线航道进行各类改建和新、扩建工作，重点突破"瓶颈"制约，干线航道的通航条件有所改善，船舶轧档堵航现象有所减少，水路运输紧张状况得到初步缓解，基本形成以京杭大运河、长湖申线、杭申线、乍嘉苏线和六平申线五条航道浙境段为主的杭嘉湖内河五级以上主要干线航道网。道路运输业打破了独家经营的格局，改变封闭式的运行模式，提高运输的服务质量，开展文明车站、文明车船的建设，改善车站"脏乱差"现象。开放出租车，允许市场竞争。道路运输从短途、中途运输发展成为通行全国各地（除西藏自治区外）的长途运输。特别是义乌小商品市场的发展，全国各地班车发往义乌市，解决了义乌小商品市场的人流和物流问题。1991—1997 年间，杭州铁路东站、萧山新客站陆续兴建，萧甬线全面进行技术改造，金温铁路建成通车，浙赣双线余（姚）慈（溪）铁路建成投产，杭州萧山国际机场一期工程完工。管道建设起步，西一线工程、嘉兴至湖州成品油管道项目，宁波至绍兴、金华、衢州成品油管道工程等立项建设。这一期间，浙江交通较早在全省范围开展国省干线公路和干线航道创建文明样板路和文明样板航道，开展公路养护管养体制改革、推进养护市场化进程，并在全省高速公路服务区开展创优活动，改善高速公路服务区服务质量和服务水平。

第一节　基础设施

1992 年后，建立"国家补助、地方筹资、引进外资"和"贷款修路、收费还贷、滚动发展"的投融资体制，出台"四自"方针，变交通部门一家建设为全社会建设，从而使浙江公路基础设施建设投资规模逐年扩大，加速建设高速公路主骨架，实现"四小时公路交通圈"。宁波市从 1996 年杭甬高速公路建成后，到 2002 年，又相继建成同三高速公路宁波段及象山连接线、奉化连接线和鄞州连接线，杭甬高速公路慈溪、余姚连接线，在全省率先实现"一小时高速圈"[①]。绍兴市 1995—2002 年先后建成杭甬高速公路绍兴段、上三高速公路绍兴段、杭金衢高速公路绍兴段，实现了县县通高速公路和"一小时经济圈，两小时旅游区"[②]的目标。

至 2002 年底，全省公路总里程达 45646.7 千米，其中高速公路 1307.7 千米，一级公路 2069.8 千米，二级公路 5777.3 千米，三级公路 6822.8 千米，四级公路 26782.7 千米。等级公路里程总计为 42760.3 千米，占公路总里程的 93.68%。二级及以上公路里程占总里程的 20.06%，比 2001 年增加 1.19 个百分点。高级、次高级路面达 30021.2 千米，占总里程的 65.77%，比 2001 年增加 2.87 个百分点。公路网密度为 44.8 千米 / 百平方千米；至 2002 年底，全省共有国道 2743.3 千米，省道 5454.9 千米，县道 21672.8 千米，乡道 14857.1 千米，专用道 918.6 千米。

一、公路建设

进入 20 世纪 90 年代，浙江公路交通迎来了"突破发展"阶段。1991 年，按照"统筹规划，条块结合，分层负责，联合建设"的原则，浙江省制定了交通"八五"计划。1992 年，重点建成了杭甬高速公路钱江二桥段 7 千米，开创了浙江省高速公路建设的先河。1992 年，浙江出台了《关于加快交通基础设施建设的通知》，

---

① "一小时高速圈"，即宁波市区到各县、市可在一小时内到达，形成宁波市中心城镇之间在一小时内可以流通的经济区域。

② "一小时经济圈，两小时旅游区"，即绍兴市区到各县市可在一小时内到达；绍兴市区到达全市主要旅游点的时间在两小时之内。

明确提出了"四自"方针，标志着浙江交通建设投资和建设体制的重大转变。20世纪 90 年代浙江公路桥梁事业取得突破性发展，相继建成了钱江二桥、钱江三桥等特大型桥梁。20 世纪 90 年代后期，浙江公路交通紧张的状况得到局部缓解，但尚未解决。为了更好地发挥浙江公路的整体作用和规模效益，浙江组织实施公路交通建设"三八双千"工程。进入 21 世纪，随着 2002 年杭金衢、金丽高速公路通车，浙江"四小时公路交通圈"建成，也标志着"三八双千"工程的提前实现。

（一）拓宽资金渠道，扩大公路基建投资规模

1. 公路基建投资规模持续较快增长

自 1992 年后，浙江根据国务院"贷款建设、收费还贷"的政策，解放思想、更新观念、改革交通投资体制，制定了不少加快交通发展的政策和措施。按照浙政〔1992〕28 号《关于加快交通基础设施建设的通知》精神和"统筹规划、条块结合、分层负责、联合建设"以及"民办公助、民工建勤"的方针，出台"四自"方针，调整养路费征收标准，开征公路客货运附加费，多渠道筹集内资，积极利用外资，形成"国家补助、地方筹资、引进外资"的机制，实行"统一标准、统一经营、分县集资"等办法，公路建设出现前所未有的快速发展局面。"八五"期间全省交通建设总投资 148.8 亿元，为"七五"期间的 7 倍，其中 67 项公路"四自"工程总投资就达 120 多亿元，走出了一条"贷款建设、收费还贷"的新路子。

"九五"期间，浙江全社会交通建设完成总投资达 600 亿元，是"八五"时期的 4 倍。"九五"期间，浙江高速公路建设投资逐年增多，1996 年为 22 亿元，1997 年为 24 亿元，1998 年为 48.50 亿元，居全国第 6 位，1999 年为 63.50 亿元，居全国第 4 位，2000 年为 80 亿元，居全国第 3 位。至 2000 年底，10 条高速公路累计建成 645 千米。

2002 年全省公路建设完成投资 200.94 亿元（不含站场）。其中高速公路建设完成 89.17 亿元，国省道及路网改造完成 89.79 亿元，县乡公路改建完成 21.98 亿元。

2. "四自"工程

1992 年邓小平南方谈话后，浙江省的社会经济步入快速发展轨道，交通运输业得到迅猛发展，落后的公路基础设施与国民经济迅速发展的矛盾日益突出。公路建设需要的资金缺口较大，旧的公路投资和建设体制已力不从心。1992 年，省政府根据邓小平同志进一步改革开放的理论、国家交通建设的政策和前几年建

设实践总结，以改革促发展，出台了《关于加快交通基础设施建设的通知》，明确提出"四自"方针。该政策出台为浙江省公路建设注入了新的活力。各级政府积极响应，社会各界广泛参与，把公路建设作为带动当地经济发展的一项举措，把"四自"方针作为筹措公路建设资金的"法宝"。1992 年 4 月，浙江省政府批准兴建绍兴"南连北建"第一个"四自"工程。当年 12 月 9 日，浙江省政府批复了第一批"四自"公路项目 24 项，除去舟山，其余 10 个地市均有涉及。1992—2004 年，浙江省政府先后批复 11 批"四自"公路项目，工程项目总计 234 项，总里程达 2100 余千米（仅包括高速公路和一、二级公路），总投资近 200 亿元。

浙江省第一条"四自"公路——绍兴 104 国道

　　20世纪90年代初期，浙江省公路建设严重滞后于经济发展水平。为了破解交通"瓶颈"，1992 年，浙江省政府发布了 28 号文件，即《关于加快交通基础设施建设的通知》，明确提出"贷款建设、收费还贷"的"四自"方针，即自行贷款、自行建设、自行收费、自行还贷，一种适应当时交通发展需求、因势利导的全新建设体制和投资体制应运而生。

　　1992 年 4 月，浙江省政府批准绍兴市依照"四自"方针兴建 104 国道南连北建工程，由此进入浙江公路建设的全新历史时期。

　　1993 年 12 月 14 日，104 国道绍兴"南连北建"工程竣工。作为浙江省第一个"四自"工程，它不仅缓解了 104 国道绍兴段严重堵车局面，改变了"车到绍兴必有堵"的历史，还为绍兴的经济建设开辟了广阔的发展空间，解决了全省交通建设的"瓶颈"问题，为全省乃至全国探索出了一条公路建设的新路子。

"四自"方针的出台，促进了浙江省公路建设、投资体制的重大转变，促进了全省公路事业的快速发展，带动了浙江地域性经济的发展，也促进了人民思想观念的重大转变。"四自"工程带来的公路状况的逐步改善，使车辆平均时速不断提高，不仅在节约运行时间、减少车辆磨损、降低运输费用和节约油耗等方面创造了可观的经济效益，还改善了投资环境和生活环境，取得了可观的社会效益。"四自"方针的成功经验不仅仅限于公路建设领域，它已经被广泛借鉴并应用于水运、水利、城市道路等基础设施建设。"四自"方针的出台，是浙江省公路建设从计划经济体制向市场经济体制的巨变，是浙江省公路建设史上的一座丰碑。

（二）建设高速公路主骨架，加快国省道改造，实现"四小时公路交通圈"

浙江1995年底建成高速公路94千米。"八五"期间，首批26项列入"四自"工程的都是国省道经常堵车的路段。1993年打通绍兴柯桥、萧山临浦、温州将军桥3处严重"卡脖子"路段，40处堵车路段得到缓解；1994年打通余杭临平严重"卡脖子"路段和缓解53处新老堵车路段；1995年底，全省164处新老堵车路段基本得到缓解。在"八五"期间，通过交通部门的共同努力，通过边建设边管理，主要干线通道的行车条件得到改善，交通紧张状况得到抑制。

2002年，杭金衢一期、甬台温乐清段、甬台温南白象—飞云江互通段、杭宁二期、金华—丽水二期、乍嘉苏浙江段、杭州绕城北段二期、杭州绕城东段等高速公路共计533.3千米建成通车，使高速公路通车总里程达1307.7千米。列入省政府考核目标的104国道天台城关—临海留贤段一级公路等5项国省道重点改造工程全部按计划完成，全年新增公路1641.7千米。至2002年底，全省公路总里程45646.7千米，比1997年末增加了9114千米；一级以上高等级公路总里程达3377千米，比1997年末增加了2795千米，其中高速公路增加了1139千米，一级公路增加了1656千米。2002年12月，浙江省实现了建设1000千米高等级公路，形成省会至市（地）之间"四小时公路交通圈"的目标，也标志着提前1年形成杭州至各地级市的高速公路网。

浙江公路交通基础设施建设的加快，不仅提高了公路交通运输效率，促进了运输结构的优化与发展，同时随着公路主骨架的逐步建成和高等级公路的快速便捷优势的发挥，高速公路在区域运输中的地位得到加强，公路国道主干线的大动脉作用日益显著。

1."一、二、三、四、五、六"基础设施建设

1991年,遵照"统筹规划,条块结合,分层负责,联合建设"的原则,浙江省制订了全省交通"八五"计划,提出交通基础设施建设重点(除宁波港外)概括为"一、二、三、四、五、六",即新建一条沪杭甬高速公路;改造二条(京杭大运河、长湖申线)主要航道;改建三条(104、320、330)主要国道;完善、扩建四个(乍浦、舟山、海门、温州)沿海港口;建设五千人以上和部分乡镇所在海岛交通码头;改善近六百万人的浙西南老、少、边、穷地区公路交通,为浙西南经济发展提供良好的条件。

2.沪杭甬高速公路建设

沪杭甬高速公路是浙江开建的第一条高速公路,素有"浙江第一路"之称,实现了浙江省高速公路"零的突破"。它途经嘉兴、杭州、绍兴、宁波四个市,全长248千米,不仅是浙江接轨大上海的"黄金通道",还是宁波-舟山港、绍兴中国轻纺城货物集疏运输的主渠道。公路沿线还分布着海宁、萧山、慈溪等浙江2/3的全国社会经济综合百强县(区)。1989年11月,国家计委批准建设杭甬高速公路,起点杭州彭埠,终点宁波大朱家。同年4月,钱江二桥设计会审,主线7.6千米,作为杭甬高速公路的一段。1990年1月,浙江省沪杭甬高速公路建设指挥部成立。1992年,建成杭甬高速公路钱江二桥段7千米,结束浙江省无高速公路的历史。1996年,杭甬高速公路145千米全线建成通车。1998年底,沪杭高速公路102千米建成,沪杭甬高速公路全线通车。

沪杭甬高速公路八车道拓宽工程是省政府确定的基础设施工程之一。它也是国内第一条在不中断交通、不对车辆进行分流的情况下,按照"边营运、边施工"方式实施拓宽改造的高速公路,为浙江乃至全国高速公路的改扩建积累了代表性经验。沪杭甬高速公路拓宽工程分三期实施:一期工程为杭甬红垦至沽渚段,全长44千米,已于2003年底建成通车;二期工程为沪杭枫泾至大井段,全长95.61千米,已于2005年底建成通车;三期工程为杭甬沽渚至宁波段,全长80.82千米,于2007年12月6日建成通车,提前一年完成了省政府拓宽工程全线通车的目标。车道增加后,通行能力大大提高,设计车流量可从日均5万辆提高到10万辆,同时还增设了长安服务区、桐乡互通、宁波绕城互通、余姚肖东枢纽。一期拓宽工程中,增设港湾式停车带,利用已征六车道土地建了八车道高速公路,节省土地600多亩;在二、三期拓宽工程中,长山河大桥和姚江大桥在

不影响通航、通车的情况下，老桥和新桥的左、右幅实施灵活的"拆三建三"方案，在全国高速公路施工中树立了典范。

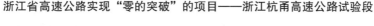

浙江省高速公路实现"零的突破"的项目——浙江杭甬高速公路试验段

　　7 千米，对于如今已经成网的浙江高速公路版图来说，是个毫不起眼的数字。但对于 30 年前的浙江来说，它却开启了全省高速公路的建设大幕。

　　1988 年底，经过 10 年的调研论证，浙江省委、省政府决定，首先在浙江经济最发达、车流最密集的萧甬、杭嘉湖平原，建设杭甬高速公路。其中，杭州彭埠至萧山钱江农场的 7 千米高速公路被确定为杭甬高速公路的试验段。

　　3. "三八双千"工程

　　"八五"期间，浙江省为缓解公路交通的紧张状况，限于某些条件和时间紧迫，着重对"卡脖子"的局部路段进行了改造，使交通紧张的状况得到基本缓解。但公路交通总体紧张的状况尚未解决，公路的线性功能、公路网的整体作用和规模效应尚未得到发挥。1995 年，提出公路建设实施"三八双千"工程，即从 1996年开始，用 3 年时间继续全线拓宽 104、320、330、329 国道及 03 省道等主要国省道干线公路约 1000 千米，形成各市（地）至省城杭州的一级或二级加宽公路网络，实现交通紧张状况基本缓解。同时，用 8 年左右时间，建成杭甬、杭沪、甬台温、杭金衢、杭宁和上三线、金丽温等高速公路约 1000 千米，形成各市至省城杭州的高速公路网络，以适应日益增长的交通需求。

　　"三八双千"工程的实施，是与浙江省委、省政府制订的"抓重点、通干线、先缓解、后适应"总体要求相符合的，为浙江省公路建设从"基本缓解"近期目标向"基本适应"中长期目标迈进创造了必要条件。"三八双千"工程的实施，标志着浙江公路交通建设从打通卡口、缓解"瓶颈"，转变为集中力量打歼灭战，实行整条路网建设，以发挥公路的整体作用和规模效益，为实现人民从"走得了"到"走得快、走得好、走得舒畅"，从"一路风尘"到"一路风光"的良好愿望创造了条件。

4. 四小时公路交通圈

20 世纪 90 年代后期，浙江交通实现了"基本缓解"的近期目标，随着国民经济的快速发展，不同的经济社会发展时期对交通基础设施建设的重点和要求也不同，浙江省政府在《政府工作报告》中提出，在本届政府任期 5 年内，建设 1000 千米高等级公路，形成省会至市（地）"四小时公路交通圈"的总体目标。即杭金衢、金丽高速公路开通后，省会杭州到各地级市之间的车程都在四小时之内，杭州到陆上各地级市都有高速公路相连。这同时也意味着"三八双千"工程中 8 年建成 1000 千米高等级公路的目标提前一年实现。至 2000 年底，10 条高速公路累计建成 645 千米，在建 800 多千米。到 2002 年底，全省先后建成沪杭甬、杭金衢（东）、甬台温、乍嘉苏、杭宁、上三线、金丽温金丽段、杭州绕城等高速公路计 1307 千米，其中 2002 年通车里程 574 千米，实现全省"四小时公路交通圈"。这对缓解浙江公路交通运量增长压力，改善人民生活，促进浙江经济高速增长具有十分重要的意义。这一目标的达成，也以实践证明了浙江省公路建设已"基本适应"中长期目标的奋斗征程。2007 年 5 月 21 日，在《浙江日报》刊载的全省群众评选的 20 件"群众最满意的实事"中，"'四小时公路交通圈'拉近你我距离"作为第五件实事，榜上有名。

（三）县乡公路建设快速发展

1991—1995 年间，浙江将条块结合、以省为主的公路管理体制调整为以市（地）为主，调动市、县政府积极性，加快县乡公路建设。1990 年，浙江县乡道为 22808 千米（其中县道 13909 千米），1995 年为 26523 千米（其中县道 16668 千米），不但数量有很大增长，而且技术等级也有很大提高。

"九五"期间，浙江进一步调整县乡公路建设规划，建立以县（市）为主的县乡公路建设体制，充分调动市、县政府积极性，县乡公路数量有较大增长。2000 年为 33604 千米（其中县道 19696 千米）。到 2002 年，公路通乡率为 99.15%；公路通村率为 88.07%，汽车通村率为 98.30%。

（四）桥梁、隧道建设取得新发展

随着高速公路建设的兴起，浙江公路桥梁、隧道建设有很大发展。至 2000 年底，有特大桥 86 座，共 82929 延米（平均 964 米／座）；大桥 715 座，共 141114 延米；中桥 3136 座，共 148312 延米；小桥 10214 座，共 163409 延米；有互通立交 69 座，共 27052 延米。仅大、特大桥梁长度就有 224043 延米，接近 1990 年底浙江全省公路桥梁的总长（230362 延米）。有特长隧道 2 条，共 7784 延米；长隧道 28 条，共 40078 延米；中隧道 110 条，共 48407 延米；短隧道 142 条，共 16873 延米。至 2002 年底，浙江有桥梁 18520 座，共 813985.6 延米，隧道 457 条，共 216158.4 延米。

1. 台温高速公路温岭大溪岭至湖雾岭隧道

1995 年 1 月 18 日，甬台温高速公路大溪岭至湖雾岭隧道工程举行开工典礼，该隧道位于温岭与乐清交界处，全长 4110 米，为当时全国最长高速公路隧道，于 1997 年 3 月 31 日贯通。

2. 钱江三桥

钱江三桥位于杭州市区，跨钱塘江，1996 年 12 月建成。为两座斜拉桥和一座连续梁桥组合，主桥上部结构为预应力混凝土箱形梁、单塔单索面斜拉密索，桥面宽 29.50 米，双向六车道，全长 3676 米。

3. 洞头"五岛相连工程""半岛工程"

温州市洞头县是浙江省 6 个海岛县之一，人口 50 万，陆岛面积 100 平方千米，其中有大岛 5 个。为彻底改变陆岛交通条件，并最终以桥堤连通大陆，1995 年开始，发扬自力更生精神，在洞头县委、县政府领导下，组织实施洞头"五岛相连工程"。在省委、省政府和市委、市政府的领导下，省、市有关部门的支持下，2002 年 5 月 30 日，随着洞头大桥的建成，五岛相连工程完成。接着，继续实施"半岛工程"。2006 年 4 月 29 日，洞头连接温州陆地 14.5 千米的海上灵霓大堤建成通车，千百年来洞头人民的梦想成真。

4. 舟山连岛工程

浙江省委、省政府高度重视舟山的交通发展，为从根本上改变舟山的交通条件，省交通厅在 1999 年修编的《浙江省公路水路交通发展规划》中，把舟山连岛工程列入规划。并且在北京，邀请国家、省有关部门领导和专家对《舟山大陆连岛工程预可行性研究报告》进行论证，形成专家意见建议，确定连岛大桥的基本线位。全线 5 座大桥分两个阶段实施，将靠近舟山本岛的岑港、响礁门、桃夭门 3 座大桥作为一期工程，根据"四自"方针，于 1999 年报经省政府批准，当年开工建设。2002 年底，岑港、响礁门两座大桥建成，桃夭门大桥于 2005 年建成。2005 年，作为二期工程的西堠门大桥、金塘大桥，报经国家批准后动工建设，并于 2009 年 12 月 25 日全线建成通车。

（五）改革公路养护机制，加强公路养护管理

在这一时期，公路部门以养护 104 等主要国省道干线公路和抓好雨季路况、及时修复、抢通水毁公路为重点。1991—1995 年间，全省开展了公路标准化、美化（GBM）工程，广大公路养护部门职工以无私奉献的精神，努力维护公路基础设施的完好率，明显改善了路况路貌，保障了公路交通的基本畅通。

"九五"期间，以创建文明样板路活动为载体，路况路貌明显改善。2000 年干线公路好路率 73%。至 2000 年底全省公路已绿化里程达 17140 千米，占总里程 40.82%，是 1990 年已绿化里程 6305 千米的近 3 倍。改革公路养护机制，实行普通公路以县为主、高速公路以地级市为主的养护管理体制，大中修工程实行内部招投标、内部监理和质量保证金制度。积极探索公路养护管理与养护生产分开、养护生产走向市场的路子，加快公路养护机械化进程和大公路养站建设。

二、水路建设

1992—1995 年间，重点加快内河航道和港口建设。按照交通部建设"三江两河"[①]为主的内河航道建设方针，浙江有计划有重点地加快航道和港口建设的步伐，水路交通基础设施建设取得了一定的成绩。内河建设方面，1991—1995 年间，按五级航道标准改造内河航道 73 千米，打通浙北内河航道"瓶颈"航段 16 处，基本解决了内河航运"卡脖子"问题，改善了杭嘉湖干线航道的通航条件。建成内河码头泊位 21 个，新增吞吐能力 210 万吨。沿海港口建设方面，建成万吨级以上公用深水泊位 9 个，1000—5000 吨级泊位 7 个，500 吨级泊位 1 个，新增吞吐能力 2030 吨。海岛码头建设方面，建成 300—500 吨级海岛交通码头 39 个，新增吞吐能力 235 万吨、472 万人次，实现了 5000 人以上及部分乡政府所在地的海岛都建有交通码头的目标，为陆岛交通提供了必要的基础设施。

---

① "三江两河"：长江、珠江、黑龙江，京杭大运河、淮河。

该时期的内河航道存在着分布不均匀、航道等级低、通行能力差的问题，并常发生堵塞。至 1995 年末，浙江省还没有一条完整的五级航道，六级航道 2090 千米，七级航道 2247 千米，两者仅占航道总里程的 40%。另外，在沿海港口建设上，除宁波港的北仑、镇海港区外，其余码头设施都较简陋，装卸工艺落后，装卸机械尚未完全配套，影响码头功能的发挥和吞吐能力的提高。

1995 年 10 月，全国内河航运建设会议在南京开幕，在杭州闭幕。会议代表考察了京杭大运河江苏段、浙江段，中共中央政治局委员、国务院副总理邹家华出席会议并作重要讲话。根据全国内河航运建设会议精神，浙江省调整京杭大运河、长湖申线、杭申线浙江段等内河改建规划，标准从五级航道提高到四级航道，即"五改四"，整治拓宽航道 100 千米。

1996 年起，浙江海港建设呈规模效应，浙北内河航道形成干线网。到 2002 年底，全省沿海港口有 34 个，有各类泊位 867 个，吞吐能力达 21350 万吨，货物吞吐量达 25694 万吨。宁波、舟山、温州、台州和嘉兴港成为浙江省 5 个主要海港，共有泊位 642 个，其中万吨级以上泊位 58 个，10 万吨级以上超大型泊位 5 个，最大靠泊能力 25 万吨级，年货物综合通过能力 1.99 亿吨，已呈规模效应。

在交通部的大力支持下，并通过争取世界银行贷款，浙江省杭嘉湖地区的 5 条干线航道进行了全线建设改造，"九五"期间航道等级显著提高，增强了浙北内河航道网的通过能力。2002 年，水运基础设施建设完成投资 7.2 亿元，列入省政府目标考核的东宗线湖州段四级航道 23.66 千米改造工程按时通过交工验收。全省通航 500 吨级四级航道里程 533 千米，基本形成了浙北杭嘉湖内河五级以上干线航道网；新建改建陆岛交通码头 8 个（其中车渡码头 2 个）。至 2002 年底，全省内河航道总里程 10408 千米；杭甬运河姚江船闸主体工程通过交工质量鉴定。除杭甬运河杭州段外，东宗线嘉兴段、杭湖锡线和杭甬运河绍兴段实现了开工建设目标。杭申线、长湖申线湖州段、杭州港内河散货作业区三项工程完成了竣工验收，实现了"三条线开工、两个项目竣工、三个项目竣工验收"的目标。舟山港老塘山三期、乍浦港二期和续建的陆岛项目进展比计划快，其他沿海港口和陆岛项目进展顺利。

该时期，杭州港成为全国 23 个内河主枢纽港之一，内河航运成为浙江省主要运输方式之一。但内河港口存在着码头分布散、规模小、装卸设备简陋等问题，零乱、落后的港口装卸作业制约了内河船舶朝大吨位方向发展。同时，由于大部分内河港口集中在城镇，与推进城市化进程、改善居住环境的矛盾较为突出。

（一）沿海港口：兴建深水泊位

1. 宁波港

在 1990 年后，加快兴建与大型船舶相适应的深水泊位。1991 年，在北仑港区建成国内大型集装箱专用码头深水泊位 3 个，长度 710 米，可供第三、四代集装箱船舶停靠作业，年吞吐能力为 10 万标准箱。1994 年，国内最大的 27.5 万吨级原油码头在镇海港区建成，年吞吐能力为 1089 万吨。1995 年 10 月在北仑港区建成 20 万吨级矿石中转码头，年吞吐能力为 1200 万吨，开创国内港口可靠泊世界上超大型散货船的历史。1997 年，国内最大的 5 万吨级液体化工专用泊位在镇海港区建成。2001 年 12 月，北仑港区建成集装箱专用码头深水泊位 4 个，码头长度 1238 米，可供世界上第五、六代集装箱船舶停靠作业。至 2000 年底，宁波港有生产用码头泊位 184 个（其中公用码头泊位 47 个，万吨级以上深水泊位 29 个），码头长度 14497.70 延米（其中公用 6306 延米），年综合货物通过能力 10178 万吨（其中公用 6484.20 万吨）、旅客 466 万人次、汽车 9 万辆次。

2. 舟山港

岙山石油转运基地 1993 年 2 月建成 23 万吨级承台式油码头和 10 万立方米、5 万立方米储油罐各 2 只，码头泊位长 555.70 米，采用蝶形敞开墩式结构，年吞吐能力 600 万吨，为浙江沿海第一个 20 万吨级深水泊位。1995 年建成 2 号泊位，为 8 万吨级框架式码头，泊位长度 255 米，年吞吐能力 600 万吨。1993 年 1 月，老塘山港区二期建成板梁式 2.5 万吨级与 3000 吨级煤炭专用泊位和 500 吨级港作浮码头各 1 个，使老塘山港区成为舟山港第一个集煤炭水水中转、件杂货专用泊位及石料出口的多功能港区。1997 年舟山电力公司浪洗电厂建成长 220 米板梁式煤码头 1 个，靠泊能力 1 万吨级，年吞吐能力 80 万吨。1998 年上海石油天然气总公司石油储运分公司建成长 166 米板梁式原油码头，靠泊能力 2 万吨级，年吞吐能力 100 万吨。2000 年底，舟山港内有生产用码头泊位 347 个（其中公用码头泊位 112 个，万吨级以上深水泊位 6 个），码头长度 17141.80 延米（其中公用 5361.50 延米），年综合货物通过能力 3082.65 万吨（其中公用 807.50 万吨）、旅客 1524 万人次。

3. 温州港

1998 年 9 月建成小门岛浙江华电能源有限公司 5 万吨级油气码头 1 个，年吞吐能力 81 万吨。2000 年七里港区建成 2.5 万吨级煤码头 1 个。2000 年 12 月温州电厂建成 2 万吨级煤码头 1 个，年吞吐能力 160 万吨。2000 年底，有生产用码头泊位 66 个（其中公用码头泊位 17 个，万吨级以上深水泊位 7 个），码头长度 4716 延米（其中公用 1727 延米），年综合货物通过能力 1280.10 万吨（其中公用 592 万吨）、旅客 103.10 万人次。

4. 海门港

1992 年 10 月建成牛头颈外贸泊位区，有 5000 吨级和 1000 吨级件杂货码头泊位各 1 个，年吞吐能力 34.60 万吨。1995 年台州电厂新建 5000 吨级煤炭码头泊位 2 个，港务 1 号码头扩建为 5000 吨级。1998 年，海门港建成 1000 吨级泊位 2 个，兼靠 3000 吨级船舶。2000 年底，港内有生产用码头泊位 36 个（其中公用码头泊位 10 个，万吨级深水泊位 1 个），长度 2505 延米（其中公用 766 延米），年综合货物通过能力 694 万吨（其中公用 200 万吨）、旅客 30 万人次。

5. 乍浦港

1995 年建成嘉兴发电厂（独山）3.50 万吨级煤炭码头泊位和 1000 吨级综合泊位各 1 个。1997 年，乍浦港建成秦山核电厂（海盐）3000 吨重件泊位 1 个，1999 年浙江金浙九龙石化公司建成 1.5 万吨级成品油、液化气码头泊位 1 个，海盐华电能源公司建成 1500 吨级液化气泊位 1 个。2000 年底，港内有生产用码头泊位 25 个（其中公用码头泊位 14 个，万吨级深水泊位 6 个），长度 2562.40 延米（其中公用 592 延米），年综合货物通过能力 1238.90 万吨（其中公用 96.90 万吨）。

至 2002 年末，全省拥有的万吨级以上泊位数已达 58 个，其中 10 万吨级以上泊位 5 个，且新建深水泊位配备的装卸设备，基本达到了国内先进水平，这些泊位已成为浙江省承担大宗货物吞吐的主力。宁波港和温州港被交通部列入全国沿海 20 个主枢纽港，宁波港 2002 年的货物吞吐量已达 15398 万吨，在全国沿海港口中名列第二，舟山港也以 4071 万吨的货物吞吐量进入全国十大港口行列。

（二）内河港口：加快建设步伐

1. 杭州港

20 世纪 90 年代，杭州港加快建设。钱江港区 1993 年建成钱江三堡外海码头，系高桩梁板式码头，泊位 6 个，靠泊能力 300 吨级，年吞吐能力 250 万吨。1994

年建成六堡外海码头，1000 吨级泊位 1 个。2000 年 12 月，杭州港内河港区建成浙江最大的内河散货码头——杭州管家漾码头，形成杭州港内河散货作业区。2000 年底，杭州港有生产用码头泊位 335 个（其中公用码头泊位 87 个），长度14849 延米（其中公用 3777 延米），年综合货物通过能力 1975.20 万吨（其中公用 728.20 万吨）、旅客 300 万人次。

2. 嘉兴港

1998 年建成现代化综合性内河港区——铁、水中转港区，为重力式码头。2000 底，嘉兴港有生产用码头泊位 344 个（其中公用码头泊位 119 个），长度8396 延米（其中公用 2854 延米），年综合货物通过能力 975.50 万吨（其中公用 522.30 万吨）、旅客 7.03 万人次。

3. 湖州港

1997 年 4 月新建湖州铁、水中转港区，湖州铁、水中转港区改善了湖州地区铁路进出物资依靠外地中转的状况。2000 年底，湖州港有生产用码头泊位 302个（其中公用码头泊位 10 个），长度 12981 延米（其中公用 620 延米），年综合货物通过能力 1866.70 万吨（其中公用 130 万吨）、旅客 100 万人次。

4. 绍兴港

2000 年底，有生产用码头泊位 76 个，年综合货物通过能力 186 万吨。

5. 兰溪港

1995 年兰溪发电厂建成重油专用码头泊位 2 个，靠泊能力 100 吨级。2000年底，有生产用码头泊位 17 个（其中公用码头泊位 9 个），年综合货物通过能力 121.50 万吨、旅客 70 万人次。

（三）内河航道：整治"瓶颈"航段，浙北航道成网

"八五"期间，着力整治"瓶颈"航段，开工建设首个水上"四自"工程。杭嘉湖内河运输量，特别是运往上海浦东的建筑材料迅速增长。航道技术条件无法满足日益增长的水运需求，杭嘉湖地区干线航道上存在 18 处"瓶颈"。1992年底和 1993 年初发生两次杭嘉湖地区航道大堵航，引起了各级政府的高度重视，浙江省政府提出"近期抓缓解，长期抓发展，突出抓'瓶颈'，坚持抓管理，根本在落实"的思路。浙江省交通厅和有关市、县政府于"八五"后 3 年，落实"瓶颈"航段总体整治方案，到"八五"期末，相继完成京杭大运河塘栖、韶村弯道，乌镇—新市，杭州市河和长湖申线雪水桥—吕山航段及主要碍航航段的改造；打

通杭嘉湖内河航道 18 处"瓶颈"航段中的 16 处，完成按五级航道通航标准改造内河航道 73 千米。于 1993 年 9 月开工的浙江省首个水上"四自"工程——杭州三堡二线船闸，1996 年 12 月建成通航，分流了一线船闸的超负荷运量。至此，杭嘉湖干线航道的通航条件有所改善，船舶轧档堵航现象有所减少，水路运输紧张状况得到初步缓解。

"九五"期间，浙南、浙北联网成形，通航能力快速发展。浙北航道成网，相互连通，通航里程近 8000 千米。干线航道有 8 条：京杭大运河、长湖申线、杭申线、乍嘉苏线、钱塘江、六平申线、杭湖锡线和杭甬运河。航道基本覆盖了杭州、嘉兴、湖州、宁波、绍兴、金华、衢州等 7 个市，陆域面积占全省的62%。浙南航道干线航道有 2 条——瓯江和椒江，航道通达温州、台州和丽水 3个市的主要城镇。此外，还有飞云江、鳌江等入海河流以及温（岭）黄（岩）、温（州）瑞（安）等地区性内河小河网，这些河流及小河网互不连通，通航等级较低，里程较短，覆盖范围为一县或几县。该时期全省内河航道改造取得一定成绩，航道通航能力发展较快。

"九五"期间，浙江省按照《浙江省公路水路交通建设规划（1996—2010 年）》，贯彻"规划高起点，建设高标准，工程高质量"和"重规划、上等级、成网络、增效益"的指导思想，在内河航道建设方面，重点强化杭嘉湖航道网，集中力量全线改造京杭大运河、长湖申线、杭申线、乍嘉苏线、六平申线 5 条干线航道的浙境段，前 4 条航道为我国首次利用世界银行贷款建设的内河航道。经过 5 年建设，全线改造杭嘉湖 5 条干线航道共计 410 千米，其中六级航道 40 千米，五级航道135 千米，四级航道 235 千米，实现了浙江省四级航道"零的突破"。到 2000 年底，全省内河航道通航里程 10408 千米，居全国第三位。其中四级航道 533 千米，五级航道 1122 千米。2001 年完成的主要项目有：总投资 1.8 亿元的杭申线护岸完善工程 90 千米，2001 年 12 月通过交工验收；总投资 5212 万元的六平申线平湖市河改线段五级航道 7.7 千米，2001 年 12 月通过交工质量鉴定；总投资 7611 万元的袁花—黄湾段六级航道 8.4 千米，2001 年 12 月通过交工质量鉴定。

三、铁路建设

（一）铁路双线建设

至 1995 年，浙赣双线浙江境内 K31—K325.6（1993 年 1 月 1 日起由 K325.5 增至 K325.6）双线 294.6 千米，提前一个多月全线贯通。1983—1995 年，浙赣双线工程浙江境内累计投资 14.74 亿元。1999 年，续建浙赣复线工程扫尾，全年完成投资 2.5 亿元。4 月，自闭信号及自闭电力工程竣工投产。8 月，长途通信工程竣工投产。

1995 年底开始，萧甬线双线工程按 9 个标段分期分批进入施工。1996 年 12 月 26 日，钱清—柯桥段双线开工，1997 年 12 月 26 日开通。1997 年 12 月 1 日，双线控制性工程曹娥江大桥开工。1998 年 1 月，萧甬复线萧山至夏家桥段工程（包括跨越浙赣复线的新塘特大桥）开工，总投资达 8000 余万元。1999 年 4 月，为配合宁波站始发广州、吉林、北京直达列车，提前实施宁波客站改造、客车整备所、折返段项目。10 月 1 日，实现宁波客站开行 3 趟长途客车的目标。2002 年 6 月，萧甬铁路复线全线建成投入使用。

（二）电气集中改造

1991 年末，分局管内干、支线车站全部采用移频机车信号进站及站内发码，覆盖率 100%。随着沪杭、浙赣双线相继建成，同时启用 6502 型电气集中信号。1995 年 12 月 25 日，大规模的微机联锁工程在艮山门站到发场开通。到 1995 年底，分局管内车站信号绝大部分采用电气集中并向微机联锁发展。通信设备面貌变化较大，1995 年，长途通信有 12 路载波端机 43 端；3 路载波端机 68 端，为新中国成立初的 43.7 倍；载波电话电路 420 条，为新中国成立初的 52.5 倍，地区通信全部实现自动化。

（三）金温铁路合资建设

随着改革开放的深入，1989 年旅居香港的温州籍学者南怀瑾先生以其爱国爱乡之心，表示愿以香港的公司出面筹措资金，与内地合资建设金温铁路，此举得到省委、省政府的重视和支持。经与台商多次接触洽谈后，双方同意合资建设、经营金温铁路。1990 年 2 月，香港联盈兴业有限公司董事长南怀瑾先生与浙江省合资兴建金温铁路的意向获国家批准，并以香港方 80% 和浙江方 20% 的合资股比成立浙江金温铁道开发有限公司，合资兴建金温铁路。1991 年 1 月，浙江省地方铁路公司和香港联盈兴业有限公司合资建设经营金温铁路的协议上报，是年 8 月，国家计委批复同意。经过双方多次洽谈，于 1992 年签署中国首例内地与香港合资建设经营铁路的合同书，合同期为 5 年（自 1993 年 1 月至 1997 年 12 月），由浙江省负责建设。1992 年 12 月 18 日，金温铁路的缙云段仙都岭隧道、金华段麻车塘车站、温州段洞桥山隧道、武义段清水塘隧道、永康车站等 5 个施工点同时开工。浙江西南腹地重峦叠嶂，沟壑纵横，金温铁路沿线需跨越东阳江、武义江、瓯江等水系，穿越仙霞岭、括苍山、雁荡山等山脉。工程艰巨，尤其是进入缙云之后直到温州瓯海西 146.52 千米，群山绵绵，溪流密布，山高沟深，桥隧相连，施工难度极大。金温铁路有桥梁 133 座，总长 15.18 千米，其中，500 米以上特大桥 5 座，100 米以上大桥 35 座，中桥 70 座。另有隧道 95 条，总长度 37.41 千米。石笕岭隧道长达 3.5 千米，其长度在当时华东地区已竣工隧道中居首位。

1994 年，铁道部参股金温铁路建设，合资股比调整为浙江省 45%，铁道部 30%，香港方 25%。金温铁路线路技术标准：线路等级按国家 Ⅱ 级铁路标准设计或预留，先按 Ⅰ 级地方铁路标准进行建设；自麻车塘至新东孝站与浙赣铁路连接的一段按国家 Ⅱ 级标准建设；正线数目单线；限制坡度 9‰；最小曲线半径一般 600 米，困难地段 300 米；机车类型内燃东风 4 型；牵引定数 1750 吨，远期 3850 吨；到发线有效长初期 450 米，远期 650 米（预留 850 米）；闭塞类型继电半自动。1998 年，金温铁路全线建成通车，香港南怀瑾先生提出"还路于民"，将香港公司的股份转让给浙江省和铁道部，至此，浙江省股比为 55%，铁道部股比为 45%。

金温铁路在建设过程中，得到从中央到地方各级党政部门支持。沿线群众为金温铁路建设做出无私奉献，其征地拆迁工作之顺利、速度之快、补偿之低，在浙江重点工程建设史上是少有的。1996 年 8 月 27 日，金温铁路与国铁接轨工程——金华新东孝站改扩建工程铺通，并于 1997 年 8 月全线竣工，1998 年 6 月 11 日全线通车。

（四）新长铁路全线铺通

新长铁路北起东陇海线江苏新沂站，南经沭阳、淮安、盐城、海安、泰兴、靖江等市县，以轮渡方式过长江至江阴、无锡，在石塘湾设联络线与沪宁线相连，经武进、宜兴，进入浙江省与宣杭线长兴站接轨，线路正线全长 561.03 千米，其中浙江省境内 24 千米。

新长线等级为国铁 I 级，正线数目单线，限制坡度 4‰，最小曲线半径一般地段 1000 米，困难地段 450 米；牵引种类内燃机，预留电气化条件；机车类型东风 4 型；牵引定数 4000 吨；到发线有效长度 850 米，预留 1050 米条件；闭塞类型继电半自动。无锡西至长兴的客机交路运营由浙江杭州机务段承担。

新长铁路于 1998 年 9 月 16 日开工建设，袁北至东台段 1999 年 4 月开始铺轨，1999 年完成。东台至南通段 2000 年 1 月开始铺轨，2000 年 6 月完成。2001 年 9 月全线铺通。位于浙江省长兴县境内，全长 1830 米的麒麟山隧道，岩层为泥盆系中下统石英砂岩，夹薄层泥质粉砂岩及泥岩，风化严重，岩体破碎，施工极为困难。1999 年 4 月 1 日开工，2000 年 4 月 30 日竣工。工程质量优良。2003 年 7 月起海安县至长兴段投入临管运营，江阴、宜兴北 2 个站开办货运业务。至此全线共有 9 个站开办货运业务，运营里程 526 千米。2005 年 4 月 1 日，新长铁路全线开通运行。

四、机场建设

这一时期，主要开展杭州萧山机场和舟山朱家尖机场的新建工程。1997 年 8 月，舟山朱家尖机场建成通航。2000 年 12 月，杭州萧山机场建成，杭州笕桥机场民用飞机全部转至杭州萧山机场。此外，宁波栎社机场、温州永强机场、台州路桥机场、义乌机场和衢州机场等均开展改建、扩建工程，机场飞行等级有所提高。

（一）新建杭州萧山机场

1992 年 4 月 15 日，为进一步适应浙江省对外开放的要求，从根本上解决杭州笕桥机场军民航飞行拥挤的问题，浙江省政府报请国务院、中央军委批准在杭州附近新建民用机场，并成立筹建班子，开展选址、立项、可行性研究等前期工作。1993 年 12 月，萧山新街镇东被确定作为场址。

机场一期工程共 13 个大项 53 个分项，其中飞行区工程 8 个分项、航站区工程 10 个分项。1997 年 11 月 15 日，机场施工开始。

飞行区工程。2000 年 8 月竣工验收。包括地基处理工程、混凝土道面（基础）工程、排水工程、土方工程、飞行区综合管线工程及机场围界、围场路等附属工程。建设规模为：主跑道长 3600 米，宽 45 米，道肩宽 7.5 米 ×2 米，中间道面厚度为0.36米，中间重型区道面厚度为0.40米，两端道面厚度分别为0.32米、0.28米。主跑道肩混凝土厚度0.16米。一条平行滑行道长3600米，宽23米，道面厚度0.38米，道肩厚度0.12米。站坪32万平方米，排水沟长14.98千米，巡场路11.4千米，排水渠道14.98千米，助航灯光主降Ⅱ类、次降Ⅰ类。

航站楼工程。2000年12月竣工验收。建筑面积为10.02万平方米，其中候机楼面积为7.29万平方米，动力机房面积为5275平方米，地下车库面积为2.2万平方米，停车位436个。设有登机桥12座、行李传输系统3套、进港行李提取转盘3台、电梯及扶梯29部、值机柜台44个、服务柜台46个等。

航管、通信导航及气象工程。2000年10月竣工。由塔台、主楼、辅房3部分组成，其中主楼框架4层，辅房框架1层，建筑面积6048平方米。通信导航工程配备甚高频通信系统、程控交换机、800兆集群通信系统、地面卫星通信系统、自动转报系统、主降Ⅰ类和次降Ⅱ类仪表着陆系统、2个全向信标台、3个无方向信标台。航管工程配备一次和二次航管雷达、航管雷达自动终端、内话系统、录音系统、航管信息系统、航行情报处理系统。气象工程配备气象自动观测系统、气象信息网络系统、气象传真广播接收系统。

助航灯光工程。1999年9月20日开工，2000年7月31日竣工。包括灯光系统，灯光变电站，灯光计算机控制与监视系统，西灯光变电站至西南方向近台、航向台、下滑台和东灯光变电站至东北方向全向信标台、近台、航向台、下滑台的低压电缆线路。

弱电工程。2001年7月27日通过竣工验收，工程主要满足机场生产运行的一期建设需要。初始由集成系统、航班信息显示系统等13个系统组成，实施期间又增加飞机泊位引导系统、货运计算机管理系统。

配套设施。包括道路网工程、管网工程、供水工程、供电工程、货运中心工程、环保工程及公安、安检、消防工程等7项。道路网工程于1999年12月31日竣工，包括场内道路18条，总长11.68千米，停车场2个，总面积为21万平方米。管网工程包括雨水检查井499座，污水检查井225座，通信混凝土管道11.72千米，电力管4327米，排水沟4903.76米。供水工程包括综合用房、配水泵房、变配电、吸水井、阀室、蓄水池等。供电工程包括35千伏中心变电站1座，10千伏分变电站17座。货运中心工程共有地基与基础、主体、屋面、楼地面、门窗、装饰、电气安装、采暖卫生、通风与空调工程等9个分部工程，建设规模为1.11万平方米。公安、安检、消防工程包括公安、安检用房 5275.38 平方米，机场消防中心 4091.34 平方米，医疗急救中心等。环保工程包括综合楼垃圾处理、垃圾处理厂等 13 个单体工程，占地面积为 1.14 万平方米。

2000 年 11 月，机场建设工程通过民航华东地区管理局、浙江省计划委员会组织的初步验收。12 月，通过杭州萧山民用机场工程国家竣工验收委员会组织的竣工验收，飞行区等级确定为 4E，可供波音 747-400 同类及以下机型飞机起降。12 月 28 日下午举行首航典礼，厦门航空公司的波音 757 飞机执行 MF8526 航班任务（青岛—杭州—厦门）、中航浙江航空公司的空客 320 飞机执行 FB5950/5931 航班任务（杭州—广州），两机先后起飞，首航圆满成功。12 月 30 日，在杭州笕桥机场起降的民用航班全部转至杭州萧山机场起降，杭州笕桥机场恢复为军用机场。2001 年 12 月 13 日，民航总局批准杭州萧山机场更名为杭州萧山国际机场。

（二）地方机场改建、扩建

宁波栎社机场自 1995 年开始改扩建工程。改扩建工程竣工后，1996 年 2 月机场等级升为 4D，可起降波音 767 及以下机型。1998 年 11 月，宁波—澳门—台北/高雄航线开通，是年底，国际航空货运业务开通。2002 年 4 月 27 日，民航宁波站更名为民航宁波栎社机场。

温州永强机场自 1990 年 7 月启用后，于 1991 年、1997 年、2001 年先后 3 次对站坪进行扩建。1991 年 10 月，完成温州机场跑道、滑行道道肩加宽工程。跑道道肩每侧由原来的 1.5 米加宽至 7.5 米。长 306.5 米的滑行道道肩，每侧由原 2 米加宽至 8.5 米，加宽面积为 5400 平方米。加宽后，能适应波音 757、波音 767、TU-154 等 D 类机型运行。1992 年 1 月，停机坪扩建 1.1 万平方米，扩建后的停机坪 3 万平方米，可停中型飞机 4 架、小型飞机 2 架。1997 年停机坪进行第二次扩建，1998 年 5 月工程竣工。原停机坪向北扩建 230 米，向东扩建 55 米，在跑道北端新建 2 号联络道长 231.5 米，宽 23 米，新建停机坪面积 5.32 万平方米，能停放 D 类飞机 3 架、C 类飞机 6 架，共 9 个机位。2001 年，机场把停机坪东南角原直升机坪改建为多尼尔 328 型飞机专用停机坪，改建面积 9000 平方米，增设 4 个专用停机位。此外，还进行航站楼改扩建。扩建工程于 1994 年 7 月竣工，改扩建后航站楼建筑面积 1.20 万平方米。

1992 年 8 月，黄岩民航站第二次扩建。此次扩建由台州各县、市集资和向银行贷款，共投资 6660 万元，征地面积 108 亩，按照 4C 级民用机场标准建设。1994 年 4 月，建成停机坪 1.59 万平方米；9 月完成滑行道、联络道两侧道肩拓宽工程，两侧各拓宽 5 米，总拓宽面积为 2.16 万平方米；同期完成机场路和 2 万平方米广场停车场建设，当年 11 月 10 日，建筑面积为 7850 平方米的候机大楼建成并投入使用。2001 年 1 月，台州路桥机场划归台州市政府管理。2002 年 5 月，台州路桥机场使飞行区等级升为 4C，可起降波音 737 及以下机型。

义乌机场一期扩建工程竣工后，1991 年 4 月 1 日举行首航典礼，开通义乌—广州、义乌—厦门两条航线。1993 年 7 月，义乌机场停航扩建，是年 12 月 28 日动工，1994 年 10 月 21 日竣工，12 月 17 日复航。扩建工程由道坪、导航、通信、助航灯光、供电、排水、房建、围界及附属工程等组成。道坪工程包括跑道盖被及加长、滑行道加长、民航停机坪扩建 3 部分 7 个单项工程。跑道向南加长 300 米，宽 45 米，滑行道向南加长 270 米。新建南端掉头坪及联络道，新建南端警戒停机坪。扩建民航停机坪长 150 米，宽 120 米，面积为 1.8 万平方米。2000 年 8 月义乌机场飞行区等级为 4C，可使用波音 737、麦道 -82 及以下机型飞机。

1991 年 7 月 25 日，国务院、中央军委同意衢州机场实行军民合用，民用航站由衢州市负责建设，所需经费由地方政府自筹解决。1992 年 11 月 30 日，开工兴建候机楼、航管楼、专用联络道等民航专用设施，1993 年 11 月 17 日竣工并通航，先后开通至杭州、厦门、温州、上海、广州、北京、南京、青岛、深圳等航线。2002 年，驻衢空军又对该机场的跑道盖被并加长 400 米，2003 年工程竣工。扩建后，机场跑道长 2600 米、宽 50 米、厚 0.28 米。

1995 年初，舟山朱家尖机场新建工程开工，1997 年 3 月竣工。建成后，机场路道长 2500 米，宽 60 米，标高海拔 1.8 米，有停机坪、候机楼、航管楼、航行气象、通信导航、供电供油、机务保障等各类设施、设备。1997 年 7 月 28 日，举行首航典礼，8 月 8 日，舟山朱家尖机场通航。1998 年 4 月，舟山朱家尖民航机场更名为舟山普陀山机场。1999 年 12 月 30 日，舟山普陀山机场飞行区技术等级为 4D，可供波音 757 及以下机型飞机起降。2000 年 8 月 1 日动工新建国际候机厅，建筑面积 4180 平方米，2002 年 2 月 28 日竣工，工程总投资 2982 万元。

第二节 运输生产

一、公路运输

（一）依法治理整顿客运市场，发展快客、快线、快旅等高质量运输经营方式

进入 20 世纪 90 年代，市场开放也带来一系列问题，为规范公路运输市场，1993 年《浙江省道路运输管理办法》及 11 个配套规定出台，实施依法治运，狠抓道路客运承包、挂靠经营车辆及维修行业的专项整治，公路客运秩序明显好转，服务质量显著提高。大力拓展省内、省际客运，发展高速客运，更新运输装备。安全、新颖、舒适客车大量投入运营。

农用客车在运力紧张的时代为缓解乘车难尤其在农村客运中起到一定作用，但随着公路建设步伐加快，道路条件改善，农用客车开始逐步退出道路运输市场，截至 2002 年，嘉兴、湖州、绍兴、金华等市农用客车全部退出农村客运市场。

市县公路企业大力发展公路长途旅客运输。至 1995 年拥有营业性客车 12149 辆，占全省营业客车总数的 29%，是 1990 年的 2.60 倍。1995 年完成客运量 23671 万人次、客运周转量 1197661 万人千米，占全省客运量、客运周转量的 23.40% 和 33.30%，是 1990 年的 0.90 倍和 1.20 倍。1996—2000 年间，市县公路运输企业提高服务质量，发展高速客运。

1990 年以后，厂矿企事业单位客运力和运量得到进一步发展。2000 年有营业性客车 19119 辆、166408 客位，占全省公路运输营业性客车总数的 32% 和 21.80%，是 1990 年客车数的 6 倍、客位数的 3 倍。2000 年完成客运量 29745 万人次、客运周转量 1338782 万人千米，占全省总量的 25.40% 和 29.80%，是 1990 年客运量的 7.40 倍和客运周转量的 10.30 倍。

个体户和联户汽车客货运输继续得到较快发展。客运以中、小型客车，经营中、短途农村、山区支线为主。至 2000 年底，拥有各类客车 16131 辆、156609 客位，占全省营运客车总数的 27%、客位数的 20.50%，是 1990 年的 2.60 倍和 1.50 倍。完成客运量 41554 万人次、客运周转量 1275702 万人千米，分别占全省客运量和

客运周转量的35.50%和28.40%，是1990年客运量的1.90倍和客运周转量的2.30倍。

2002年，全省拥有客运汽车44.75万辆，其中营业性客车68986辆、905785客位，比1990年增长4.84倍和2.43倍。完成公路客运量129054万人次、公路客运周转量5198706万人千米，是1990年公路客运量的2.53倍和公路客运周转量的3.12倍。

浙江省公路建设事业突飞猛进，公路成网和路面等级的提高，以及全省"四小时公路交通圈"的形成，为高档车辆运营创造了条件。同时，快客、快线、快旅等高质量的运输经营方式，促进道路运输工具更新换代。2002年高中级班线客车比重18.2%，比2001年提高3.7个百分点。道路运输已经突破传统意义上的"短途运输"，道路旅客的运行半径越来越大，浙江省道路运输客运班线通达23个省、区、市，南面到海南岛，北面到辽宁省、内蒙古自治区，西面到甘肃省，浙江省跨省线路的里程超过500千米的班线占52%。

通过企业经营资质等级评定和线路改造，以及线路实行服务质量招投标等措施，促进企业上规模、上档次。推行集约化经营模式。2002年全省拥有一级客运企业2家，二级客运企业28家，在全国名列前茅。

（二）完善承包经营责任制，发展快速货运，强化道路运输服务业管理

1991年后，浙江深化公路运输企业改革，加强宏观调控和行业管理，公路货运经营行为渐趋规范，公路货物运力运量快速增长。着力拓展省内、省际集装箱运输，发展联运业务，改造更新运输工具。一批装运液体、固体货物专用货车、半挂货车投入运营。在汽运企业内部从推行经理负责制起步，逐渐深化为各个层次、不同形式的承包经营责任制，下放省营汽运企业，不断增强地市县企业活力。

到1995年，全省拥有民用货车20.3万辆，比1990年增长1.3倍，年均递增15.8%。至1995年，拥有营运货车8472辆，占1995年全省营运货车总数的7.10%，是1990年的1.50倍。随着运输能力的提高，货运量有所增长，1995年全社会公路货运量完成5.3亿吨，货运周转量586.9亿吨千米，年均递增15.3%、21.2%。电煤等重点物资运输基本满足了国民经济发展的需要。20世纪90年代中期后，浙江省公路运输在铁路、公路、水运三大运输方式中发展最为迅速，公路货运量的年均增幅达8.43%。公路运输在综合运输网中具有快速及时、机动灵活、适应性强、运输周期短等特点，是铁路、公路、水运三大运输方式中发展最为迅速、货运比重增加最快的运输方式。公路、水运货运量占全社会（含铁路、民航）运

输总量的比重，从 1990 年的 94% 提高到 1995 年的 96.3%，货运周转量从 1990 年的 60.8% 提高到 1995 年的 75.9%，对促进浙江省国民经济发展起到了重要的作用。

省汽运公司下放到市、县汽运企业后，推行各种形式承包经营责任制，调整运输结构，开展多种经营，增开跨区零担货运班车，承办货物中转联运及仓储业务。"八五"期间，市县公路运输企业完成货运量 2250 万吨、货运周转量 147231 万吨千米，占全省"八五"期间公路货运量、货运周转量的 5% 和 6%，是 1990 年的 1.30 倍和 1.10 倍。"九五"期间，市县公路运输企业进一步转换经营机制，调整企业结构，理顺产权关系，特别是大中型公有制骨干企业，改组、联合、盘活存量资产，实行规模经营，发展快速货运，拓宽市场覆盖面。至 2000 年底，市县公路运输企业拥有营运货车 13966 辆，占全省营运货车总数的 8.20%；完成货运量 2660 万吨、货运周转量 196529 万吨千米，占全省货运量的 4.8% 和货运周转量的 7%。

厂矿企事业单位公路货物运力和运量在 1991 年后得到进一步发展。2000 年有营运货车 68833 辆、231591 吨位，占全省营运货车总数的 40.50% 和吨位数的 46.50%，是 1990 年货车数的 1.60 倍、吨位数的 1.40 倍；完成货运量 27657 万吨、货运周转量 1492072 万吨千米，占全省货运总量的 50.30% 和货运周转量的 53.30%，是 1990 年货量的 4.70 倍和货运周转量的 4.90 倍。

20 世纪 90 年代后，浙江个体户和联户汽车货运继续得到较快发展。2000 年底，有各类营运货车 87288 辆、205634 吨位，占全省营运货车总数的 51.30%、吨位数的 41.30%，是 1990 年的 5.90 倍和 3.30 倍。2000 年完成货运量 24691 万吨、货运周转量 1111578 万吨千米，占全省货运量的 44.90% 和货运周转量的 39.70%，是 1990 年货运量的 2.50 倍和货运周转量的 4.40 倍。

这一时期，浙江道路运输服务业也有较大发展。2000 年底，全省有汽车、摩托车维修业户 20537 户，从业人员 94763 人，初步形成以骨干汽车维修企业为主、厂点分布广泛、作业类别齐全、检测手段先进的汽车维修网。至 2000 年底，全省有搬运装卸企业 753 户，从业人员 16097 人，各类搬运、装卸机械、车辆 3221 台（辆），2000 年装卸货物 2616 万吨，从事货代、配载、理货等运输服务的营业户达 4256 户。

2002 年，全省拥有货运汽车 36.03 万辆，其中营运货车 194408 辆、581466 吨位，比 1990 年增长 3.10 倍和 2.12 倍。集装箱专用车辆 2742 辆，标准箱位 4139 个，厢式货车 2951 辆，7289 吨位。完成公路货运量 64584 万吨、公路货运周转量 3009938 万吨千米，是 1990 年公路货运量的 3.68 倍和公路货运周转量的 4.37 倍。

二、水路运输

（一）内河常规旅客运输萎缩，内河集装箱运输兴起

浙江内河旅客运输，在进入 20 世纪 90 年代后，处于常规旅客运输航线萎缩与内河旅游运输航线同在的变动时期。由于其他运输方式的迅速发展，内河运输客源分流现象更为加剧，常规客船运输连年出现滑坡和萎缩，全省内河运输最发达的杭嘉湖地区的旅客运输航线相继停开。而与之相反，随着旅游业的发展，内河旅游运输却有一定发展。处于江南水网地区的浙江内河客运，以名胜古迹为依托，开展旅游运输业务，主要航线有杭州—无锡、杭州—苏州等。在钱塘江及千岛湖旅游区，开辟的旅游航线主要有杭州—临浦—富阳及千岛湖等。1995 年，浙江舟山第一海运公司和南通港务局客运总公司联合开辟南通—普陀山江海直达旅游航线。

随着浙江国民经济的快速发展和商贸业的快速增长，浙江省的 3 条主要内河航道，发挥越来越大的作用，为地区物资交流做出了重要贡献。京杭大运河浙江段主要运输矿建材料、非金属矿石和上海至杭州的煤炭，这三大货种占航线总运量的 86.20%。长湖申线浙江段主要运送煤炭、矿建材料、非金属矿石，三者占运量的 86%，该航道运输繁忙，船舶密度之大为国内所罕见，是浙江省运量最大的一条航道，占全省内河货运量的 45%。杭申线浙江段以运输煤炭为主。

2000 年 4 月经交通部和海关总署批准，京杭大运河上海—杭州—上海首条国际集装箱航线开通，投入运营，标志浙江内河国际集装箱运输翻开了新的一页。上海—杭州—上海集装箱班轮航线由杭州港务集装箱有限公司投资，共投入 4 艘大吨位船舶。杭州港濮家码头专设了集装箱作业泊位，配备了 30 吨 /32 米进口门吊，设计通过能力为 3.5 万标准箱，初步达到国际集装箱散货码头标准。省政府口岸办和杭州海关在濮家码头开设了海关监管站，实现了杭州—上海"直通关"。

随着浙江内河航运的发展，京杭大运河也焕发新的活力。

2000 年，全省内河客运量为 1069 万人次、客运周转量为 19013 万人千米。

其中交通部门内河客运量为 223 万人次，客运周转量为 7974 万人千米。2000 年，全省内河货运量为 12319 万吨，货运周转量为 1165400 万吨千米，比 1991 年有所上升；其中交通部门内河货运量为 1182 万吨，货运周转量为 207978 万吨千米，比 1991 年有所下降。2002 年，全省内河客运量为 2122 万人次，客运周转量为 66621 万人千米；2002 年，全省内河货运量为 16218 万吨，货运周转量为 10926401 万吨千米。

（二）沿海常规旅客运输萎缩，沿海旅客运输向旅游化、高速化方向发展

20 世纪 90 年代，随着浙江省航空、铁路、公路运输继续迅速发展，特别是高速公路的相继开通，对浙江水路旅客运输产生强大冲击，沿海常规旅客流量逐年大幅度下滑。由海门海运公司恢复经营了 23 年的椒江—上海客运航线于 1998 年无奈撤销。有着 100 多年沧桑历史的甬申客运航线，也于 2000 年无奈停航，标志着浙江沿海客运常规客船逐步退出浙江水运市场。但陆岛旅客运输、岛际旅客运输和旅游运输，由于采用先进的高速客船和车客渡船组织运输，却有所发展，并基本形成了客运网。旅游化、高速化是水路旅客运输的发展方向，与之相应配套的各种旅游船、高速客船和车客渡船不断发展。高速客船在浙江沿海和杭州湾地区旅客运输中得到应用，且形成一定规模。1991 年以后，引进高速双体船和水翼船。1992 年开通的平湖乍浦—慈溪航线是浙江省第一条运用全垫升气垫船的高速客运航线。

20 世纪 90 年代后，浙江远洋运输事业呈现多家经营、共同发展的良好势头。到 2000 年，经交通部批准，浙江省从事国际海运的船公司为 18 家，初步形成了以浙江远洋运输有限公司船队为主，以其他 17 家公司的远洋船队为辅的国际海运体系。至 2000 年，全省有远洋船舶 24 艘、净载重量 352571 吨、标准箱位 2696 个，其中集装箱船 9 艘、净载重量 48550 吨、标准箱位 2696 个；全省远洋完成货运量 233 万吨、货运周转量 121 亿吨千米，基本适应了浙江省经济建设和对外贸易发展的需要。

进入 20 世纪 90 年代后，国际集装箱运输已成为浙江外贸货物主要的运输方式。在承运普箱、挂衣箱的基础上，又发展了冷藏箱运输。1993 年浙江省外贸出运各类货物 155 万吨，其中干杂货的装箱出运率已达 80% 以上，达到了发达国家 80 年代初的比例，标志着浙江省外贸货物的运输方式已逐步与国际航运大市场接轨。集装箱货运量所占远洋运输总货运量的比重不断提高，2000 年，浙

江省远洋国际标准集装箱运量为 105526 标准箱，货运量为 105 万吨，占当年全省远洋货物运输总量的 45%。随着国际集装箱运输的发展，浙江省沿海港口集装箱吞吐量呈高速增长，2000 年为 101.93 万标准箱。其中宁波港在浙江省诸多沿海港口中，最具有代表性。它不仅是浙江沿海港口中发展最快的，也是中国集装箱运输发展最快的港口之一。2000 年宁波港完成集装箱吞吐量达 90 万标准箱，比 1999 年增长 50%。从 2000 年航线吞吐量完成情况看，欧洲、日本、韩国航线为宁波港的主要航线，分别占宁波港外贸集装箱吞吐量的 28.40%、22.80% 和 15%。

在港口生产上，1991 年宁波港货物吞吐量达 3390 万吨，居我国沿海港口的第五位。1998 年宁波港接卸中外船舶突破 5000 艘次，其中 10 万吨级以上巨轮 470 多艘次，居我国港口首位；全年货物吞吐量突破 8700 万吨，再次居我国港口第二位。1998 年，据英国货运杂志统计资料，宁波港集装箱吞吐量达 35.25 万标准箱，跻身"世界集装箱百强港"之列，名列第 99 位。2000 年，宁波港新增远洋干线 2 条，近洋支线 10 条，从而使全港远洋干、支线分别达到 10 条和 27 条，航线总数 48 条。2000 年，宁波港货物吞吐量首次突破亿吨，达到 11547 万吨，比 1999 年增长 19.5%，跻身世界亿吨大港行列。港口货物吞吐量居我国港口第二位。2002 年，宁波港货物吞吐量达 15398 万吨，集装箱吞吐量达 160 万标准箱（其中国际中转箱为 103.3 万标准箱，内贸集装箱为 56.7 万标准箱），在我国沿海港口中名列第二。1992 年，舟山港吞吐能力为 1100 万吨，拥有 3000 吨级以上泊位 10 个，万吨级以上泊位 6 个，跃入全国沿海港口千万吨大港行列。1998 年舟山港吞吐量达到 1655.7 万吨，居我国 56 个沿海港口的第 13 位，进入国家级大港行列。1999 年，舟山港货物吞吐量首次突破 2000 万吨大关，达到 2082.43 万吨，进入全国沿海大港行列，居第 9 位。2001 年，温州港完成货物吞吐量 1314.3 万吨，比 2000 年增长 52.8%，继宁波港、舟山港之后，成为浙江省第三个跨入千万吨级行列的港口。2001 年，乍浦港完成货物吞吐量 1019 万吨，首次突破 1000 万吨大关，进入全国中型港口行列。

截至 2002 年底，全省海上运输船舶运力达 346 万吨，是 1992 年底的 7 倍，1992—2002 年运力年均增长 15%；2002 年全省完成海运货运量 8346 万吨、货运周转量 913 亿吨千米，1992—2002 年海运货运量年均增长 14%，1992—2002 年货运周转量年均增长 19%。

三、铁路运输

随着改革开放不断深化，杭州铁路分局运输组织工作由单纯的生产型向生产经营型转变，实行挖潜、改造并举，提高运输能力。货运拓展营销渠道，设立营销机构，组织集装化运输，开行远程快运直达列车和"五定"班列。客运优化"旅客列车运行图"，增开和延长直通长途客车，开行公交化列车、旅游列车、学生专列和行包专列。1995 年 10 月更新运行图后，沪杭线旅客列车开行 27 对，货物列车开行 30 对。浙赣线开行旅客列车增加到 20 对，货物列车增加到 36 对。1995 年，始发和通过的旅客列车辐射北京、上海、沈阳、西安、郑州、包头、广州、厦门、南昌、合肥、昆明、南京、怀化、重庆、武昌、福州、南宁、贵阳等城市。1995 年旅客发送量 3542 万人次，货物发送 1915 万吨。

2000 年，根据市场需求，增开直通客车，提高旅客列车等级，扩大客运能力。杭州铁路分局各区段旅客列车对数（上下行）：沪杭线（杭嘉）各 47 对、浙赣线（杭金）各 42 对、浙赣线（金衢）各 31 对、浙赣线（衢新）各 32 对、萧甬线（萧甬）各 8 对、杭牛线（杭牛）各 8 对、金千线（金千）各 3 对、宣杭线（长泗）各 5 对。全年加挂客车 5824 列，加开临客 2184 列，开行假日旅游列车 25 列。2002 年将温州—杭州客车的旅行时间减少 1 小时 20 分；萧甬线城际列车的旅行时间压缩在 2 小时以内，中途停车办客在 2 小时 15 分以内，同时杭州—宁波间增开临客 2 对。

20 世纪 90 年代推行轻泡货物超定额装车；组织阔大、超限、笨重货物运输。1995 年，通过满载挖潜，节省载重力 14 万吨，增收 465 万元。1997 年利用优惠政策吸引矿粉运输，铁矿班列首次开行。1998 年行包专列开行共输送行包 14.7 万吨，收入 1.58 亿元。2001 年增开货运班列，全年共开行行包专列 2042 列，装车 32550 辆，运送行包 72.46 万吨 1863 万件，收入 3.38 亿元。

杭州铁路分局管辖浙江省境内沪杭、浙赣、宣杭 3 条干线及金千、长牛、北仑 3 条支线，营业线路总长 776.7 千米，共有客货车站（包括会让站）94 个，配属机车 250 台（内燃机车 244 台、蒸汽机车 6 台）。2002 年分局完成旅客发送 3297.5 万人次，货物发送 1762.8 万吨；货运周转量 332.93 亿吨千米，客运周转量 144 亿人千米，货运周转量 188.94 亿吨千米。

四、民航运输

这一时期，衢州机场实行军民合用后，于 1992 年兴建候机楼、航管楼、专用联络道等民航专用设施，1993 年 11 月竣工并通航。1996 年 10 月，长城航空公司永久性基地迁至宁波。1997 年 8 月舟山朱家尖机场投入运营。1998 年 6 月，组建浙江省航空发展有限公司，该公司由浙江航空投资公司、杭州市投资控股有限公司、萧山市机场投资公司分别作为浙江省、杭州市、萧山市的股东代表出资建设，注册资本金为 4.95 亿元。

杭州笕桥机场民用航班于 2000 年底全部转移至杭州萧山机场运行，杭州萧山机场进入快速发展时期。2001 年，新开通 6 条航线，其中国内航线 5 条、国际航线 1 条，使保障航线总数达 53 条，每周航班 490 个。与此同时，相继推出"买机票送车票""机场贵宾卡服务""市内值机服务"等措施，客运量明显提高，全年旅客吞吐量 298.1 万人次。在货邮运输方面，坚持以优质服务促效益的原则，以客户为中心，注意货主意见和信息的收集，并结合实际情况，调整营销策略。在杭州西湖博览会召开之际，抽调业务骨干，在展览会上设点进行航空货物运输知识的咨询和货物运输服务，推出 24 小时服务和快速通道服务，是年完成货邮吞吐量 8.7 万吨。2002 年，杭州萧山机场新开通 3 条航线，其中国内航线 1 条，国际航线 2 条。先后与国内外 15 家航空公司签订地面服务代理协议，停场过夜飞机增至 8 架，旅客吞吐量 389.93 万人次，货邮吞吐量 10.5 万吨。

浙江航空公司（简称浙航）加大对浙江省和周边省份经济发达地区航线的开拓，1992 年就开通至宁波、义乌、黄岩、汕头、福州等城市的多条航线。为改善经营管理，专门设立负责加班、包机业务的生产办公室，同时要求财务部门定期对每条航线进行动态分析和预测。是年，实现运输总周转量 771 万吨千米，旅客运输 14.62 万人次。1993 年，浙航湿租 2 架图 154 型飞机后，开辟杭州至哈尔滨、沈阳、北京、广州、汕头、厦门等 10 多个大中城市的航线以及杭州至温州、衢州等省内支线；开展"运输服务质量上台阶"活动，把安全、正点、舒适、方便作为扩大营销的基点，主动上门与售票处、宾馆联系乘机旅客。为争取更多的客货源，浙航开始在北京机场设立代理点，开展机票销售业务。是年，浙航共完成运输总周转量 1723 万吨千米，运送旅客 27.8 万人次。1996 年，浙航划归中国航空公司。当时，航空市场供过于求的形势日益显现，为此，浙航积极拓展业务，增设杭州湖滨路、杭州笕桥机场 2 个售票处，并将销售代理网络扩展至江苏、山东、云南、黑龙江、福建和浙江省内的宁波、绍兴、慈溪、萧山等地。是年，完成运输总周转量 3378 万吨千米，运送旅客 43.7 万人次，正班客座率达 76.2%。

1997 年，中浙航与民航浙江省管理局脱钩。是年，中浙航引进 2 架空客 320 型飞机，运输能力显著提高；还在温州设立临时过夜基地，将 1 架冲 -8 飞机放在该基地，开辟"第二战场"。1998 年后，中浙航新开通 20 余条航线，航线网络进一步完善。在航线编排上，对部分季节性强的旅游航线采取"夏秋旺季直飞，冬春淡季串飞"的方法，并结合国家西部大开发战略，加大成都、昆明、重庆 3 条航线的投放力度。2001 年，杭州萧山国际机场启用后，东航、厦航等公司纷纷加大对杭州市场的投放力度，市场竞争激烈，中浙航以提高飞机日利用率为突破口，通过开辟"红眼航班"来降低生产成本，增加收益。2002 年，为避免恶性竞争，在共飞航线上主动与南航、东航、厦航等公司进行票价协调，并组织包机业务，当年实现运输总周转量 1.71 亿吨千米，客运量 123.1 万人次。

这一时期，浙江的宁波栎社机场、温州永强机场、台州机场的运输量均有一定的增长。至 2000 年，浙江省有国航浙江分公司、东航宁波分公司和浙江东华通用航空公司 3 家基地公司，拥有飞机 35 架，另有 9 家航空公司在浙江设有临时过夜基地，有 10 家外国航空公司在浙江运营。2002 年，全省有航线 165 条，其中国际航线、地区航线 12 条。全年共保证航班起降 96064 架次，完成旅客吞吐量 765.3 万人次，货物吞吐量 17.2 万吨。

第三节　行业管理

一、交通管理体制改革和政企分开

（一）交通管理机构改革

1. 公路、水路管理机构改革

1998 年 11 月，浙江省人民政府撤销浙江省高速公路建设指挥部建制，其职能移交省交通厅公路管理局及浙江省高等级公路投资有限公司。省交通厅公路管理局改称浙江省公路管理局，为省交通厅管理的副厅级事业单位，保留指挥部牌子，办事机构设在省公路管理局。2000 年，全国实施水监体制改革，原属省交通厅的沿海海域和港口、对外开放水域的水上安全监督管理职能移交给浙江海事局（交通部海事局直属）；船舶工业的行业管理职能移交给省经贸委。2001 年，浙江省交通厅与所属的各企业脱钩，同年浙江省公路运输管理局从浙江省公路管理局划出单独设立，同时更名为浙江省交通厅道路运输管理局。2005 年，升格为省道路运输管理局；2002 年，省交通厅原来负责领导的全省港口、码头、车站公安职能移交省公安厅；2005 年，省交通厅负责征收的车辆购置附加费改为车辆购置附加税，人员和职能均移交给国税局；2004 年，省交通厅港航管理局升格为省港航管理局；2006 年，省交通厅工程质量监督站更名为省交通厅工程质量监督局。

2. 铁路管理机构改革

2005 年 3 月，杭州铁路分局撤销，实行由上海铁路局直接管理省辖内站段的重大改革。与新体制相适应，浙江铁路历史上进行最大规模的生产力布局调整，设杭州铁路办事处，为上海铁路局派出机构。浙江省内铁路运输站段从原有 20 个减至 11 个，站段内设机构按部定标准进行精简调整。给水、装卸、地铁系统完成重组整合实行系统管理，地区多元经营系统有序整合归并。在局直接管理站段的新体制下，坚持全局一盘棋，站段组织结构不断优化，现场力量得到配强，运输业生产人员，跨地区、跨系统、跨工种调剂，贯标全面推进，生产力布局不断整合优化，运输效率有了显著提高。

3. 民航管理机构改革

根据国务院 2002 年 3 月 3 日和 11 月 19 日先后下发的有关民航体制改革的通知精神，原实行三级行政管理体制时组建的民航浙江省管理局予以撤销，而相应设立"安全监督管理办公室"。民航浙江安全监督管理办公室于 2003 年 12 月 28 日成立，当日，浙江民航机场移交暨民航浙江监管办成立仪式在杭州西子宾馆举行。民航所持有的杭州萧山国际机场股份以及宁波栎社机场、温州永强机场整体移交给省政府，民航浙江省管理局至此已完成历史使命，予以撤销。浙江省成立机场管理公司，为省政府所属机场管理机构。此后，空管、油料等系统也相继进行改革，改革后的浙江各单位各司其职、协调配合，共同保障浙江民航安全运行和发展。

民航浙江监管办作为民航华东地区管理局副局级行政派出机构，担负着浙江民航行业管理职能，主要负责监督检查省内航空公司、机场、维修单位等民航企事业单位执行国家有关法律法规，民航有关规章、标准、制度的情况，同时对省内各民用机场、航空公司的安全运行和民用航空运输市场实施监督管理。

（二）推进政企分开和企业改革

1990 年后，浙江以理顺政府与企业的关系为重点，进入转变地方政府职能与运行机制的改革进程，相继采用产权制度改革、劳动关系转换、社保体制建立、国有资产监管营运体系完善等措施，逐渐改变了政府与企业的隶属关系，不仅逐步确立了企业的市场主体地位，而且有效地推进了政企分开。

通过企业改革，明晰了产权关系，盘活了资产存量，使国有资产的保值增值有了保证；加强了内部管理，查清了企业资产，减轻了企业负担，注入了新的资本，增强了企业发展后劲；增强了企业职工主人翁责任感和参与管理的积极性；提高了企业的市场意识，企业真正成为市场竞争的主体。

1.公路、水路企业改革

浙江公路、水路交通部门通过政企分开、下放企业和管理部门与企业脱钩，实现了交通管理部门与交通企业的社会职责的分开。其主要措施有：解除政府主管部门与所办经济实体和直属企业的行政隶属关系，并且在政企分开初期就把一批省属交通企业下放给市（地）；裁减专门针对企业的管理部门和各种行政性公司，发展社会中介组织；依法行政，改善对交通企业的管理方式；完善企业所有制度，实现产权多元化，建立和完善新型的政企分开的融资投资体制。从 1998 年开始，浙江省交通厅结合浙江交通企业的实际，抓住深化改革、增强企业活力的关键，以企业产权制度改革为突破口，对全省交通企业进行了改革。1998 年，企业改革初始时全省有 607 家交通企业。其中，公路运输企业 260 家，亏损 81 家，占总数的 31.2%；水路运输企业 123 家，亏损 114 家，占总数的 92.6%；交通工业企业 157 家，亏损 87 家，占总数的 55.4%。对这些交通企业，主要采用以下改革的形式。

（1）政企分开，组建资产经营公司。为加快实施国有经济战略性调整和国有企业战略性改组，积极探索国有资产管理的有效实现形式，更好地发挥国有经济在国民经济中的主导作用，2001 年 7 月，浙江省决定以浙江省高等级公路投资有限公司为主体，吸收浙江省海运集团有限公司、浙江省交通工程建设集团有限公司、浙江远洋运输公司、香港富春船务有限公司等企业，组建浙江省交通投资集团有限公司。新组建公司为省级交通类国有资产营运机构，实行国有资产授权经营。是年 10 月 30 日，省政府宣布浙江省交通投资集团有限公司成立。2001年 11 月 2 日，省交通厅和省交通投资集团有限公司联合召开交接大会，将省交通厅所属企业移交集团公司，省交通厅作为政府职能部门与企业彻底脱钩，从行业角度进行宏观管理和指导。

（2）企业改组改建成有限责任公司和股份公司。全省共有 134 家企业改组改建成有限责任公司和股份公司。如宁波海运集团，为了转换经营机制，增强企业活力和竞争力，将其所属的货轮分公司改建为宁波海运股份有限公司，并将公司股票上网发行，募集资金 2.5 亿元人民币，使企业发展上了一个档次。2000 年，公路水运工程咨询监理公司、新干线快速客运有限公司均以股份制形式建立；省海运集团、省交通工程建设集团已完成改制。全省交通部门所属 739 家企业中，已完成改制的有 528 家，占总数的 71%，其中完成"双置换"的 336 家，占总数的 45%。原杭州长运集团公司是浙江省规模最大的公路运输企业，2001 年 5 月28 日成立国有独资杭州长运集团有限公司。改制分立的杭州长运运输集团有限公司、杭州长运三运运输有限公司、杭州长运物流有限公司、杭州长运汽车修理有限公司、杭州长运驾驶培训有限公司等 5 家法人企业也同时揭牌成立。原杭州长运集团公司被杭州市政府确定为全市 16 家企业转制重点单位之一。改制后，原集团公司 9 名班子成员只保留 6 名，中层干部压缩 40%，富余人员实施分流。在改制的同时，注重以建立现代企业制度给新企业添注活力，对部分单位负责人实行公开招聘，管理岗位全部实行双向选择；实行分配多元化，机构设置市场化。

（3）通过企业的联合、兼并或盘活存量资产，实行规模集约经营。如浙江恒风集团，由原义乌汽运总公司、出租车公司等 4 家公司组建而成，改变了原有企业"小、散、乱、全"的状况，形成了以运输为主，运、工、贸等协调发展的产业结构，企业运行质量明显提高。

（4）改建为股份合作制。通过吸收职工参股，盘活资产存量，转换企业经营机制，调动职工和经营者的积极性。全省有 60 多家改建为股份合作制。如玉环联运公司改制前亏损 58 万元，改制后第一年不仅还清了欠款，还实现盈利 8万元。

（5）有偿转让企业。全省有 50 家企业通过公开竞价或协议定价，有偿转让企业的部分资产或全部资产。如玉环县精华阀门厂，将该厂资产 200 万元作价，实行内部有偿转让。企业转让后，经营者投入资金进行了技术改造，调整了产品结构，出现了企业产值、上缴税款、职工收入全面提高的可喜局面。

2001年底企业改制后，国有独资公司23家、有限责任公司28家、股份制公司7家、上市公司1家、股份合作制企业1家。在政企分开方面，已与政府主管部门脱钩的企业有18家，其中道路运输企业3家、水运企业4家、港口企业4家、施工企业4家、工业企业3家。

2. 杭州铁路分局企业整顿和改革

20世纪80年代，杭州铁路分局进行企业全面整顿，实施经济承包方案，扩大企业自主权，推行厂长负责制，企业管理水平跨上新台阶。在推行厂长负责制试点的同时，围绕增强企业活力，全面推进五配套改革，即：改革领导体制，全面实行厂长负责制；实行逐级承包，完善经济责任制；实行工资总额浮动包干；实行工程概算包干负责制；落实分局扩权改革方案。1985年1月29日，杭州铁路分局实行分局长负责制。分局与23个主要运输单位以签订"安全、效益责任状"的形式进行承包，对其他单位以下达"安全、效益责任状"的形式进行包保。1987年，分局除教育系统外，各基层单位先后实行厂长负责制。1996年1月25日，杭州铁路分局领到企业法人营业执照。

在运输管理体制、小企业改制、两经企业重构、生产布局调整和减员分流等方面取得突破性进展。分局全面实行综合经营责任制考核办法，强化经营风险责任考核。客货运输改革坚持以市场为取向，提高沪杭、杭甬客车速度，调整客车运行方案，改进售票方式，进行货场内部企业化管理和货场办市场的试点，增强参与市场竞争的能力。创立宁波北仑铁路有限责任公司，开路局支线改革之先河。为了适应市场需要，分局和站段均成立营销机构，配备营销人员，广泛开展各类营销活动，不断改进售票方式和简便托运手续。杭州、宁波、金华站实现微机售票，做到"一窗有票、窗窗有票"；货运单位推行电脑联网和"一个窗口、一票到位"的微机制票，并采取"绿色通道"等客货运输便捷服务措施，方便旅客和货主。1999年分局实现自1994年铁路全行业亏损以来首次盈利。

21世纪初，围绕"干支分离""主副分离"重点，制定实施支线改革方案，成立金千、长牛支线管理中心，实现支线的"单独核算、单独考核"。同时抓好房建、生活、装卸系统分离改制方案制订，完成装卸、生活管理、房屋建筑管理系统与运输主业分离、改制和站段委托管理多经企业与站段脱钩。重组分局经营总公司，建立法人治理机构，理顺产权关系。授予站段管理多经企业的权利和义务，合理界定总公司、站段、多经企业的经济、管理关系。加快多经企业公司制改革进程，审核批准 8 家多经企业的公司制改革方案。规划分局主辅分离、辅业改制总体方案，做好中小学、幼儿园、医院等社会职能移交地方政府的相关工作。建立完善各类考核机制，修订《"星级"管理考核办法》《运输安全和劳动安全奖励办法》和《职工严重违法违纪解除劳动合同的若干规定》等。推进管理现代化，颁布分局贯彻落实 ISO 9000 族标准实施细则。做好精简机构和"贯标"工作，分局机关定员减幅 33.3%；基层站段精简机构和压缩管理人员，减幅分别达 38.4% 和 36.5%，完成路局下达的三年减员任务。推进生产布局的调整和维修体制改革，成立杭州工务段并调整杭州工务段与金华工务段的管界，撤销金华水电段，并入杭州水电段。实现在施工禁区和维修制度上的两个突破。加大人事、劳动用工制度改革力度，分局机关定员限额内编制精减 8.9%，限额外编制精减23.7%。试行科职干部岗位的民主推荐、竞争上岗，一批经营管理岗位实行公开招聘，成立浙江省人才交流中心杭州铁路工作站。开展分局发展战略的研究工作，完善决策机制，实行厂务公开，提高决策的科学化、民主化水平。

3. 民航浙江省管理局局场分离，浙江机场管理公司组建

1989 年 12 月，民航浙江省管理局代管浙江航空公司，公司领导由民航浙江省管理局领导兼任。1990 年，民航浙江省管理局已有下属宁波、温州 2 个直属航站。是年，中国油料公司杭州分公司成立，油料部门从省局划出。1992 年，机场安检、消防由地方移交给民航浙江省管理局，成为公安处的下属机构。是年，民航浙江省管理局对所属二级机构进行较大的调整，并由科级升格为处级，共设置 18 个二级机构。1987—1993 年期间，黄岩、义乌、舟山、衢州等航站也相继通航。至 1995 年，民航浙江省管理局共有直属二级机构 21 个，直属航站 2 个，共有职工 2376 名，并负责对省内其他航站的行业管理。

1996 年 8 月 30 日，浙江航空公司脱离民航浙江省管理局的代管。至 2000 年 2 月，局场分离前的民航浙江省管理局共有职工 2633 人。

2000 年 8 月 31 日，中国民用航空总局下发《关于杭州笕桥机场转场涉及体制问题的批复》，同意组建行政性的民航浙江省管理局，负责浙江省内民航行业行政管理工作。同时，明确原由民航浙江省管理局领导和管理的宁波、温州 2 个航站划归民航华东地区管理局直接领导管理。杭州笕桥机场转场至杭州萧山机场，局（民航浙江省管理局）场（杭州萧山机场）实施分离。萧山机场由中国民用航

空总局和浙江省共同投资、共同建设和共同管理，实行股份制，组建杭州萧山机场有限公司，作为机场的项目法人，负责机场的安全运行和经营管理。是年12月26日，中国民用航空总局《关于印发〈中国民用航空浙江省管理局运行方案（暂行）的通知〉》，确定行政性民航浙江省管理局的主要职责和机构设置及人员编制，下设综合办公室和安全监察处2个直属机构，承担浙江省内民航业的行政管理工作。是年12月28日，随着杭州萧山国际机场建成并通航，标志着民航浙江省管理局的局场分离、政企职责分开任务已经完成。

2002年，浙江涉足中国民航六大集团的实施重组，中航浙江航空公司加盟中国国际航空公司，并更名为中国国际航空浙江公司。2004年1月，在浙江航空投资公司基础上，浙江组建浙江机场管理公司，列入省政府机构序列，为省直属单位。公司净资产30亿元，主要由杭州、宁波、温州三机场的省属资产组成，分别占三个机场净资产的68.5%、40%和100%，其中宁波和温州机场委托当地政府管理。浙江机场管理公司主要经营管理或委托经营管理省内民航机场的省属国有资产以及按省政府授权承担全省民航机场管理。2007年后，浙江加快开放浙江省机场国内外航空运输市场，鼓励更多航空公司入驻浙江省机场，并进一步深化机场管理体制改革，研究出台加快机场建设和民航发展的政策。

二、交通投资体制改革

（一）改革交通投资体制，引导公路建设主体多元化

改革开放后，浙江为改善交通状况做出了巨大的努力。但是，限于资金窘迫，公路建设一直滞后，公路等级低、路况差，堵车严重的现象始终没有得到明显的改善。据统计，在1992年全省公路有大小"卡壳处"164处，绍兴柯桥、余杭临平、萧山临浦大桥、温州将军桥四大著名卡口，被来往司机视为畏途。公路"瓶颈"造成的"肠梗阻"，直接影响了全省经济的发展。

为了迅速改变浙江公路交通滞后于经济发展的状况，省委、省政府提出公路交通建设要改革单一的只由政府投资的体制，大胆引进外资，积极调动民资，形成多渠道、多形式筹措资金，建设多种所有制公路的新格局。1992年9月，浙江省第一条高速公路杭甬高速公路开工建设。杭甬高速公路是我国第一条建筑在沿海水网地带的高速公路，也是浙江省首次利用国外金融机构（世界银行）贷款进行建设和第一次遵循国际惯例进行管理的重大基础设施。公路全长145千米，

路肩宽26米，双向四车道，全封闭、全立交，穿越整个杭绍宁平原。经过4年建设，1996年12月全线通车。建设杭甬高速公路的多渠道融资改革，为全省建设高等级公路的投资体制的制度创新提供了可贵的经验示范。

1992年12月，浙江省政府发出《关于加快交通基础设施建设的通知》，明确提出由地方政府以自行贷款、自行建设、自行收费、自行还贷的办法，提前建设国家和省近期难以安排而在中长期规划中又必须上马的交通基础设施。"四自"方针的出台，极大地调动了地方的积极性。1993年，全省各地按照市场经济的思路，广开资金渠道，通过股份合作、发行债券、银行贷款、开发地产、社会集资、财政拨款等各种途径，落实公路建设资金16亿元，经省政府批准实施的工程共有46项。

绍兴组织实施的"南连北建"工程，分为南连和北建两条复线，是缓解全省四大卡口之一的104国道绍兴柯桥段交通紧张状况的重点工程，也是全省第一个由地方按照"四自"方针建设的公路项目。南连工程在104国道以南绍兴县境内，长35千米，路基宽12米，路面宽9米；北建工程在绍兴市区以北，长10千米，路基宽15米，路面宽12米。1992年9月开工建设，经过1年多的建设，到1993年12月即告竣工并通车。这样的建设速度为计划经济时代所没有。为此，省政府专门在绍兴召开了全省公路"四自"工程建设现场会，以绍兴"南连北建"工程为典型，总结了全省公路建设在发展社会主义市场经济条件下发生的四大变化：一是建设思路由以往的交通部门独家办交通，转变为各级政府动员和组织社会力量办交通；二是建设重点由以往的侧重县乡公路的建设，转变为注重国道、省道干线公路的建设；三是资金筹集由以往的等待国家投资，转变为立足于自力更生，面向民间，广开渠道筹资；四是建设机制由以往的单一投入、无偿使用，转变为有偿使用、滚动发展。

浙江省委、省政府从有利于资金筹措及积累建设经验等方面权衡，确定将沪杭甬高速公路浙江段分为杭甬高速公路和沪杭高速公路两个路段，"一步设计、分步实施"（即首先建设杭甬高速公路，积极筹备建设沪杭高速公路）。

当时，每千米高速公路造价逾3000万元，投资远远高于国、省道公路建设。省政府想方设法利用交通部补助资金、世界银行贷款以及社会募集等方式，筹集数千万元资金用于先期开工的沪杭高速公路嘉兴段。但是，资金的短缺制约着后续的各项建设。建设资金的巨大缺口，成为困扰浙江高速公路建设的首要问题。

以股份制形式建造高速公路,是台州人民运用市场机制建设家园的一个创造。改革开放后,台州经济得到较快发展,但交通落后的状况长期以来并未得到根本性的改变。根据国家兴建沿海大通道的规划,甬台温高速公路台州段的建设,最早也只能列入"九五"计划。按照惯例,等待国家投资进行建设是一种办法,而且是一种任何人都不用承担风险与责任的最保险的办法,但如此一来,台州经济和社会发展的速度将被延缓,发展机遇也可能丧失。经过反复研究,台州地委和行署决定摒弃计划经济条件下依靠单一的国家投资兴建基础设施的老办法,而是运用市场机制,按照"谁投资,谁受益"的原则,在全省第一个推出了采用股份制形式兴建高速公路的全新思路。方案一经推出,立即得到了全社会的广泛支持,在短短1个月时间里,股份公司筹委会就募集到了2亿元股本金。1993年11月,台州高速公路建设开发股份有限公司成立。此后,公司充分利用股份公司拥有路产和路权的优势,以收费权抵押或按比例分红为条件,多方寻找建设资金合作伙伴,以多种方式吸引投资。由于组织者解放思想,不等不靠,主动出击,台州高速公路的建设资金在短时间内全部得到落实。1994年10月,完成工程项目审批手续的台州高速公路开工建设。台州高速公路建设的股份制实践,为全省以股份制形式建设大型基础设施项目开创了一条全新的路子。

积极引进外资,通过中外合资、中外合作、向世界银行贷款等方式,加快公路交通建设,是浙江省各级交通部门改革基础设施建设投资体制的又一举措。1992年,杭州市交通部门与中策集团(控股公司为境外企业)等企业合资,建成了浙江省第一条一级公路——杭富(杭州至富阳)公路。合作成功后,杭州市交通部门与中策集团又共同组建了中策环通公司,运用外资建设杭州外围环城公路。

发行股票筹集资金。1996年6月12日,省政府专题会议研究决定:由省高速公路建设指挥部成立省高等级公路投资有限公司,独家发起成立沪杭甬高速公路股份有限公司并在香港上市。随后,完成公司组建及筹备上市的一系列工作。

1997年5月15日,浙江沪杭甬高速公路股份有限公司在香港联交所成功挂牌上市,首次募集资金折合人民币36.85亿元,成功接轨国际资本市场,创造了当时浙江一次性引进外资数额最大的纪录。沪杭甬高速公路H股的成功上市,大大拓宽了浙江公路基础设施建设的融资渠道,提高了浙江在国际资本市场上的声誉,对加快全省高等级公路的建设起到了重要作用。

到1997年底,经省政府批准建设的公路"四自"工程共有114项,公路全长 2590 千米，总投资 257 亿元。已累计完成 78 项，完成投资 118.5 亿元，建成公路里程 1585.4 千米。全省几个主要的交通卡口已基本打通，交通紧张状况得到缓解。实践表明，推行"四自"工程，是在社会主义市场经济条件下加快交通建设的新思路，对于迅速缓解全省干线公路交通紧张状况，形成以路养路、滚动发展的新机制，促进全省经济和社会迅速发展，起到了积极而重要的作用。

在打通卡口、畅通运输，缓解"瓶颈"压力取得初步成果的基础上，从 1996 年开始，省委、省政府及全省交通部门又组织实施了"三八双千"工程。即用 3 年左右的时间，全线拓宽 104、330、320、329 等主要国道和 03 省道干线 1000 千米，形成以杭州为中心、辐射至全省各市（地）的一级或二级加宽公路网，并逐步将市（地）至县（市）之间的公路改造成二级或二级以上公路（个别县、市除外），以基本缓解全省交通运输紧张对国民经济和社会发展的"瓶颈"制约；同时，用 8 年左右的时间，建成沪杭甬、甬台温、杭金衢、杭宁浙江段等高速公路、汽车专用路 1000 千米，形成各市（地）至杭州的高速公路、汽车专用公路网，到 2003 年，实现公路交通基本适应浙江改革开放和现代化建设的需要。"三八双千"工程的实施，标志着浙江的公路交通建设已从重在打通卡口、缓解"瓶颈"，转变到建设纵横交错、四通八达的公路网上来。2007 年，浙江公路总里程已达 99812 千米，高级、次高级路面铺装率为 46.5%。在一个陆域面积不大的小省，如此密集的公路网建设，为浙江经济的腾飞创造了良好条件。

（二）创新铁路投资体制，建立铁路股份公司

在大力改革公路投资体制的同时，浙江省委、省政府还积极推动铁路和机场建设投资体制的创新。20 世纪 80 年代，浙江的铁路只有沪杭（杭州至嘉兴段）、浙赣（杭州至新塘边段）两条干线和萧甬（杭州至宁波）、杭牛（杭州至牛头山）、金岭（金华至岭后）两条支线，正线运营里程 809.2 千米，其中复线 50.9 千米，只占运营线路的 6.2%。不少地方，包括国务院确定的沿海对外开放城市温州都不通铁路，直接影响了这些地方的经济建设和对外开放。除了线路少、运输里程短外，站场和客货运输设备也严重不足，运输组织工作也跟不上经济社会快速发展的要求。这使得沪杭、浙赣、萧甬三线的通过能力十分紧张，托运难、买票难、乘车难等现象日趋严重，特别是沪杭线和浙赣线，已成为当时全国铁路主要"卡脖子"区段之一，铁路运输能力薄弱，通行不畅，已成为浙江发展国民经济的主要薄弱环节。

为了改变浙江铁路运输不适应 20 世纪 90 年代地方经济快速发展需要的落后局面，除铁道部安排的项目外，省委、省政府还动员全省力量，加强了对地方铁路的建设。"八五"期间，全省按照"统一规划，确保重点"的原则，共安排了省重点项目 3 个，市（地）、县建设项目 1 个，重点预备项目 1 个，总里程485.13 千米，投资总概算 57.23 亿元。地方铁路建设的投资强度、建设速度和工程质量等，都达到了历史最高水平。特别是建设金温铁路，开创了新中国成立后股份制铁路企业的先河。随着浙江经济的快速发展，地方财力和民间资金都比过去大大增加，建设金温铁路的条件已日臻成熟。因此，省委、省政府将建设金温铁路的计划再次提上重要日程。经过多次洽谈，该工程项目最终确定，由浙江地方政府、铁道部和香港南怀瑾先生三方以股份制形式合作建设与经营。省委、省政府为此将 80 年代即已成立的金温铁路建设总指挥部，改组为浙江金温铁道开发有限公司。作为全国第一条由地方政府、铁道部和香港同胞三方合股修建、经营的地方铁路，新组建的金温铁道开发有限公司掌握对金温铁路的投资权和经营权。公司以客货运需求为核心，全面引入市场化的运行机制，大大加快了工程建设的速度。经过充分准备，1992 年 12 月 18 日，金温铁路开工，1997 年 8 月 8 日，金温铁路全线铺通。它的建成，对于沿线森林、矿产、农副产品、旅游资源的开发利用，对于推动浙南和浙西南地区经济发展，加快贫困地区群众脱贫致富奔小康，都具有极为重要的意义。作为全国第一家规范化的股份制铁路企业，浙江金温铁道开发有限公司的市场运作模式，对于全省各地改革投融资体制，加快基础设施建设步伐，也具有十分重要的意义。

（三）改革空港投资体制，引导民资建机场

多渠道投资体制的创新，还刺激了浙江民用航空事业的发展。随着铁路、公路特别是高速公路建设的突飞猛进，航空运输市场的供求关系逐渐由卖方市场向买方市场转变，导致浙江民航的运输生产速度增长趋缓；而基础设施落后、建设资金短缺等问题，又严重制约了浙江民航事业的进一步发展。为了从根本上解决这一矛盾，1992 年，省委、省政府做出加快机场建设的决定。

1995 年 9 月 29 日，国务院、中央军委批准新建杭州萧山民用机场。1996 年12 月，中国民用航空总局与浙江省政府共同研究了杭州萧山机场建设的有关问题，签署了会议纪要。纪要确定：杭州萧山民用机场实行股份制，由中国民用航空总局和浙江省政府共同投资、共同建设、共同管理；按照《中华人民共和国公司法》的要求，建立规范的杭州萧山机场有限责任公司，由中国民用航空总局控股。在地方政府的支持配合下，杭州萧山民用机场先后完成了选址、土地征用、住户拆迁等前期准备工作。1997 年 7 月，机场工程建设指挥部成立。12 月 27 日破土动工，杭州萧山机场工程建设拉开序幕。

除杭州萧山机场外，全省各地机场的新建和改扩建工程也随着当地经济社会发展需要而有计划地进行着。1991 年 7 月，国务院、中央军委批准衢州机场通航，成为浙江省第六个民用航空港。1992 年 12 月，义乌机场动工扩建，1994 年 12 月，经过竣工验收后复航，机场等级由 3C 级提高到 4C 级，从而结束了浙江中西部地区无中型机场的历史。温州机场主要依靠民间资金建设，自 1990 年 7 月建成通航后，客流量以平均每年 40% 的速度递增。1994 年 9 月，国务院同意开放温州航空口岸，并决定在机场设立边防检查、海关、卫生检疫、动植物检疫等机构。1995 年 8 月，温州航空港通过国家口岸办的验收，正式对外开放，成为浙江省继杭州萧山机场、宁波栎社机场开放后第三个对外开放的航空口岸。为发展舟山特别是普陀山的旅游事业，1992 年，由舟山当地政府筹资投资 3.6 亿元、占地3000 余亩，飞行区等级为 3C 级的朱家尖机场动工兴建；1997 年 8 月建成通航。它的建成通航，大大改善了舟山地区的交通运输条件，促进了舟山群岛的对外开放和经济社会尤其是旅游事业的进一步发展。

三、交通建设市场和运输市场改革

（一）交通建设市场改革

浙江省交通厅打破以交通主管部门为主体的单一建设格局，建设以"七统""五包"为核心的体制，即由省里实行统一规划、统一标准、统一设计、统一招标、统一对外、统一对上、统一运营管理，项目所在地各市、县（市）、区包投资、包征迁、包管理费、包工期、包质量。针对交通基础设施建设规模的日益扩大，一度出现建设市场乱、工程质量差、造价高和有关人员违纪违法等问题。1996年初，浙江省政府召开了全省交通工作会议，提出开展"交通管理年"活动，要求坚持"百年大计，质量第一"，扎扎实实地整顿交通建设市场，治理"乱、差、高"，并形成共识和常态。

贯彻《中华人民共和国招标投标法》《建设工程质量管理条例》和交通部一系列行政规章，围绕建立"政府监督、社会监理、企业自检"的质量保证体系，严格执行项目法人责任制度、招标投标制度、工程监理制度和合同管理制度等四项制度，把好前期和验收两个关。在建设市场管理中体现"严正、严肃"，通报处理违规或质量有问题的企业。开展交通管理年活动和治理三大质量通病、工程造价整治等一系列工作，交通建设市场得到有效整治，工程质量明显提高。

1. 项目法人体制

从 2002 年开始，为有效组织实施浙江省高速网络工程，加快高速公路建设，确保工程建设质量，省交通厅要求所有的高速公路建设项目按照"一路一公司"的原则组建项目法人，改变以前在高速公路建设上存在的一路多公司，管理混乱和难以协调的状况。浙江省已建成的沪杭甬、杭金衢、上三线高速公路实行一路一公司制，从建设阶段的工程进度、质量的统一协调到运营阶段的统一管理都是有效的。申苏浙皖高速公路、杭千高速公路等也实行一路一公司制，公司与当地政府、指挥部关系融洽，工作有序。

2. 建设项目代建制

高速公路工程实行项目代建制，是克服原来建设管理体制弊端的有效形式，省交通厅在全省的高速公路建设上进行全面的推广。这种建设体制有两种模式。第一种模式：委托政府组织代建（项目法人公司＋政府领导下的代建单位）。这种模式一般由项目法人公司委托政府组建单位或直接委托政府领导下的专业单位作为项目的代建单位，即通常所说的建设期间的"小法人公司、大代建单位"的模式。这是一种介于政府管理和纯商业化管理之间的模式，全省部分高速公路项目，如甬金高速公路金华段、杭千高速公路、申苏浙皖高速公路等都采用这种模式进行建设管理。第二种模式：委托公司组织代建（项目法人公司＋代建公司）。这种模式一般由项目法人公司直接委托有经验的专业化的工程管理公司作为代建单位，法人公司和代建单位之间是一种纯粹的商业关系，代建单位在业主的授权下，利用其在建设管理方面的经验提供专业服务，并承担相应的责任和获得相应的报酬。浙江省甬金高速公路宁波段即采用这种模式进行建设管理，由奥地利艾尔瓦格公司和宁波交投公司共同投资建设，委托阿尔皮内公司进行代建。

3. 交通建设招投标

1996 年后，浙江省交通厅建立全省的公路、水运建设工程施工招投标制度，规定省内公路、水运建设项目都实行招投标。为了促进全省公路水运工程招投标各项工作的规范完善，制定《浙江省公路、水运工程招投标管理实施细则》，提出工程施工评标要按工程造价、施工方案、建设工期、工程质量保证、企业素质及信誉等五个方面进行评价。同时建立按专业分类的全省公路工程和水运工程招标评标专家库，走上专家评标、业主定标、政府监管的路子。在实行招投标工作过程中，采取"三个随机抽取"的办法来计算复合标底价，即随机抽取业主标底价和各投标价平均值的复合比例；随机抽取低于复合标底的下浮系数，以确定最高报价得分的百分率；随机抽取评标专家进行评标，降低人为操控的可能性，提高市场竞争性。从2003年8月开始，针对标底招标存在的标底容易泄密的问题，省交通厅下发《关于印发浙江省公路水运工程施工招标投标管理实施细则（修订稿）的通知》，在公路工程招标投标中开始实施无标底招标法。无标底招标，就是在招标过程中不再人为编制并预先设置标底，而是在开标后以投标人的平均报价为基准，按一定规则来计算出各个投标人的报价分。无标底招标既免去业主编制标底之累、简化招标程序、降低招标成本，又有利于选好施工队伍、控制工程造价、促进有序竞争和加强廉政建设。此后，杭州湾跨海大桥、杭新景、甬金和杭徽公路工程部分标段相继采用无标底招标。在认真总结杭州湾跨海大桥等工程无标底招标经验的基础上，2003年25个高速公路项目全部采用无标底招标，并提出二次开标、取消软加分、最高限价和提高履约保证金等相应配套措施，使招投标工作更加公开、公平、公正。

（二）运输市场管理体制改革

改革开放初期，为了推进农村的改革，中央连续五年发布1号文件，相继出台了许多放宽搞活农村经济的政策。浙江各级交通部门认真贯彻交通部提出的"要努力把交通搞通、搞活、搞上去""有河大家行船、有路大家行车""各部门、各行业、各地区一起干，国营、集体、个人和各种运输工具一起上"的方针，使浙江交通运输领域凭借农村改革之势逐步放开，公路、水路运输出现了空前活跃的新局面。1983年起，浙江放开运输市场，允许非国有成分从事运输业，从而逐渐形成国营、集体、个体一起上，多家经营、共同发展的新格局。省、市（地）、县公路运输企业增辟了许多县乡和山区、海岛营运路线，大力拓展省内、省际客货和集装箱运输，发展联运业务，更新运输设备。至20世纪80年代后期，长期困扰公路运输的乘车难、运货难问题得到了缓解。

1987年11月，省汽运公司撤销，下属分公司、厂、校被成建制下放，成为市、县汽运企业的中坚力量。下放后的汽运企业推行各种形式的承包经营责任制，调整运输结构，开展多种经营，扩大服务范围，加强内部管理。"八五"期间，市县公路运输企业转换经营机制，深化内部改革，全面推行和完善承包经营责任制，加快机具设备更新改造步伐，添置安全、新颖、舒适的客车和装运液体、固体危险货物的专业车辆及集装箱车。发挥公路专业运输企业技术安全、经营条件和政策上的优势，大力发展公路长途旅客运输和零担货物班线运输。20世纪90年代，浙江治理整顿公路运输市场，深化公路运输企业改革，加强宏观调控和行业管理，公路运输秩序明显好转，经营行为渐趋规范，运力运量快速增长，服务质量显著提高。1996年嘉兴、杭州、绍兴、宁波骨干公路运输企业组建浙江新干线高速客运有限公司，投放40辆高档大客车，经营沪杭甬高速公路沿线旅客运输。1998年成立温金等4家快客公司，经营杭州至衢州、金华至温州等5条快客专线，日发40班次，实载率在70%以上。1998年，杭州、宁波、温州、金华4地的公路运输骨干企业，组建了浙江通联快运有限公司，跨地区经营快速货物运输。企业从单车承包经营走向集约化经营，增强了公路专业运输骨干企业的行业整体竞争力。杭州长运集团有限公司，改革计划管理模式，利用省会城市优势，抢占客运市场，开拓货物快运，联合兼并杭州市第三运输公司，引进外资，成立了中韩合资杭州长运锦湖客运有限公司，实行规模集约经营，提高市场占有率，初步形成客货运输、集装箱运输和多种经营新格局，经营线路四通八达，企业持续快速发展。"十五"期间，浙江公路运输以结构调整为主线，重点调整企业结构、运力结构和经营结构。加快国有公路运输企业改革，优化车辆技术设备，发展高速运输、集装箱运输和特种运输，逐步发展现代物流运输，实现浙江公路运输跨越式发展，创造"人便于行、货畅其流"的新局面。

（三）提高运输组织化程度

加快完善交通运输市场，努力实现交通运输与交通基础设施建设同步协调发展。推进网络运输、智能运输和信用运输，完善了运输市场参数体系、法规体系、规划体系、标准体系和站场体系，建立与维护开放、规范、稳定、产业协调和可持续发展的运输市场体制；提高市场开放的层次和水平，进一步扩大开放领域，科学设置进入市场的门槛，定好"游戏规则"，完善资源进入市场的具体形态；改革道路客运线路审批制度，完善新增线路服务招投标制度，开拓省际线路，积极探索和推进新增客运线路听证制度；继续整顿和规范运输市场秩序，提高市场监管能力，强化对市场主体经营活动的动态监管，加强以质量、诚信为主的动态考核评价，加大对道路出租车、旅游车、超长途客车、短途中巴车及客运站场的管理力度；推动先进运输方式的发展，大力发展快速运输、汽车租赁和现代物流业，在大城市积极研究和发展适宜为老龄人和残疾人服务的出租车；运用规费等经济杠杆引导运力结构调整、优化运力结构，重点发展大型化、专业化、厢式化、社会化车船，引导市场健康发展；着力扩大班车客运覆盖面，特别是长三角地区和农村客运通达率；积极探索市场经济体制下运输安全管理的新体制，加强基层交管站的建设，切实提高运输安全水平；加大路政、运政、航政的工作力度，重点对非法营运、站外组客和超限、超载运输实施整治。在提高运输组织化的同时，运输网线内联外扩，市场环境不断改善。

全省第一套高速公路联网收费系统

　　1999 年，浙江省启动了全省高速公路联网收费系统建设，并且按照"网随路建"的方针，建成一条，联入一条，于 2001 年 12 月 25 日开通了全省高速公路联网收费系统，同年，省公路管理局组建了高速公路收费结算中心，这是省域高速公路联网收费系统的核心。省内有 660 千米高速公路开始实行联网收费。

　　此后，上高速公路的司机只要在入口处领一张记有收费站、收费员、车型及收费费率等信息的 IC 卡，就可以在省内的高速公路畅行无阻，最后只要在下高速的出口处结一次账就可以了。这也是国内第一个真正意义上统一结算的省内高速公路电子联网收费系统。2003 年，浙江省的 1438 千米高速公路全部实行联网收费。

四、强化法治建设，规范行业管理

　　这一时期，浙江省交通系统通过强化法治建设，规范行业管理。实施省人大常委会、省政府颁布的《浙江省公路养路费征收管理条例》《浙江省公路路政管理办法》《浙江省水上交通事故处理办法》《浙江省渡口安全管理办法》和《浙江省航道管理办法》《浙江省实施〈国防交通条例〉办法》等一批法规；杭州市、宁波市还先后出台10多项地方交通法规和政府规章。依法行政，深入贯彻《中华人民共和国公路法》等一系列已出台的法律、法规，认真落实交通行政执法责任制，纠正行业不正之风，加强执法人员培训教育和执法监察，提高执法水平。

在1996年开始的为期三年的"交通管理年"活动中，政府部门充分运用法律武器，依法整治交通建设市场，公路、水路运输市场和通行、通航环境，并加强对路政、航政等的监管力度。之后，浙江省政府又把"交通管理年"中采取的措施逐步纳入日常的交通行业管理之中。

第四章

全面发展　先行引领

>>>>>>>>> （2003—2020 年）

党的十六大提出全面建设小康社会目标后，浙江省委、省政府抢抓机遇、乘势而上。面对浙江发展"先天不足的制约"和"后天成长的烦恼"，创造性地提出"八八战略"①，从此，开辟了中国特色社会主义在浙江生动实践的新境界，成为引领浙江发展的总纲领，推进浙江各项工作的总方略。

作为基础性、先导性、服务性行业，浙江交通始终坚持以"八八战略"为指引，认真落实省委、省政府关于"建设大交通，促进大发展""港航强省"等的重大决策，先后实施交通"六大工程"②、现代交通"五大建设"、"5411"综合交通发展战略③、"1210 交通强省行动"，大力推进交通运输综合改革，着力建设安全便捷高效绿色的综合交通运输体系，加快推进高水平交通强省建设。全省综合交通投资持续快速增长，2011 年超 1000 亿元，2017 年超 2000 亿元，2019 年突破 3000 亿元。交通运输事业实现了从"瓶颈"制约到总体适应并逐步转向先行引领的跨越式发展，2020 年全省交通线网规模达 14.2 万千米，高速公路突破5000 千米、实现陆域"县县通"，贯通内河航道使所有地市"通江达海"；宁波舟山港货物吞吐量连续 12 年稳居世界第一、集装箱吞吐量连续 3 年全球前三；浙江省成为全国第二个拥有三大千万级机场的省份，旅客吞吐量突破 4996.39 万人次；海铁联运、内河港口集装箱吞吐量双双突破百万；圆满完成"四好④农村

①"八八战略"：2003 年 7 月，中共浙江省委举行第十一届四次全体（扩大）会议，提出的面向未来发展的八项举措，即进一步发挥八个方面的优势、推进八个方面的举措。战略内容包括：进一步发挥浙江的体制机制优势，大力推动以公有制为主体的多种所有制经济共同发展，不断完善社会主义市场经济体制；进一步发挥浙江的区位优势，主动接轨上海、积极参与长江三角洲地区交流与合作，不断提高对内对外开放水平；进一步发挥浙江的块状特色产业优势，加快先进制造业基地建设，走新型工业化道路；进一步发挥浙江的城乡协调发展优势，统筹城乡经济社会发展，加快推进城乡一体化；进一步发挥浙江的生态优势，创建生态省，打造"绿色浙江"；进一步发挥浙江的山海资源优势，大力发展海洋经济，推动欠发达地区跨越式发展，努力使海洋经济和欠发达地区的发展成为浙江省经济新的增长点；进一步发挥浙江的环境优势，积极推进基础设施建设，切实加强法治建设、信用建设和机关效能建设；进一步发挥浙江的人文优势，积极推进科教兴省、人才强省，加快建设文化大省。
②交通"六大工程"：高速网络工程、干线畅通工程、水运强省工程、乡村康庄工程、绿色通道工程、廉政保障工程。
③"5411"综合交通发展战略：围绕大港口、大路网、大航空、大水运、大物流等现代交通"五大建设"，高标准构建支撑都市经济、海洋经济、开放经济、美丽经济发展的四大交通走廊，实施一万亿元综合交通工程，构建"一小时交通圈"，形成水陆空多元立体、互联互通、安全便捷、绿色智能的现代综合交通体系。
④"四好"即建好、管好、护好、运营好。

路"、污染防治、运输结构调整等小康攻坚任务，为全省经济社会发展迈上新台阶提供了坚实保障。

第一节　基础设施

一、交通基础设施大投入、大建设

"十五"时期，浙江省政府实施大投入，建设大交通，促进大发展，使浙江交通建设发挥战略性、基础性、先导性作用。浙江省政府站在经济社会发展全局谋划交通，全面推进现代交通"五大建设"，高标准构建四大经济交通走廊，加快"四港"联动发展，以"十百千"等行动为抓手，掀起我国规模最大、强度最高、持续性最长的交通建设高潮。

"十五"时期，公路、水路建设完成总投资1765亿元，其中公路建设1618亿元，水路建设147亿元，完成投资为计划投资的2.2倍。"十一五"时期，浙江省公路、水路、民用机场的建设投资大幅增长，为3043亿元，位居全国首位。其中，公路完成投资2477亿元，水路完成投资486亿元，民用机场完成投资80亿元。"十二五"时期全省交通建设投资又有较大的增长，为5965亿元。其中，铁路增加1657亿元（含城市轨道交通800亿元），公路增加3377亿元，水运增加699亿元，民用机场增加125亿元，管道增加107亿元。

这一时期，全省交通"五大建设"全面开展、顺利实施，取得丰硕成果。

大港口建设方面，以宁波-舟山港一体化建设为中心，形成了"一主两辅"沿海港口发展格局。建成宁波-舟山港北仑港区五期集装箱码头、宁波-舟山港穿山港区中宅煤码头工程、金塘大浦口集装箱码头（一期）、全国首条30万吨级人工航道—虾峙门航道和鼠浪湖、武港矿石中转码头、浙江LNG接收站配套码头等沿海港口项目。

大路网建设方面，以打通省际"断头路"和拓宽"瓶颈"路段为重点，对不适应交通需求发展的现有高速公路及国省道进行扩容改造，提升了路网整体能力。重点建设绍诸高速公路、嘉绍通道、宁波绕城东段、龙庆高速公路、穿山疏港公路等高速公路项目，完成普通国省道及县道新改建里程1148千米。此外，新建农村联网公路3250千米。

大航空建设方面，浙江省政府与民航局签订战略合作协议，浙江成为全国通用航空综合试点省、低空空域管理改革试点区；建成并启用杭州萧山国际机场二期工程、温州永强国际机场飞行区扩建工程以及东阳横店通用机场工程等。

大水运建设实施内河水运复兴行动计划，建设长湖申线航道（浙境段）、湖嘉申线嘉兴段航道（一期）、东宗线（嘉兴段二期），还有衢江航道改造工程衢州段、杭平申线航道、富春江船闸改造工程等内河航道项目。

大物流建设大力推进"一大平台，六大举措，六大体系"，推动国家交通运输物流公共信息平台的建设，开展多式联运和"三位一体"港航物流体系建设，加快物流行业集聚整合，促进城乡物流一体化发展。建成义乌物流园区、杭州城北物流园区、绍兴港现代物流园区、嘉兴内河港多用途港区等 13 个物流园区和货运枢纽。

"十三五"时期全省综合交通投资更是大幅增长，5 年累计达 1.38 万亿元，是"十二五"的 2.2 倍，年度投资连续突破 2000 亿元（2017 年）、3000 亿元（2019 年）两个大关，有效发挥"稳投资、稳增长"主力军作用。通过"十三五"时期的建设，浙江省综合交通网络实现里程碑式发展。"三纵四横、对角贯通"[①]综合运输通道格局基本形成，新增浙西、浙南通道，扩容提升沪宁浙赣、浙北、沿海等通道。先后建成浙江省交通建设史上里程最长、投资规模最大的高速公路——沿海高速，陆域"县县通"高速关键项目——龙丽温高速公路文瑞、文泰段，杭州都市区重要支撑项目——杭州绕城高速公路西复线，钱塘江中上游航运"瓶颈"——富春江船闸等一批标志性项目。长三角一体化重要省际"断头路"——临金高速公路，省域"一小时交通圈"关键项目——杭温高铁、杭绍台铁路，内河水运复兴主动脉——京杭大运河浙江段等重大项目也在这一时期开工建设。

至 2020 年，全省综合交通线网规模达 14.2 万千米、新增近 1 万千米。高速铁路超 1500 千米；轨道运营里程 660 千米，增长 3 倍；高速公路 5096 千米，密度居全国第三；内河高等级航道 1669 千米，密度居全国第二；沿海港口万吨级以上深水泊位 265 个；运输机场 7 个，A 类通用机场 11 个；综合客货运枢纽 83 个；邮政快递网点 2.5 万个；输油气管道里程 5850 千米；绿道里程 1.5 万千米。综合

---

① "三纵四横、对角贯通"："三纵"包括沿海通道、沪（宁）浙赣通道、浙西（皖建衢）通道，"四横"包括浙北（湖嘉沪）通道、杭绍甬（舟）通道、浙南（衢丽温）通道、浙西南（温丽闽）通道，"对角贯通"包括义甬舟大通道、杭温通道。

交通通道、枢纽、网络进一步优化，有力带动全省空间格局优化、有效增强浙江区位优势。

二、公路建设

2003 年，浙江省提出了交通基础设施建设"六大工程"的目标。"六大工程"中涉及公路建设的就有四个，即高速网络工程、干线畅通工程、乡村康庄工程、绿色通道工程。"六大工程"建设标志着浙江公路建设实现了由低等级混合公路向高等级公路的跨越，进入了以完善高速公路主网架，畅通省际通道为主攻方向的阶段。2007 年，浙江在"六大工程"建设的基础上开展"三大建设"，高速公路全面贯通成网。到 2010 年底，全省公路总里程 110177 千米，其中高速公路3383 千米。全省 11 个地市高速公路全部贯通成网。公路网密度 108.2 千米／百平方千米，二级以上公路占公路总里程的 15.2%，公路通行政村率和通行政村公路硬化率均为 99.5%。建成了杭州湾跨海大桥、西堠门大桥、苍山隧道等全国乃至世界级工程。

"十二五"期间，浙江交通建设仍处在高潮期，公路网建设稳步推进。建成高速公路 534 千米，完成新改建普通国省道 2100 千米、农村公路 9000 千米，基本形成互联互通的现代公路网体系。高速公路基本成网，除文成、泰顺和海岛县外，全省各县均通高速公路，建成世界主桥最长最宽的多塔斜拉桥——嘉绍大桥、世界直径最大的盾构隧道——钱江通道等一批重大项目。普通国省道覆盖全省所有县级节点，二级及以上占比达 85%，比"十一五"末提高 3 个百分点。农村公路基本形成结构合理、功能完善、便捷畅通、安全和谐的网络体系，农村公路建、管、养、运水平继续走在全国前列。至 2015 年，其中高速公路 3917 千米、普通国省道 7900 千米、农村公路 10.6 万千米，公路总里程比"十一五"末新增 7900千米；一级公路里程 6018 千米，占公路网比重 5.1%，二级公路里程 10041 千米，占公路网比重 8.5%。加强公路养护管理，全省高速公路优等路率 94%，普通国省道优良路率 90%，农村公路优良路率 66%。

"十三五"期间，先后建成沿海高速公路、龙丽温高速公路文瑞文泰段、杭州绕城高速公路西复线等标志性项目，高速公路密度居全国第三。

（一）高速公路建设

2003年，修订《浙江省公路水路交通建设规划》，其中规划建设"两纵两横十八连三绕三通道"高速公路网[①]。是年，浙江在建及开工建设的高速公路项目共达19个，计936千米，其中建成通车131千米，实现了"三贯通"（杭金衢高速公路全线贯通，甬台温高速公路全线贯通，杭州绕城高速公路全线贯通，从而新增了2个出省通道）、"两缓解"（萧山机场路互通改造、沪杭甬高速公路拓宽一期分别缓解了杭州入城、红垦至沽渚段的车流拥堵问题）。2004年，共有16个项目获得国家发改委和国土资源部的确认，先后有申苏浙皖高速公路姚家桥至界牌段、杭浦高速公路等18项计851千米高速公路开工建设。2005年，高速公路网络工程建成通车8项487千米，新增高速公路391千米。全省高速公路网络骨架成形，并全部联网运行，实现了由低等级混合公路向高等级公路的跨越。2003—2007年，全省高速公路网络工程累计完成1230亿元，共建成通车高速公路32项计1566千米，建成出省通道6个。

至2015年，高速公路里程3917千米，高速公路密度居全国各省区第二。建成了嘉绍通道、钱江通道、龙庆、绍诸等高速公路，全省高速公路优等路率94%。高速公路基本成网，除文成、泰顺和海岛县外，全省各县均通高速公路，建成嘉绍大桥、钱江通道等一批重大项目。至2020年，高速公路密度居全国第三，共有5096千米。

1.杭金衢高速公路（萧山红垦—常山窑上）

杭金衢高速公路北起萧山红垦枢纽，与杭甬高速公路和杭州绕城公路东线相接，经杭州、绍兴、金华、衢州4个市的12个县（市、区），南至浙赣交界处的常山窑上，全长290千米。此路段是衢州、金华接轨东部沿海、沟通西南内陆诸省的大动脉。

杭金衢高速公路与320国道连接线起自杭金衢高速公路龙游互通南侧圩塘朱，经草塘底、中埠，跨衢江后经百步桥，终至九里立交桥，全长8.20千米，

---

① "两纵两横十八连三绕三通道"："两纵"为甬台温高速公路、沪杭和杭金衢高速公路，"两横"为杭宁和杭甬高速公路、金丽温高速公路，"十八连"为上三、乍嘉苏、甬金、申苏浙皖、杭徽、台缙、杭新景、黄衢南、杭浦（沪杭复线）、杭绍甬（杭甬复线）、沿海（甬台温复线）、申嘉湖（杭）、诸永、天仙、丽龙庆、龙丽温、杭长和临金高速公路，"三绕"为杭州、宁波、温州绕城高速公路，"三通道"为杭州湾宁波通道、绍兴通道和萧山通道。

其中互通立交两处，特大桥1座、长716米，全线按部颁一级公路技术标准设计，路基宽度25.50米。2002年6月开工，2004年3月完工，投资1.80亿元。

2. 金丽温高速公路（金华二仙桥—温州南白象）

金丽温高速公路起自金华市二仙桥枢纽，接杭金衢高速公路，经武义、永康、缙云、丽水、青田、永嘉，至温州南白象枢纽，与甬台温高速公路连接，全长237千米。全线按双向四车道标准建设，设计速度80—100千米/小时，其中桥梁里程70多千米，隧道里程超过40千米。1995年，金丽温高速公路规划立项，1998年11月18日工程开工，2005年12月23日全线贯通，并与甬台温、沪杭甬、杭金衢3条高速公路一起形成浙江省第一个高速公路大环网，实现各主要城市之间高速公路多道对接。金丽温高速公路总投资127亿元，其中丽（水）青（田）段每千米平均造价为7550万元，永（嘉）鹿（城）段每千米平均造价为7100万元。

3. 杭徽高速公路浙江段（杭州—昱岭关）

杭徽高速公路浙江段起自杭州留下，与杭州绕城高速公路相连，至浙皖交界的昱岭关入安徽省，全长114千米，双向四车道。2002年9月29日开工，2006年12月25日全线建成通车，总投资43.26亿元。

4. 甬金高速公路（宁波里仁堂—金华傅村）

甬金高速公路起自宁波市里仁堂，接宁波绕城公路西段，至金华市傅村，经宁波、绍兴、金华3个地区，包括鄞州、奉化、新昌、嵊州、东阳、义乌、金东等县（市、区），接杭金衢高速公路，全长185.56千米，全线按双向四车道高速公路标准建设。设16处互通式立交。2002年9月30日开建，2005年12月28日全线建成通车，投资75.18亿元。

5. "两龙"高速公路（龙游—丽水—龙泉）

"两龙"高速公路由龙游—丽水段和丽水—龙泉段组成，全长222.24千米。其中部分是利用已建成或在建的一级公路改建为高速公路，部分为新建高速公路。改建段于2001—2003年期间陆续开工，新建段和部分原已建成一级公路的路段2005年6月开工。工程按双向四车道标准建设，设计速度80—100千米/小时。2007年12月25日全线建成通车，总投资105亿元。

6. 申苏浙皖高速公路浙江段（湖州南浔—浙皖交界处界牌段）

申苏浙皖高速公路东起湖州南浔，与江苏省境段相接；西至长兴界牌，与安徽省相连，全长88.20千米，设互通立交7处、服务区2处。2003年7月1日开工，2006年通过竣工验收，投资51.95亿元。

7. 杭新景高速公路（杭州—千岛湖—龙游吕塘角）

杭新景高速公路东起杭州市西湖区转塘镇，与杭州绕城高速公路南线相接，经富阳、桐庐、建德，西至洋溪枢纽互通，之后一路至淳安千岛湖，一路经寿昌至龙游，与杭金衢高速公路相接，全长190千米。工程分段建设，2003年3月28日，袁浦—建德段开建，2004年其他各段先后开工建设，至2005年12月25日，袁浦—洋溪段工程完工，2006年12月8日杭州—千岛湖—龙游吕塘角段全线建成通车，工程总投资113亿元。

8. 台金高速公路（临海水洋—永康段）

台金高速公路起自临海水洋，接甬台温高速公路和拟建的椒江—水洋公路，经临海、仙居、缙云，至永康市前仓接金丽温高速公路，全长128.32千米，按四车道高速公路标准建设。全线分东、西线两段，东线工程临海水洋—仙居城关段全长60.42千米，西线工程仙居城关—永康前仓段全长67.83千米。2002年12月29日开工建设，2011年10月11日全线建成通车。

9. 诸永高速公路（绍兴诸暨—温州永嘉）

诸永高速公路起自绍兴诸暨直埠镇，经诸暨的岭北镇入金华的东阳市，经东阳的江北、横店，磐安的安文镇，仙居县城，至温州永嘉与甬台温高速公路相连。全长223.80千米，双向四车道，设计速度80千米/小时。2004年9月29日开建，2010年7月22日全线通车，投资166亿元。

10. 杭浦高速公路浙江段

杭浦高速公路浙江段起自杭州绕城高速公路北线的大井互通，经翁埠、盐官、丁桥、袁花、通元、武源、西塘、当湖、黄姑，终至浙沪交界处的界河，与上海境内的莘奉高速公路相接，全长112千米。全线按双向六车道高速公路标准建设，设计速度120千米/小时，投资92.78亿元。大井—海宁袁花段全长54.92千米。其中杭州境段地处余杭区，全长9.90千米，投资14亿元。海宁袁花—平湖新仓段全长56.68千米。2004年12月28日开工建设，2007年12月29日建成。

11. 申嘉湖杭高速公路浙江段

申嘉湖杭高速公路浙江段起自杭州市余杭区崇贤枢纽，接杭州绕城高速公路北线，途经湖州、嘉兴，终至上海枫泾镇南长滨，与上海段终点相接，全长152千米。2004年9月30日开工，2010年1月27日，练杭段通过交工验收。总投资129亿元。

12. 杭长高速公路

杭长高速公路起自杭州绕城高速公路北段的西湖区三墩镇，终至长兴泗安互通，与申苏浙皖高速公路相衔接，全长85千米。全线按四车道高速公路技术标准建设，设计速度为120千米／小时，2005年4月30日开工，2012年12月26日全线建成通车，投资90亿元。

杭州绕城西复线——串起7条高速公路

杭州绕城西复线工程是国家"十三五"期间重点建设项目，是国家高速公路网和杭州都市经济圈环线的重要组成部分，也是杭州2022年第19届亚运会和世界互联网大会的配套工程。

杭州绕城高速公路西复线起于湖州德清境内的练杭高速公路新市枢纽，穿过杭州西部，止于绍兴诸暨境内的杭金衢高速公路直埠南枢纽，全长149.2千米。主线按双向六车道高速公路标准建设，设计速度100千米／小时，路基宽度33.5米。杭州绕城高速公路西复线串起了包括练杭、杭宁、杭长、杭徽、杭新景、杭金衢、诸永在内的7条高速公路。由湖州段、杭绍段组成。湖州段起于德清东部练杭高速公路新市枢纽，止于德清与余杭交界的姜家山附近，全长50.8千米。全线设武康、新市2处枢纽，互通7处，服务区1处（莫干山）。杭绍段起点接湖州段终点，经余杭、临安、富阳、萧山和诸暨，止于杭金衢高速公路直埠南枢纽，全长98.4千米。杭州绕城高速公路西复线通车后，缓解了杭州绕城西线、北线以及练杭、杭宁、杭长、杭徽、杭新景等部分路段拥堵情况。

（二）干线公路建设

"十五"期间，安全畅通的国省道干线是构建通达城乡的公路网络的关键环节，干线畅通工程在提高公路等级的基础上，通过强化路面、标化设施、提高路网容量等措施，县道以上公路全部实现路面硬化。2003 年，浙江省实施的交通基础设施建设"六大工程"中，通过以"强化路面、标化设施、绿化公路、提高路网容量"为主题的干线公路畅通工程的组织实施，进一步改善路容路貌，提高路网综合服务能力。这一期间，对 6 条国道、28 条省道计 2000 千米进行改造完善。2003—2007 年，全省干线畅通工程累计完成投资 724.33 亿元，总计实施里程 28607 千米。其中完成新改建 5010 千米，完成大中修 4431 千米，县（省）道砂石路面改造 6161 千米，乡道砂石路面改造 5835 千米，完成全部国省道和重要县道的安全保障工程合计 7270 千米。全省公路高级、次高级路面铺装率 89%，位居全国首位。

至 2020 年，全省国道 8050 千米，省道 5076 千米，覆盖全省所有县级节点，全省二级以上公路 10680 千米，占公路总里程的 19.12%。

（三）乡村康庄工程和"四好农村路"建设

为了加快改善农村的交通条件，提高农村公路通达深度和质量，推进农村全面奔小康的步伐，2003 年 4 月，浙江省将乡村康庄工程作为农村地区建设小康社会的战略突破口，列入全省交通"六大工程"之一。省交通厅根据省委、省政府的要求，专门成立省、市、县各级乡村康庄工程办公室，进行详细的规划和周密的部署，陆续制订《浙江省乡村康庄工程实施意见》《浙江省农村通村公路改造工程管理实施细则》《浙江省乡村康庄工程检查考评和奖励办法（试行）》等一系列规范性文件，为全省农村公路的健康、快速发展奠定基础。

2003 年，全省实施乡村康庄工程的当年就完成投资 24.2 亿元，建成农村公路 5383 千米。次年，全省乡村康庄工程投资成倍增长，达 57.7 亿元，建成农村公路 17742 千米，有 20 个县（市、区）达到了"双百"目标，即等级公路通乡通村率和通乡公路硬化率 100%。至 2005 年，全省 45 个县（市、区）的通村公路实现"双百"目标，等级公路通村率 83%，通村公路硬化率 76%。

2006 年，针对地区进展不平衡问题，制订《关于进一步加强乡村康庄工程建设管理的意见》《关于乡村康庄工程建设结合"下山脱贫、整村搬迁"工作的意见》《关于下达2006年度欠发达地区乡村康庄工程特殊项目补助资金的通知》等3个政策性文件，加大对欠发达地区、山区乡镇、少数民族乡镇的政策支持力度。至2007年，共有63个县（市、区）实现"双百"目标。

2010年5月，省政府召开全省农村公路工作会议，提出构建农村公路网、安全保障网、养护管理网、运输服务网的新目标，加快推进农村公路建设，建立农村公路管理养护体制，积极推进农村客运发展。2010年全省完成农村公路建设投资22.9亿元，新改建通村公路路基路面3760千米，新增通等级公路行政村215个，新增公路硬化行政村399个，行政村公路通达率为99.48%，公路通畅率为99.44%。同时，有序开展联网公路建设，共建成联网公路1141千米。

自2011年起，全省积极推进城乡交通运输一体化。农村公路在全国率先实现等级公路通村率和路面硬化率"双百"目标，实现管养全覆盖。"十二五"期间建成农村联网公路约7000千米，实施农村公路路面大中修1.2万千米。推进城乡客运班线改造，新开通行政村680个，班车通村率达99.8%；创新形成多种城乡协调发展营运模式，城乡客运一体化率达60%。初步构建了形式多样、载体多元、网络较健全、体系较完善的农村物流配送体系，扶持农村货运站300个。

2018年，浙江交通运输系统推进"四好农村路"建设。全年新建乡镇运输服务站131个、港湾式停靠站4664个，建设和改造农村物流服务点4439个，更新农村客运车3186辆。运输服务站乡镇覆盖率提升至69%，上下客站点与物流网点服务设施、装备水平进一步提高，培育跨区域农村物流品牌和创新发展项目。编制《浙江省通村客运服务指南》，提前完成农村客运服务"消灭3A级、巩固4A级、提升5A级"目标，农村客运服务5A级县（市）达55个，占县（市）总数的87%。浦江县率先实现建制村500米半径公交站点全覆盖，安吉、柯桥等6个县被交通运输部评为"四好农村路"全国示范县。2019年出台全国首个"四好农村路"省级标准。"十三五"期间，全省累计新建和改造提升农村公路5.2万千米，实现建制村客车"村村通"、陆岛码头"3个全覆盖"和安防工程"三年任务两年完成"，创成全国示范县9个。至2020年，全面清零等外公路，基本实现具备条件的200人以上自然村通等级公路、平原地区全域公交化、物流设施覆盖村级节点。

浙江省第一条"康庄大道"——永嘉十八垅村村路

十八垅村位于永嘉县乌牛镇北部山区，2002年，浙江省乡村康庄工程建设试点中，十八垅村道第一个被列为试点路段。同年，温州市也将十八垅村路列入了全市通村的试点工程。12月5日，十八垅村村路开工建设。这条路依靠"省里分拨一点、县里补助一点、村民捐助一点"的资金筹措办法，投资近350万元。为了建好浙江省第一条"康庄大道"，永嘉县成立了"康庄工程指挥部"，村里成立了"建设领导小组"。2005年农历正月初五，康庄大道建成。这条4.5米宽的村路，让十八垅村的村民下山只需要20分钟，村路打开了十八垅村的致富大门。

（四）桥梁、隧道建设

2003年后，共新增大型、特大型桥梁1100余座，其中有多个工程是世界级工程，在建造技术上有很大创新，如杭州湾跨海大桥、西堠门大桥、金门大桥、括苍山隧道、大盘山隧道、钱江隧道等等。

1.杭州湾跨海大桥

杭州湾位于我国改革开放最具活力、经济最发达的长江三角洲地区。建设杭州湾跨海大桥，缩短了宁波至上海间的陆路距离120千米，形成以上海为中心的江浙沪"两小时交通圈"。

杭州湾跨海大桥是一座横跨杭州湾海域的跨海大桥，它北起浙江嘉兴海盐郑家埠，南至宁波慈溪水路湾，全长 36 千米，是世界上最长的跨海大桥之一。杭州湾跨海大桥按双向六车道高速公路技术设计，设计行车速度 100 千米 / 小时，设计使用年限 100 年。于 2008 年 5 月 1 日通车。总投资 140 亿元，来自民间的资本占总资本的一半。大桥是中国自行设计、自行管理、自行投资、自行建造的，大桥建设取得了 250 多项技术革新成果，形成了 9 大核心技术，其中 5 项填补了世界建桥史上的空白。

杭州湾跨海大桥在设计中首次引入了景观设计的概念。此外，该大桥所独有的海中平台，既是海中交通服务的救援平台，又是一个绝佳的旅游观光平台，堪称国内首创。它同时也是我国第一座"数字化大桥"，有一整套大桥设计、建设及养护的科学评价体系，设置中央监视系统，平均每千米就有一对监视器。

杭州湾跨海大桥项目获得众多的荣誉：2004 年获浙江省科技进步二等奖；2009 年获浙江省建设工程钱江杯奖，2011 年获中国建设工程"鲁班奖"，2011 年获第十届中国土木工程"詹天佑奖"、"百年百项杰出土木工程"奖，2014 年获"改革开放 35 周年百项经典工程奖"。

2. 西堠门大桥和金塘大桥

西堠门大桥起于舟山册子岛桃夭门岭，于门头山经老虎山跨越西堠门水道，止于金塘岛上雄鹅嘴，接金塘大桥，全长 5.45 千米，它是舟山大陆连岛工程的第四座跨海大桥，也是其中技术要求最高的特大型跨海桥梁。主桥为两跨连续半漂浮钢箱梁悬索桥，是世界上首座双箱分体式钢箱梁悬索桥。主桥长 2.59 千米，册子岛侧接线长 2.86 千米，按四车道高速公路标准建设，路基宽度 24.5 米，总投资 23.6 亿元。2007 年 12 月 16 日，西堠门大桥全线贯通。

西堠门大桥技术难度大、科技创新多、抗风性能好，是我国在台风区宽阔海面建造特大跨径钢箱梁悬索桥的首次实践。其新型分体式钢箱梁关键技术研究成果达到国际领先水平，获 2008 年度中国公路学会科学技术一等奖。在第 27 届美国国际桥梁大会上，西堠门大桥凭借在工程结构、美学价值、环境和谐等方面的杰出表现荣获"古斯塔夫·林登少奖"，并在 2015 年国际咨询工程师联合会（FIDIC）工程项目评奖中获杰出项目奖。

　　金塘大桥与西堠门大桥连接，起始于定海区金塘岛上雄鹅嘴，向西横穿金塘岛化成寺水库、茅岭、沥港水道和灰鳖洋海域，止于宁波镇海老海塘，与宁波绕城高速公路相衔接。总投资 76.9 亿元。线路全长 21.029 千米，跨海桥梁长18.415 千米；桥面为双向四车道高速公路，设计速度 100 千米／小时。2005 年9 月 30 日开工，2009 年 12 月 25 日与西堠门大桥同时通车运行。至此，历时 10年的舟山连岛工程胜利完成。

　　3. 嘉绍大桥

　　2013 年 7 月 19 日通车，是连接嘉兴市海宁市与绍兴市上虞区的过江通道。

　　嘉绍大桥主航道桥采用技术含量最高的 6 塔独柱斜拉桥方案，主桥长度达2680 米，分出 5 个主通航孔，索塔数量、主桥长度规模位居世界第一。水中区引桥大量采用大直径钻孔桩（直径为 3.8 米，深达 110 米以上），单桩混凝土灌注量超过 1300 立方米，时为世界上直径最大的单桩。

　　嘉绍大桥先后获得浙江省建设工程钱江杯奖、中国公路学会科学技术奖特等奖、国际桥梁大会古斯塔夫·林登少奖、国际路联杰出工程奖、国际咨询工程师联合会工程项目特别优秀奖等荣誉。

　　4. 括苍山隧道

　　括苍山隧道连接台州与温州，是诸永高速公路控制性工程。隧道共分相向 2条，双洞全长 15800 米，单洞最长 7930 米，最大埋深 690 米。括苍山隧道长度位居全国第四，是华东地区高速公路第一长大隧道。由温州段和台州段组成，直接贯通温州永嘉县和台州仙居县，投资 8 亿元，采取国家一级高速公路标准建设，有"浙江第一隧道"和"华东第一长隧道"之称。括苍山隧道工程于2005 年 5 月 1 日开工建设，采取温州和台州两边同时开挖的方式进行。2007 年10 月 12 日，诸永高速公路括苍山隧道贯通。

　　括苍山隧道创新了多项关键技术成果，特别是在高速公路特长隧道及隧道群运营安全及防灾救援技术、超长隧道的平面"S"形选线等方面具有重大创新，括苍山隧道工程以"公路隧道火灾排烟与排烟道顶隔板结构耐火性实验研究"获得省部级科学技术一等奖。

舟山连岛工程

1974年和1997年，舟山市分别建成了第一座公路跨海桥梁（中桥）和第一座公路跨海大桥，前者打通了李柱山岛上的公路"断头路"，后者实现了马迹山岛和泗礁岛的互联互通。1998年，朱家尖海峡大桥建成通车，这是舟山市第一座具有通航功能的跨海桥梁，也是华东地区第一座特大型跨海桥梁。

21世纪初，连岛工程建设进入了快速推进的时期，其中2009年建成通车的舟山大陆连岛工程，是舟山规模最大、社会影响力最大的交通工程。它实现了舟山从"孤岛"变"半岛"的蜕变，使舟山更紧密地融入了长三角一体化发展，更为舟山承接"新区"和"自由贸易试验区"等国家战略打下了良好的基础。

舟山大陆连岛工程自舟山本岛出发，经里钓岛、富翅岛、册子岛、金塘岛，到达宁波镇海区的舟山大陆连岛工程，按高速公路标准建设，多座跨海大桥跨径位居世界前列，20项以上桥梁工程领域的科技水平达到国际领先。其中，西堠门大桥主跨1650米，在南沙大桥建成之前，是世界上跨度最大的钢箱梁悬索桥。西堠门大桥是世界三大跨度最长的悬索桥之一，也是世界上抗风要求最高的桥梁之一。

截至2020年，舟山市已建成富翅门大桥、鱼山大桥、秀山大桥、新城大桥等21座公路跨海桥梁（不含市政桥梁），桥梁类型丰富、规模巨大。

（五）实施绿色通道工程

绿化工作是交通基础设施建设的重要组成部分，在交通基础设施新建、改建和养护等各方面须重视绿化工作。"十五"期间，建设绿色交通是推进交通基础设施全面协调可持续发展的重要内容。浙江省交通部门全面落实国务院和省政府有关建设万里绿色通道的要求，积极实施绿色通道工程，努力营造绿、洁、畅、美的交通环境。2003年，浙江省公路绿化2900千米。到2005年底已建成公路绿色通道11967千米，内河绿色航道290千米。

2003—2007年，全省公路绿色通道工程累计完成11亿元，建成绿色通道15170千米，其中高速公路960千米，国省道3863千米，县乡道10347千米。同时实施边坡复绿20万平方米。全省构建了以高速公路和国省道为绿化主干线，部分县、乡道为绿化支线，统一规划、合理布局、精心设计的公路绿化网络。

2006年后，实施"生态交通五项行动"计划，全省生态交通建设走在全国前列，黄衢南高速成为全国生态公路示范工程；与浙江省环保局联合下发《关于在全省道路运输行业贯彻落实资源节约与环境保护行动计划的通知》，完成《道路运输节能减排经济指标体系研究》。

"十二五"期间，积极推动绿色循环低碳发展，围绕"两美"现代化浙江建设，积极打造美丽公路，深化公路边"三化"创建工作，"三改一拆"完成率达99%，发布了《浙江省公路建设生态设计指南》，并已开展编制《浙江省公路建设生态施工指南》，杭长高速公路三期工程被交通运输部批准为生态环保公路建设示范工程。至2020年，全省绿道里程达1.5万千米。

三、水路建设

2003年开始，浙江进入全面建设小康社会的时期。全省交通运输系统以"八八战略"为总纲，先后实施交通"六大工程"，现代交通"六大建设"以及"5411"综合交通发展战略，加快构建现代综合交通运输体系，实现从"瓶颈"制约到总体适应的跨越，被交通运输部列为全国唯一的省域现代交通示范区。

这一时期，水路基础设施建设取得重大成就。港口建设以宁波舟山港为龙头，全力服务国家战略和浙江省开放发展，全力推进大港口建设，全面实现港口资源整合。自 2008 年起，全省港航建设年度投资连续超百亿元，至 2020 年投资 204 亿元，创历史新高。大榭 45 万吨原油码头、北仑四期集装箱码头、钱江通道、富春江船闸等重大工程技术领先。2013 年全国首条现代人工开挖运河杭甬运河全线贯通，实现千年京杭大运河通江达海。

（一）港口建设

进入 21 世纪，浙江提出将水运大省建设为水运强省。2007 年浙江在水运强省的基础上又提出了建设"港航强省"的战略目标。并形成了以宁波-舟山港为核心，浙北、温台港口为两翼的浙江沿海港口群。内河港口形成杭州港、湖州港、嘉兴内河港、绍兴港、宁波内河港、金华兰溪港、丽水青田港 7 个内河重点港口。

"十五"时期，浙江水路建设投资 147 亿元。沿海港口在全面科学规划的基础上，通过港口资源整合，加快推进宁波舟山港口一体化进程，按照"统一品牌、统一规划、统一建设、统一管理"原则，成立了宁波舟山港管理委员会，启用"宁波-舟山港"名称；温州、台州、嘉兴等港口加快了新港区的开发进度，港口功能和发展空间得到进一步拓展；北仑三期和四期、老塘三期、册子一期、七里一期、乍浦二期等项目建成投产，沿海港口集装箱、原油、铁矿石、煤炭等四大货种运输体系初步形成。"十五"时期全省新增吞吐能力 1.17 亿吨，其中集装箱吞吐能力达 260 万标准箱，建成万吨级以上深水泊位 32 个。到 2005 年底，全省沿海港口吞吐能力 2.93 亿吨，万吨级以上深水泊位 81 个（不含洋山港区）。

"十一五"期间，内河港口重点建设内河集装箱专用码头，提高了全省内河港口集装箱吞吐能力，并完成了嘉兴内河多用途码头等一批内河港口项目，新增内河泊位 170 个。经过多年的努力，水运基础设施条件全面改善，港口吞吐能力快速发展。2003—2007 年共建成沿海港口码头泊位 130 个，新增沿海港口吞吐能力达 26241 万吨，集装箱吞吐能力达 520 万标准箱，建成万吨级以上深水泊位 56 个；2007 年沿海港口通过能力达 4.8 亿吨，其中万吨级以上泊位 115 个。

随着浙江海洋经济发展示范区和舟山群岛新区建设上升为国家战略，"港航强省"战略纵深推进，沿海港口结构不断优化，港口国际竞争力有效提升。"十二五"期间，全省沿海港口新建万吨级以上生产性泊位 60 个，总量达 219

个；新增港口货物吞吐能力 2.4 亿吨，总吞吐能力达 10 亿吨，新增集装箱吞吐能力 710 万标准箱，集装箱总吞吐能力达 1800 万标准箱；其中宁波-舟山港吞吐能力达 7.8 亿吨，集装箱吞吐能力为 1600 万标准箱。沿海港口建设以大型化、专业化公用泊位和航道建设为重点，优化形成以宁波舟山港（含嘉兴港）为主，温州港、台州港为辅的"一主两辅"沿海港口发展格局。建成大榭实华二期 45 万吨原油码头、北仑四期集装箱码头、宁波梅山集装箱码头 1—5 号泊位、舟山六横凉潭矿石中转码头、浙能嘉兴独山煤炭中转码头、温州港乐清湾港区 A 区一期、台州头门港区一期等一批码头项目。建成宁波舟山港条帚门 15 万吨级航道、乐清湾 10 万吨级进港航道和东霍山锚地等一批公共航道锚地工程，沿海航道和锚地等配套设施日趋完善，有效缓解了航道通行能力紧张的状况。实施宁波与华东地区集装箱铁水联运示范项目建设，2015 年该项目完成的集装箱海铁联运量达 17 万标准箱。

"十三五"期间，宁波舟山港迈入世界一流强港行列，货物吞吐量连续 12 年稳居世界第一、成为全球唯一 11 亿吨大港，集装箱吞吐量连续 3 年居全球前三。浙江省建成穿山港区 1 号集装箱码头等万吨级及以上泊位 14 个，使沿海港口万吨级以上深水泊位达 265 个。国内设计等级最高的 20 万吨级梅山港区 6 号、7 号集装箱泊位完成竣工验收。浙沪小洋山北作业区、绿色石化基地金塘原油码头配建项目规划方案通过部省联合审查，LNG 码头港区规划调整、码头建设等加快推进。

（二）航道建设

2003 年后，内河航道得到快速发展，航道骨干网形成。"十五"期间，杭湖锡线、东宗线等骨干航道相继完成了改造，杭甬运河进入了全面实施阶段，浙北内河骨干航道网得到了进一步完善。开工建设了浙江省首条沟通上海国际航运中心的内河集装箱通道——湖嘉申线三级航道。同时在内河航道建设投融资体制上也取得了重大突破，省政府颁布了《浙江省内河"四自"航道管理暂行办法》，嘉于线等 4 个"四自"航道项目相继开工建设，为内河航道建设注入了新活力。

"十一五"期间，全省内河水运基础设施投资 119 亿元，新增及改善四级及以上航道里程 350 千米。建成了全省首条三级航道湖嘉申线湖州段，完成嘉于硖线、东宗线和杭甬运河改造，开工建设湖嘉申线嘉兴段一期工程、长湖申线三级航道建设工程和衢江航运开发工程，共新增及改善四级及以上航道里程350千米，"北网南线、双十千八"的骨干航道格局基本形成。基础设施建设和航道养护工作稳步发展，为沿江（河）产业集聚和发展发挥了重要的引领和支撑作用。长湖申线湖州段随着三级航道建成，两岸形成了以木材加工、水泥、新型建材和装备制造为主的3个百亿元产业集群，其产值占2009年湖州市规模以上工业企业完成工业总产值的近1/4，成为拉动地方经济持续发展的支柱。创新性地建设了湖嘉申线湖州段内河生态航道工程和和孚水上服务区。

"十二五"期间，内河港口新建500吨级以上泊位141个，使500吨级以上泊位总数达835个，内河港口货物吞吐能力3.69亿吨。新、改建内河四级以上高等级航道150千米，内河航道里程9769千米，高等级航道1451千米，长三角高等级航道网规划航道达标率为56%。随着"北提升、南畅通、东通海、西振兴"的内河水运复兴有力推进，杭甬运河2014年底全线通航，建成长湖申线改扩建、湖嘉申线嘉兴段一期等工程，富春江船闸扩建工程水工主体基本建成，杭平申线、钱塘江中上游航运开发等一批在建重大项目顺利推进，瓯江航道启动建设。建成嘉兴内河多用途、安吉川达物流、绍兴越城中心港区等内河重点港区。航道养护进行分级管理，创新专项养护机制，对乍嘉苏线、杭湖锡线、浦阳江、曹娥江等骨干航道和重要支线航道按规划等级实施标准化养护，改善提升航道93千米。航道养护和管理水平处于全国领先水平。

"十三五"期间，全省综合交通投资大幅增长，内河补短板取得重大突破，实现所有地市"通江达海"。至2020年，基本完成内河水运复兴主动脉——京杭大运河"四改三"、杭平申线等一批标志性航道工程，建成长湖申线西延等千吨级航道68千米，500吨级及以上高等级航道达1669千米，密度居全国第二。浙北集装箱通道、曹娥江清风船闸等项目全面开工建设。新坝二线船闸、杭申线等重大项目前期加快推进。同时，加强标准化航道养护，年通航保证率达98%，内河航标维护正常率95%以上。至2020年，全省内河航道里程为9765.7千米，其中四级及以上航道1603.0千米，全省累计完成杭甬运河、京杭大运河等美丽航道创建1306.3千米，其中精品示范航道826.3千米。

浙江省首批内河水运建设示范工程——湖嘉申线湖州段

　　湖嘉申线湖州段是浙江省建成的首条内河千吨级航道，交通部首批内河水运典型示范工程之一。

　　2003年7月14日，时任交通部副部长翁孟勇一行来湖州视察长湖申线湖州段。他赞同浙江省交通厅与湖州市政府提出的长湖申线湖州段按四级标准拓宽改造。同年10月，省交通厅提出把湖嘉申线打造成一条安全舒适、生态美观且具有典型示范功效的黄金水道，促进水运工程建设从理念到实践迈上新台阶，塑造水路交通行业的典范。2005年1月，浙江省首条千吨级内河航道湖嘉申线湖州段改造工程全面开工，2008年1月完成交工验收并投入试运行，2009年12月通过竣工验收，35个单位主体工程全部优良。

（三）陆岛交通和渡运建设

　　浙江是个海洋大省，拥有海岛2878个，占全国海岛总数的2/5，居全国第一位，拥有海岛县6个，占全国的1/2。浙江水网密布、航道交错，是渡口较多的省份，据2018年统计，浙江有陆岛交通泊位312个，渡口392道（其中内河渡口270道），主要集中于26个加快发展县（库区、山区等偏远地区）。

　　1995年后，浙江大力推进陆岛码头建设、建桥（路）撤渡、渡船更新、渡埠改造工程，先后出台了《关于实施水上康庄工程的意见》《浙江省提升渡运及陆岛交通公共服务均等化实施方案》《浙江省美丽渡口创建实施方案》《浙江省高水平建设"四好农村路"助推乡村振兴战略三年（2018—2020）行动计划》等政策措施，全面开展陆岛码头、库区交通码头建设、渡口改造项目。

2003 年后，浙江省在全国率先实施乡村康庄工程，通过建设码头和配套公路，推行渡运公交化，改善海岛居民出门难的状况。至 2007 年，全省完成陆岛交通码头投资 6.7 亿元，建成各类泊位 52 个，新增货运能力 162 万吨，新增客运能力 706 万人次，新增车客渡能力 56.8 万辆次。万人以上岛屿配齐了车渡码头，3000 人以上岛屿基本上都建成交通码头。全省陆岛交通的条件显著改善，海岛居民出门难的问题已基本得到解决。在这期间，全省开展为期两年的渡口渡船专项整治，排查隐患，落实整改，共投入补助资金 7924.9 万元，建桥（路）撤渡项目 58 个，改造渡埠 167 个，更新渡船 72 艘，渡口达标率为 98%。

"十二五"时期，陆岛交通及渡运条件明显改善。全省完成陆岛交通码头投资 18 亿元，建成各类泊位 80 个。完成建桥（路）撤渡 68 个，撤销渡口 59 道。渡埠改造 249 座，渡船更新 141 艘，完成总投资 15.5 亿元。基本实现 5000 人以上岛屿通车渡，3000 人以上岛屿一岛两码头，乡建制岛全部通班轮的目标，全省陆岛交通及渡运安全水平明显提高，海岛和涉渡地区群众出行条件得到极大改善。

"十三五"期间，完成渡埠提升改造 108 个，创建美丽渡口项目建设 16 个、撤渡 6 个，全省正常营运的 152 个内河渡口全面完成创建任务。建设、提升、改造陆岛码头泊位 40 个。至 2020 年，陆岛码头实现"3 个全覆盖"和"3 个100%"[①]，陆岛、库区出行更加便捷。

四、铁路建设

进入 21 世纪后，在国家建设大交通格局的统筹下，浙江铁路进入建设高潮。2004 年 12 月，温福铁路浙江段开工建设。2005 年 10 月，甬台温铁路开工建设。2008 年 12 月，杭州东站改扩建工程、杭甬客专、宁杭客专奠基。2009 年，甬台温、温福铁路开通运营，沪杭客专开工。2010 年 8 月沪杭客专全线铺通，当年 10 月运营。

至 2019 年，中国铁路总公司和浙江省政府完成铁路基础建设投资 109.72 亿元，其中铁路总公司投资 66.78 亿元，省政府投资 42.94 亿元。主要建设项目 14 项，其中亿元以上项目有：金华—台州铁路、金华—宁波铁路、湖州—杭州西—杭黄高铁连接线、衢州—宁德铁路（浙江段）、商合杭铁路（浙江段）、宁波穿山港

---

① "3 个全覆盖"：即 100 人以上岛屿陆岛交通码头全覆盖、1000 人以上岛屿一岛两码头全覆盖、3000 人以上岛屿（受特殊限制除外）滚装码头全覆盖。3 个 100%，即内河渡口 100% 达到"美丽渡口"标准，内河渡船 100% 标准化，沿海地区渡船 100% 完成更新技改。

铁路、杭州—黄山铁路（浙江段）、九景衢铁路（浙江段）和杭深铁路苍南站改扩建工程。2019 年，浙江省铁路运营里程 2805 千米（不含地方铁路），其中复线 2256 千米，复线率 80.4%；电气化线路 2343 千米，电气化率 83.5%；高速铁路 1461 千米；路网密度为 266 千米 / 万平方千米，为全国平均水平的 1.8 倍。至 2020 年，浙江省高速铁路超 1500 千米。

（一）高速铁路建设

1. 沪杭高铁（长三角客运专线浙江段）

沪杭高速铁路是全国铁路快速客运网和长三角城际轨道交通网的重要组成部分，从上海虹桥站到杭州站，沿途新建松江南、金山北、嘉善南、嘉兴南、桐乡、海宁西、余杭等站，运营里程 202 千米。

2008 年，国家发改委批复同意新建上海至杭州铁路客运专线。专线自上海虹桥站引出，经松江、嘉兴、余杭引入杭州东站，正线全长 158 千米。虹桥、杭州东及上海南、杭州站为客运始发站，其余为中间站。同时，在上海枢纽建设至上海南站连接线 11 千米，在杭州枢纽建设至杭州站连接线 4 千米。2009 年 2 月，沪杭高铁开工建设。沪杭客运专线为双线电气化铁路，采用全封闭、全立交设计，设计速度 350 千米 / 小时，其中浙江段长 102 千米。沪杭高铁施工任务十分繁重，全线软土分布广泛深厚，且多处存在区域地面沉降，软土地段采用"以桥代路"，沿线河床密布，公路交通发达，全线桥梁比重 90%，主跨 80 米以上大跨度连续梁 20 处。工程建设攻克多项技术难题，创下高速铁路箱梁架设速度，转体拱桥跨度、重量等多项新的施工纪录。

2010 年 8 月，沪杭高铁正线铺轨全线完成，接触网成功受电并顺利通过热滑试验。9 月 1 日进入设备联调联试。9 月 24 日，沪杭高铁开行首趟 G7329 次试运行列车。

2010 年 10 月 26 日，运营里程 202 千米、设计速度 350 千米 / 小时的沪杭高铁开通运营，从上海到杭州最快只需要 45 分钟，沪杭两地市民向往已久的"一小时交通圈"变为现实。开通运营之初，沪杭高铁每日安排开行动车组列车 80 对，高峰时段发车最短间隔 5 分钟，真正实现了公交化运营。开通首月发送旅客 240 万人次，日均发送旅客近 8 万人次。一年后，旅客发送量便突破千万关口，达到 1250.3 万人次。十年间，沪杭高铁见证了中国铁路的发展进步。2011 年 9 月 22 日，沪杭高铁列车实行互联网售票。同年 12 月 1 日，在互联网上购票的旅客，可使用二代身份证在沪杭高铁沿线各站进出站。2013 年 6 月 1 日，沪杭高铁开办中铁银通卡乘车业务，旅客可直接刷卡进站乘车。2019 年 11 月 12 日，沪杭高铁启动实施电子客票，乘车凭证无纸化、电子化，为在两地间频繁往来"铁的"一族提供了更为快捷的进站乘车方式。2020 年 10 月 11 日，全路实施新的列车运行图后，沪杭高铁每日开行的动车组列车 160 多对，旅客出行的脚步更加快捷从容。沪杭高铁开通运营 10 年来，发送旅客近 4 亿人次，日均客流量超 10 万人次。

2. 宁杭高铁（长三角城际客运专线浙江段）

2007 年 12 月 29 日，国家发改委批复同意新建南京至杭州高铁。宁杭高铁始自江苏省南京市，终至浙江省杭州市。正线全长 251 千米，其中江苏省境内 145 千米，浙江省境内 106 千米。由铁道部和江苏省、浙江省共同出资组织建设，项目投资总额 237.5 亿元。

2008 年 12 月，宁杭高铁和杭州东站改扩建工程、杭甬高铁先后在浙江杭州、江苏宜兴开工。2013 年 7 月 1 日开通运营。该线等级为国铁 I 级，双线，设计速度为 350 千米 / 小时。宁杭高铁是《中长期铁路网规划》中"长三角"城际客运系统的重要组成部分，运营里程 256 千米，纵贯江苏、浙江两省，全线设南京南、江宁、湖州、杭州东等 11 个车站，与已开通运营的沪宁高铁、沪杭高铁共同构成沪宁杭"铁三角"高速铁路客运通道。

3. 杭甬高铁（沪杭甬客运专线浙江段）

2007 年 12 月 29 日，国家发改委批复同意新建杭州至宁波铁路客运专线。杭甬高铁是中国《中长期铁路网规划》"四纵四横"主骨架中上海经杭州至深圳的东南沿海铁路的重要组成部分，等级为客运专线。正线数目为双线，旅客列车速度目标值 250 千米 / 小时。项目投资总额 187 亿元，由铁道部和浙江省共同组织建设。

杭甬高铁于 2009 年 4 月 1 日开工建设，2013 年 7 月 1 日开通运营，运营里程 155 千米，设杭州东、庄桥和宁波等 7 个车站，向南通过甬台温、温福、福厦高铁直达厦门等东南沿海城市。杭甬高铁安排开行动车组列车 74 对，其中"G"字头动车组列车 45 对，"D"字头动车组列车 29 对，杭州东至宁波东间最快运行时间为 53 分钟。

4. 甬台温铁路（浙江沿海铁路客运专线）

2004 年，国家发改委批复同意建设甬台温铁路，由铁道部和浙江省共同投资。

该线为国家Ⅰ级双线铁路，设计速度 200 千米/小时，工程总投资额为 162.8 亿元，北起浙江省宁波市，经台州市至温州市。北端经萧甬线与沪杭、浙赣等铁路连通，南端同金温线和温福铁路连接，两线全长 351.59 千米，其中甬台温铁路长 282.39 千米，温福铁路（浙江段）长 69.21 千米。

甬台温铁路贯穿浙江省经济发达的宁波、台州、温州三市。全线共设车站 15 个，其中既有站改建 2 个（宁波站和宁波东站），新设车站 13 个，有客运站 1 个（温州站），区段站 1 个（温州南站），中间站 11 个。

2005 年 10 月 27 日，甬台温铁路在台州市举行开工仪式。2008 年 9 月 20 日，甬台温铁路开始铺轨。全线采用中国自主研发的高速道岔，使用"现场平台预拼、整组换铺""单枕连续法""一次铺设跨区间无缝线路"和"现场移动接触焊"等多项新工艺。2009 年 9 月 28 日，甬台温铁路、温福铁路开始试运营，每天开行上海、杭州至温州南、福州等方向动车组列车 13 对。杭州至温州只需 3 小时，温州至上海只需 4 个多小时，温州至福州仅需 1 个半小时，给百姓出行带来极大方便。甬台温铁路的修建，使浙江省内铁路形成环行格局，填补了浙江省东部台州市无铁路的空白。

2018 年，甬台温高铁筹建工作协调小组成立，全面开展项目前期及各项专题研究。

2019 年 12 月，甬台温高铁列入《长江三角洲区域一体化发展规划纲要》。

5. 温福铁路（杭甬深客运专线浙江段）

2004 年 9 月 17 日，国家发改委审批同意由铁道部和福建省、浙江省合资新建温州至福州铁路。温福铁路起于浙江省温州市，经福建省宁德地区至福州市，全长 298.38 千米，其中浙江段 69.2 千米。全线新设瑞安北、瑞安、鳌江、苍南、福鼎、太姥山、霞浦、福安、宁德、罗源、连江等车站；预留透堡、亭江站坪位置。主要技术标准，线路等级国铁Ⅰ级，正线数目双线。

温福铁路途经低山丘陵区、山间谷地区、滨海平原区，桥梁和隧道占全线的 78%，其中浙江段有飞云江大桥、鳌江大桥和平阳大桥等特大桥 7 座。福建段有隧道 53 座，特大桥 21 座。2004 年 12 月 26 日，温福铁路（浙江段）开工仪式在温州举行，2009 年 1 月底，浙江段全线铺通。2009 年 7 月，温福铁路货物列车开通运营。2009 年 9 月 28 日，客运列车开通运营，每天开行从上海、杭州至温州南、福州等方向的动车组列车 13 对。其中上海至福州 4 对、上海至温州南

4 对、杭州至福州 3 对、杭州至温州南 1 对和温州南至福州 1 对。宁波至福州最短时间为 2 小时 41 分钟，上海至福州仅需 5 小时 39 分。自此，从浙江最大的港口城市宁波到达温州只需 1 小时 12 分，抵达福州不到 3 小时。从上海至福州不到 6 个小时。温福铁路建成后与甬台温、沪杭甬、福厦、厦深铁路相衔接，形成沿海铁路快速通道。甬台温铁路和温福铁路浙江段又称浙江沿海铁路，它的建成使宁波、温州两市由铁路末端一举成为铁路枢纽。

6. 杭长高铁（沪昆客运专线浙江段）

2009 年 7 月 20 日，国家发改委同意新建杭州至长沙铁路客运专线。线路横贯浙江、江西、湖南 3 省，途经杭州、南昌、长沙 3 个省会和金华、衢州、上饶、鹰潭、新余、宜春、萍乡 7 个地级市及浙江绍兴、江西抚州、湖南株洲 3 个地级市所辖部分区县。全线共设 21 个车站，浙江境内有杭州东、杭州南（原萧山）、诸暨、义乌、金华西、龙游、衢州和江山 8 个站，其中杭州东、南昌西、长沙南为客运始发站，其他车站为客运中间站。正线全长 927 千米，浙江境内线路长度为 295.2 千米。

杭长高铁是沪昆高铁在浙江省境内的部分区段，杭州至长沙铁路客运专线为全封闭全立交。截至 2019 年 11 月，杭长高速铁路的最高运营速度为 310 千米 / 小时。项目投资总额 1308.8 亿元，其中工程投资 1197.8 亿元，动车组购置费 111 亿元，由铁道部和浙江省、江西省、湖南省政府出资建设。

2009 年 12 月 22 日，沪昆客运专线杭长段高铁开工。2014 年 12 月 10 日，杭长高速铁路杭昌段开通运营。开通运营后，旅客从上海、杭州可直达南昌、长沙及广州等南方城市。杭州至长沙列车运行时间与既有沪昆线相比，大大压缩，从杭州东至南昌西、长沙南、广州南，最快时间仅需 2 小时 14 分、3 小时 36 分和 6 小时 3 分。杭长高铁将杭州、南昌和长沙等沿线城市群连成直线，通过与沪杭、宁杭、杭甬、武广等高铁衔接，共同构成了华东地区至中南、西南、华南等地区高速铁路客运便捷通道。

（二）电气化铁路建设

1. 沪杭线电气化改造

2004 年 8 月，经国家批准，沪杭线启动电气化改造工程，2006 年 2 月基本完成，9 月 12 日，沪杭电气化铁路通电，并进行全程往返试运营。沪杭电气化铁路开通后，列车通过能力由原平行图 180 对提高到 240 对，即由原来的每 8 分钟一趟提高到每 6 分钟一趟。沪杭电气化铁路启用后，逐步由电力机车取代内燃机车牵引客货列车。

2006 年 12 月 31 日 18 时起，铁道部对部分干线更名并实行统一贯通里程，沪昆线名称启用。沪昆线，起点上海站，终点昆明站。线路更名后，取消沪杭线等老线名称，代之以主要城市区段命名，如沪昆线上海至杭州线路称为沪昆线沪杭段等。

2. 浙赣线电气化改造

浙赣铁路电气化工程浙江省管内既有线全长 293.8 千米，总投资 87.61 亿元。2003 年 10 月浙赣铁路电气化工程开工。工程分两部分，其中提速工程于 2005 年 10 月完成；电气化改造工程于 2007 年 10 月完成。改造完成后，浙赣线（省管内）全线行车速度 200 千米 / 小时的设计标准，在全国铁路既有线改造历史上尚属首次。为配合浙赣铁路电气化工程改造，省政府和杭州铁路分局确定诸暨、苏溪、义乌、衢州 4 个车站移站和线路取直方案。2005 年 12 月 30 日，浙赣电气化改造工程浙江段全线铺通。浙赣电化工程（省管内）于 2006 年 8 月基本完成，9 月 7 日通过工程初验。浙赣电气化铁路开通后，列车通过能力由原平行图 180 对提高到 240 对，即由原来的每 8 分钟一趟提高到 6 分钟一趟。其中浙赣电气化铁路最高允许速度由原来的 120 千米 / 小时提高到 200 千米 / 小时。2006 年 9 月 12 日，浙赣电气化铁路电网通电。9 月 13 日成功对浙赣电气化铁路（局管内）进行全程往返试运营。随着浙赣电气化铁路开通运行，浙赣线江山、衢州、龙游、义乌、诸暨站启用新客站，浙赣电气化铁路逐步由电力机车取代内燃机车牵引客货列车。

3. 萧甬铁路电气化改造

2006 年 9 月，铁道部与浙江省政府决定在 2010 年前完成萧甬铁路的电气化改造。11 月 28 日，萧甬铁路电气化改造工程在余姚西站举行开工仪式。改造后的萧甬铁路起自杭州南站，终到宁波站，全长 147 千米，成为沟通甬台温铁路与浙赣、沪杭、宣杭铁路的主要通道。萧甬铁路电气化改造按照国铁 I 级双线铁路建设标准实施，并满足双层集装箱列车开行条件。工程总投资 10 亿元。2009 年 5 月 28 日，萧甬电化接触网全线送电成功并成功进行接触网热滑试验。

2009 年 5 月 30 日，萧甬电气化铁路全线开通运行。

4.宣杭铁路电气化改造

2017 年 7 月，宣杭铁路电气化改造（泗安至杭州段）开工建设。宣杭铁路以货运为主、兼顾客运，是"华东二通道"（阜淮、淮南、皖赣和宣杭铁路）的重要组成部分。宣杭铁路（泗安至杭州段）电气化工程全长 156 千米，计划于 2018 年底前竣工。工程竣工后，宣杭铁路的货物列车牵引定数将提高至 5000 吨以上。

（三）金温线扩能改造

2008 年，金温铁路公司投入资金 6944 万元对原有金温线路、桥梁、隧道、涵洞进行维修保养。投入资金 133 万元购置隧道专用轨道检查车。投入资金 2500 万元，完成 12 个中间站 24 组 P60 道岔更换。次年 4 月 1 日，金温铁路多趟旅客列车的等级得到提高，温州—阜阳、温州—杭州、温州—金华西 5 趟旅客列车等级由普通快速提高到新空快客。7 月 1 日，温州—贵阳旅客列车等级由普通快速提高到新空快客。

2008 年 11 月，国家同意实施金华至温州铁路扩能改造，工程规模：金华南至新温州站新建双线，线路自金华南站引出，经武义、永康、缙云、丽水、青田至新温州站，全长 188 千米。既有金华至温州铁路维持现状。新建线路主要技术标准铁路等级Ⅰ级，速度目标值 200 千米 / 小时。规划输送能力客车 69 对 / 日、货运 1500 万吨 / 年。项目投资总额 165.3 亿元，其中工程投资 161.05 亿元，机车车辆购置费 4.25 亿元。由铁道部和浙江省共同出资建设，其中铁道部出资 45.46 亿元，浙江省出资 37.19 亿元。

2010 年 10 月，金温铁路扩能改造工程开工。2015 年 12 月 20 日，金温铁路开通运营，是月 26 日，金温铁路载客运营。新金温铁路开通运营之前，金华至温州既有线最快的列车需要运行 4 小时 24 分，最慢一趟耗时长达 6 小时 18 分。新金温铁路开通后，金华至温州旅时至少压缩 3 个小时。该线开通运营，从温州坐动车去金华不到 1 小时，去杭州不到 2 小时，不仅可使永康、武义、丽水、缙云、青田等沿线城市迅速融入"长三角一小时经济圈"，而且对进一步优化完善浙江省内高速铁路网布局，促进沿线地区经济、文化、旅游等发展都具有重大意义。

（四）杭州铁路东站扩建

铁路杭州东站位于杭州城东新城核心区域，建筑面积 113 万平方米，是亚洲最大的交通枢纽和全国铁路九大枢纽站之一，是集高铁、普铁、专线、地铁、公交等多种交通方式和配套服务设施于一体并可实现立体无缝交通换乘（零换乘）的特等站，亦是沪昆线、宁杭高铁、沪杭高铁、杭长高铁、杭甬高铁（杭福深客运专线）、杭黄客运专线、商合杭客运专线的综合枢纽站，并规划沪杭磁悬浮轨道。

杭州东站始建于 1992 年 4 月 1 日。

杭州东站扩建工程于 2009 年 8 月开工建设，2013 年 2 月完成宁杭甬场、沪杭长场。该站连接宁杭、杭甬、沪杭、杭长 4 条高铁，以及既有沪杭、浙赣、宣杭、萧甬 4 条铁路干线。建筑总面积 31 万平方米的杭州东站，有 18 个站台 34 线，可同时容纳 1 万人候车，是全国乃至亚洲最大铁路车站之一。2013 年 7 月 1 日，改建后的杭州东站投入运营。2014 年 1 月 1 日，杭州东站西广场投入使用。

（五）宣杭铁路双线建设

2001 年初，在宣杭双线工程前期工作取得实质性进展后，4 月，铁道部确定宣杭线扩能改造工程设计单位。7 月，宣杭铁路双线工程进行现场勘测，8 月，完成双线工程可行性研究报告。2002 年 12 月，宣杭铁路双线工程招标工作完成。2003 年 4 月 22 日工程开工。至 2004 年，浙江省宣杭双线工程完成梅峰、泗安、妙西、大云、乔司编组站等 5 个车站改造工程，双线无缝线路开通 31 千米，完成投资 15.36 亿元，占总计划投资的 54.9%。

2005 年 6 月，浙江省宣杭双线工程新建成姚家、龙山、洪桐等 3 个关键会让站。新建成的宣杭双线设计速度为 140—160 千米 / 小时。启用后，列车对数从 35 对增至 58 对，并逐步提高到 200 对，机车牵引重量由 3300 吨提高到 4000 吨。

2005 年 9 月 28 日，宣杭铁路双线启用。

五、城市地铁建设

杭州地铁是指服务于浙江省杭州市及杭州都市圈各地区的城市轨道交通。2003 年 12 月，杭州地铁 1 号线试验段开工。2005 年 6 月，杭州市申报的城市快速轨道交通建设规划获得批准。2012 年 11 月 24 日，杭州市首条线路地铁 1 号线开通，使杭州成为华东地区第四个、浙江省首个开通地铁的城市。

至 2020 年，杭州地铁运营线路共 7 条，分别为杭州地铁 1 号线、2 号线、4 号线、5 号线、6 号线（含杭富段）、7 号线、16 号线，共设车站 167 座（换乘站不重复统计），换乘车站 20 座。截至 2020 年底，运营里程 306 千米。

　　宁波市第一条地铁线路于 2014 年 5 月 30 日开通试运营，使宁波成为中国第 21 座开通轨道交通的城市。至 2020 年，宁波轨道交通运营线路共有 4 条，分别为 1 号线、2 号线、3 号线、4 号线，共设车站 103（含重复）座。宁波轨道交通在建线路共有 3 段，包括 2 号线二期后通段、5 号线一期和 3 号线二期。

浙江省第一条地铁——杭州地铁 1 号线

　　2012 年 11 月 24 日，杭州地铁 1 号线第一趟列车载客运营，杭州进入了地铁时代。

　　地铁 1 号线一期，全线 31 个站，全长 47.97 千米，整体呈 C 字形走向，南起萧山湘湖站，在九堡客运中心分岔，两条支线分别止于下沙文泽路站和余杭临平站。整条线路先后下穿过钱塘江、运河、下沙河。

　　2018 年，杭州地铁日均客流已从创建初期的不足 15 万人次增长至 150 万人次。12 月 13 日，交通运输部发文，授予杭州、宁波等 12 个城市"国家公交都市建设示范城市"称号。

六、机场建设

　　随着我国国民经济持续快速发展，航空运输需求旺盛。在机场建设日益频繁，资金缺口问题日益凸显的背景下，机场属地化管理体制改革在 2002 年拉开了帷幕。机场自此真正融入地方经济社会，成为区域、社会经济发展的新动力。

　　"十一五"期间，全省民用机场新增航站楼面积 13.4 万平方米，站坪 30.82

万平方米，机位 36 个，新增旅客吞吐能力 1020 万人次，宁波机场飞行区技术等级从 4D 上升到 4E。到 2010 年底，航站楼总面积 31.3 万平方米，站坪 114 万平方米，机位 130 个，旅客吞吐能力 2475 万人次。

"十二五"期间，杭州机场二期扩建及配套工程完成 T3 航站楼 17 万平方米、第二跑道 3600 米 ×60 米，以及站坪和配套设施建设。温州机场飞行区扩建完成 3200 米 ×45 米跑道及原跑道改滑行道工程，新建 T2 航站楼 10 万平方米以及站坪和配套设施。义乌机场新建国际航站楼 1.1 万平方米，改扩建站坪及口岸配套设施项目。上述重大工程项目均已投入使用，开工建设温州机场新航站楼、宁波机场三期扩建等重大项目，累计完成机场建设投资 145 亿元，比"十一五"时期增长 81%。全省机场设计旅客吞吐能力达 4600 万人次，航站楼面积达 49 万平方米。嘉兴军民合用机场获得国务院、中央军委立项批复，丽水机场完成项目选址报告并且获得中国民航局批复，温州机场升格为国际机场，义乌机场航空口岸开放。"十二五"期间，通用航空得到快速发展。截至 2015 年，在浙江注册的通航运营企业 7 家，申请筹建的 9 家，注册通用飞机 20 架，主要从事工农业生产、抢险救灾、飞行培训、航空摄影、海岛交通等飞行任务，2015 年通航飞行作业时间近 1 万小时。平湖九龙山通用机场、嵊泗水上机场投入使用，在册通用机场 9 个；东阳横店、绍兴滨海、柯桥、安吉、德清通用机场相继开工建设，温州机场通用航空基地工程完成立项审批，宁波宁海、温州文成等通用机场前期工作全面启动。

2018 年，全省民用机场完成建设投资 55.96 亿元。温州机场 T2 航站楼、舟山机场新建航站楼工程、舟山机场飞行区波音配套项目、国际航站楼一期项目均已竣工。杭州机场三期扩建工程、宁波机场三期扩建工程、温州机场新航站楼在建。"十三五"期间，浙江成为全国第二个拥有三大千万级机场的省份。运输机场 7 个、A 类通用机场 11 个。2019 年，机场旅客吞吐量突破 7000 万人次，杭州机场跃居 4000 万级全球最繁忙机场行列、实现双跑道独立运行。浙江省成为全国唯一低空飞行服务体系和首批应急救援航空体系建设试点省。全省民用机场完成建设投资 84 亿元，同比增长 50%。杭州机场三期桩基工程已基本完工；宁波机场三期新航站楼已建成投用；温州机场货运区工程完成甩尾工作并投入使用。2020 年，全省完成民用机场投资 104.8 亿元，推进以杭州机场、宁波机场和温州机场为核心的全省三大综合交通枢纽建设。杭州机场三期项目加快推进，新建航站楼主楼完成主体结构施工。12 月 30 日，杭州地铁 1 号线、7 号线萧山国际机场站投运。

1. 杭州萧山国际机场二期扩建工程

二期扩建工程于 2006 年 8 月通过国家发改委审批，2007 年 5 月成立机场二期工程建设指挥部，2007 年 11 月 8 日开工建设。

工程分两个阶段。第一阶段工程包括 9.6 万平方米的国际航站楼，22.66 万平方米的飞行区站坪及道面，增加近机位 8 个、远机位 10 个。2010 年 6 月启用。第二阶段工程包括 3400 米 ×60 米的第二跑道和相应联络道，新建 17 万平方米的第二国内航站楼及配套设施，新建 40 万平方米的机坪，增加机位 51 个。第二国内航站楼工程于 2009 年 12 月动工建设。

机场二期扩建及配套项目工程总投资超 100 亿元，历时长达 6 年，于 2012 年底竣工投运。

2. 宁波栎社国际机场扩建工程

二期飞行区扩建工程。包括将原 2500 米跑道向西北端延长 700 米，道面宽 45 米，厚 0.38 米；两侧道肩各宽 7.5 米，道面厚 0.12 米；端部设 87 米 ×27 米掉头坪。跑道西北端新建 60 米 ×60 米沥青混凝土结构防吹坪。新建巡场路（8102 米 ×3.5 米）、灯光带道路（1018 米 ×2.5 米）和 I 类精密进近灯光系统。新建西北、东南灯光变电站（1094 平方米）、跑道两端 I 类仪表着陆系统和气象自动观测系统。2004 年 7 月 23 日，飞行区扩建工程开工建设。2005 年 12 月 10 日工程全部完成。2006 年 2 月 16 日启用 3200 米跑道及新的飞行程序，3 月 22 日飞行区扩建工程主降方向新建盲降系统、自动气象观测系统以及部分遗留项目通过行业验收，5 月 11 日仪表着陆系统启用。

飞行区平行滑行道系统扩建工程及货运仓库改扩建工程。工程总投资 1.94 亿元。两项工程分别于 2007 年 1 月及 2008 年 12 月开工建设。2010 年 3 月 10 日工程建成并投入运行。

其他工程项目。2010 年 3 月 28 日，宁波栎社国际机场台州城市候机楼在临海客运中心运营。8 月 5 日，机场完成安检通道扩容改造项目，改造后的通道由以前的 6 条增至 10 条。10 月 14 日，航空快件监管中心工程通过竣工验收。

3. 温州永强机场扩建工程候机楼扩建

2003 年 1 月 20 日，经中国民用航空总局批准同意，温州机场在现候机楼的北侧扩建候机楼 1700 平方米，主要建筑为贵宾服务通道及候机室。工程于是年 10 月竣工并交付使用。是年，温州机场对停机坪进行第四次扩建。在原停机坪东侧向外扩建 60 米，增建面积 1.67 万平方米，停机坪机位数增扩至 16 个。

航站区扩建。2004 年 8 月 24 日，省发改委批准同意温州永强机场航站区扩建工程，工程总投资 3 亿元。新建候机楼 1.5 万平方米，改造老候机楼 1.2 万平方米，新建停机坪 6.95 万平方米，增加停车位 2.1 万平方米和场区道路 1.2 万平方米，以及供电、供水、供冷等配套设施。是年 8 月 31 日开工建设，2008 年 11 月 7 日建成并投入使用。

飞行区扩建。2007 年 4 月 26 日，国家发改委批准温州永强机场飞行区扩建工程。工程包括新建 1 条 3200 米跑道，将现有跑道向南延长 800 米作为平行滑行道，新建跑道与平行滑行道之间增设快速出口滑行道，配套建设飞行区道路、围界、给排水、助航灯光、通信、导航、气象和消防设施。项目总投资 15.11 亿元。工程于 2010 年 12 月份进场施工，第一阶段 3200 米新建跑道于 2013 年 8 月完工，同年 10 月 17 日投入使用。第二阶段老跑道盖被和 800 米延长段工程在新跑道投用后立即启动建设，2014 年 12 月 11 日建成投用。

机场站坪扩建工程。2008 年 7 月 30 日，机场站坪扩建工程通过民航华东地区管理局和民航浙江省监管办验收。站坪扩建后面积 15.4 万平方米，停机位 25 个。11 月 7 日，新建航站楼试运行。新楼面积 2.27 万平方米，设 4 座登机桥，7 个安检通道，26 个值机柜台。12 月 1 日，过夜停车场（869 个车位）建成启用。

国际候机楼改造工程。2009 年 11 月 1 日，国际候机楼改造工程动工。2011 年 6 月 30 日，国际候机楼建成启用，总建筑面积 1.05 万平方米，可满足年旅客吞吐量 30 万人次的需求。

新建航站楼及附属工程。新建 11.6 万平方米 T2 航站楼，配设 21 座登机桥，22 条安检通道，51 个值机柜台和 6 套行李提取系统，设计能力满足年旅客吞吐量 1300 万人次，项目用地 34.91 公顷，总投资 19.6 亿元。工程于 2013 年 12 月开工建设，2018 年 6 月 1 日完工投用。

交通枢纽综合体及公用配套工程。交通枢纽综合体包括商业、餐饮、宾馆、商务办公、停车场、长途汽车站等，公用配套工程包括机场新航站区和 T1 楼前的所有道路桥梁、河道、景观绿化、电力、给排水、燃气、电信、能源中心、110kV 变电站等配套设施。项目总投资约 35.51 亿元（不含机场段轨道投资 20 亿元）。综合体地下部分于 2016 年 10 月底进场施工，2019 年 9 月与市域铁路 S1 同步投用。综合体地上部分 2020 年 8 月启动建设，计划 2022 年完工。公共配套工程于 2015 年 4 月启动建设，2018 年 6 月与新建航站楼工程同步投用。

4. 台州路桥机场建设

2002—2004 年间，台州市政府先后投资 4980 万元对机场安全设备设施进行改造。2003 年 8 月 15 日，台州路桥机场跑道助航灯光改造系统竣工，11 月 5 日，民航华东地区管理局换发台州路桥机场使用批准证书。

2006 年，台州路桥机场进行飞行区、航站区改建。按照旅客吞吐量 100 万人次 / 年，机场飞行区按 4C 兼顾 D 类标准设计，总投资 2.69 亿元。2008 年 1 月完成工程一期跑道的盖被，可满足 C 类飞机全重起降以及部分 D 类飞机（如波音 737、757，空客 319、320、321，麦道 80 系列飞机）起降。2019 年 12 月 16 日，台州路桥机场改扩建项目开工建设。

2020 年，台州路桥机场飞行区等级为 4C 级，民航站坪设 6 个 C 类机位，能够起降的最大机型为波音 737-800。

5. 义乌机场建设

2006 年 10 月 22 日，义乌机场航站区扩建工程开工建设，项目总投资 3 亿元。2008 年航站楼工程竣工。2009 年 4 月 10 日新航站楼启用。航站楼建筑面积 1.66 万平方米，可满足高峰时段 800 人次 / 小时的旅客候机需求，设计年旅客吞吐量 100 万人次以上，并配备航显、离港、广播、有线电视、时钟、监控等 6 大系统，新增登机廊桥、医务室、商务中心、咖啡厅、母婴和头等舱候机室。

2012 年 1 月 6 日，义乌机场国际航站楼开工建设。工程主要包括航站区工程、站坪工程、货运站工程。其中，航站区工程包括新建国际航站楼面积 1.34 万平方米，扩建停车场 4687.5 平方米以及改建高架桥 200.4 米。站坪工程包括改扩建站坪 1.42 万平方米，新建 3 个 C 类机位。货运站工程包括新建货运仓库 1879 平方米，道口安检用房 244 平方米。总投资 2.2 亿元，2013 年 10 月投入使用。2016 年 5 月 31 日，义乌机场飞行区改造工程开工建设。

6. 衢州机场建设

2003 年 3 月 20 日，民航华东地区管理局行文批复同意换发衢州机场使用许可证，确定该机场民用部分为公共航空运输机场，飞行区等级为 4C，可供波音 737 及以下机型飞机起降。

2004 年 1 月，民航站专用油库开工建设，2005 年 6 月竣工。2008 年 8 月对工程进行改造，投资 500 万元增加配套设施。油库占地面积 1.2 万平方米，建筑面积 486 平方米，其中油罐总容量 835 立方米。2008 年 9 月 26 日工程通过验收，10 月 8 日移交中国航空油料有限公司浙江分公司使用。

2010 年 3 月 23 日，衢州机场迁建工程正式启动。2020 年，衢州机场迁建场址获批。

7. 舟山普陀山机场建设

2003 年 4 月 21 日，民航华东地区管理局同意机场停机坪扩建工程初步设计。扩建机坪面积 2.21 万平方米，道肩面积 700 平方米，总投资 2180 万元，新建机坪按同时停放 1 架波音 757–200 和 3 架波音 737–700 飞机进行平面设计，均采用自滑进出方式滑行。机坪道面采用 0.34 米现浇混凝土面层，0.20 米石屑粉找平层，0.30 米水泥稳定碎石基层的基本结构形式。2005 年 11 月 1 日，停机坪扩建工程建成并交付使用。

2020 年，舟山普陀山机场拥有 3 座 2.8 万平方米的中式风格航站楼。其中，新国内航站楼于 2018 年 8 月 8 日启用，有一条 2500 米的跑道，停机坪总面积为 9.6 万平方米。

七、物流基地建设

"十一五"后，全面推进交通物流基地建设、龙头企业培育。其中部省共建物流园区 5 个（即运输物流类的传化物流中心、商贸物流类的义乌物流园区、制造物流类的绍兴柯桥物流园区、综合物流类的嘉兴现代物流园区、国际物流类的梅山保税港区物流园区），全省物流园区（中心）数量 55 个，其中 10 万平方米（150 亩）以上物流基地 21 个；A 级物流园区、物流企业数量居全国首位，浙江快递企业经营规模占全国一半。浙江在全国率先开展大物流建设，成为全国交通物流发展试验先行区，物流信息平台建设实现从省内到省际再到国际的三大跨越。

"十二五"时期，交通物流信息平台实现跨越式发展。浙江交通牵头承建国家交通运输物流公共信息平台，推动中日韩三国间的物流信息共享合作机制——东北亚物流信息服务网络发展，探索开展亚欧国家间物流信息互联共享，实现从省内平台到国家平台再到国际平台的三大跨越，平台建设被列入国务院《物流业发展中长期规划》，成为国家振兴物流的重要工程。围绕"做大、做实、做强、做久"要求，重点推进基础交换网络和标准体系建设，平台实现了中日韩三国

18 个港口、1 个机场、1 个铁路局、2 个海关监管区、24 个制造商贸企业、20 个大型物流信息平台、27 个物流园区、50 个物流软件、1 万多个不同物流信息系统的互联互通，连接用户数 35 万户，日均信息交换量 100 万条，服务经济转型升级的作用日益显现。

"十三五"期间，省内 A 级物流企业居全国第一，达到 666 家，建成 1.8 万个村级物流网点、2 个部级农村物流服务品牌，建制村直接通邮率和快递网点乡镇覆盖率均达 100%。

第二节　运输生产

2003 年后，全省运输保障能力逐步增强。2005 年，全省完成公路客运量 15.2 亿人次、客运周转量 617.9 亿人千米、货运量 8.1 亿吨、货运周转量 372.7 亿吨千米，"十五"期间分别年均增长 5.4%、6.6%、8.2%、5.9%。完成水路客运量 0.25 亿人次、客运周转量 7.7 亿人千米、货运量 4.2 亿吨、货运周转量 2761.4 亿吨千米。2005 年全省沿海港口吞吐量 4.4 亿吨，位居全国第三，仅次于广东省和上海市；集装箱吞吐量达 555 万标准箱，位居全国第四。公路客运量、公路客运周转量、公路货运量占综合运输的比重分别达 95%、73%、67%。

"十一五"期间，公路运输承担了浙江省大部分的客货运输，水路运输承担了全省 90% 的能源和外贸物资的运输，民航运输在浙江省综合交通的地位不断提高。2010 年公路完成客运量 21.57 亿人次、客运周转量 882.03 亿人千米，货运量 10.34 亿吨、货运周转量 1298.7 亿吨千米；水路完成客运量 0.3 亿人次、客运周转量 6.0 亿人千米，货运量 6.3 亿吨、货运周转量 5476 亿吨千米；民航完成客运量 1520 万人次。全省公路、水路、民航的客运量、客运周转量、货运量、货运周转量分别占综合运输比重为 96.7%、71%、97.7% 和 95.2%。沿海港口货物吞吐量为 7.9 亿吨（其中外贸吞吐量 2.9 亿吨），集装箱吞吐量为 1404 万标准箱；内河港口货物吞吐量为 3.4 亿吨。全省机场完成旅客吞吐量 2871 万人次，货邮吞吐量 40 万吨。

"十二五"期间，运力规模和运量双双保持增长。高速铁路运输装备达到世界先进水平，公路运输装备专业化、大型化趋势明显，运力规模保持增长，全省拥有营运客车 3.2 万辆、103 万客位，营运货车 44 万辆、273 万吨位；水路运力结构调整加快，拥有运输船舶1.8万艘、2420万载重吨，平均吨位比"十一五"末提高了5%，其中海运运力2065万载重吨，居全国首位；驻浙机队总规模达122架。2015年，全省综合运输完成客运量12.8亿人次、客运周转量1136亿人千米，货运量20.1亿吨、货运周转量10200亿吨千米。沿海港口完成货物吞吐量11.5亿吨、集装箱吞吐量突破2300万标准箱，其中宁波-舟山港完成货物吞吐量9.3亿吨，连续七年位居世界第一，集装箱吞吐量突破2200万标准箱，位居世界第五；民航完成旅客吞吐量4500万人次，位居全国第五。

"十三五"期间运输服务能力显著提升。沿海港口货物吞吐量为14亿吨，增长了27%；集装箱吞吐量为3219万标准箱，增长了43%。机场旅客吞吐量突破7000万人次；高铁客运量突破2亿人次；城市轨道交通客运量达7.5亿人次，增长了1.9倍。全面推动"四港"联动①发展，完成运输结构调整三年行动计划，海铁联运、内河港口集装箱吞吐量双双突破百万，分别增长了4.9倍和1.9倍。异地航站楼、定制客运、共享单车、网约车等新业态、新模式蓬勃发展，进一步增强经济社会发展的动能和活力。

一、公路运输

（一）城乡客运一体化

"十五"期间，随着经济社会的快速发展和交通基础设施的日益完善，浙江省公路运输保障能力迅速提高，满足了经济社会发展对交通运输的需求。2005年全省完成公路客运量15.2亿人次、旅客周转量617.9亿人千米，分别比2000年增长了30.1%、37.5%，年均增幅为5.4%、6.6%。到2005年底，全省民用汽车保有量超过200万辆，5年净增130万辆，是"九五"末的2.8倍，全省营运客车7.4万辆，比"九五"末增长了27%。舒适、安全、环保的高级客车比重逐步增加，班线高级客车占其总数的20%。公路客运班线通达除我国西藏、台湾外的所有省、区、市，快客班线覆盖长三角地区和省内所有县市，农村客运班车通达率为81.8%。全省营运客车年均增长5.4%；公路客运量增长5.4%，2005年为15.2亿人次，在综合运输中的比重为95%，牢牢占据了主导地位。

---

① "四港"指海港、陆港、空港、信息港。"四港"联动旨在加快实现海上、陆上、天上、网上的互联互通。

2005 年后，浙江在发展农村客运中，重点把乡村康庄工程作为实现浙江交通创新发展的标志，努力实现城乡客运一体化。2006 年底，全省共开通农村客运班线 3703 条，运行车辆 19607 辆，通达行政村 29719 个，通村率 86.1%，完成农村客运量 8.4 亿人次。全省农村乡镇客运站 411 个，港湾式停靠站 6386 个，通等级公路的行政村全部通了班车，城乡客运一体化率 40%。全省农村客运基本形成了服务新农村建设的服务网络。通过收购、股份制改造、片区经营、专业化管理等方式，平衡各方利益特别是原经营者的利益，加快了农村客运集约化经营的步伐。全省运输企业投入 2.3 亿元进行农村客运集约化改造，收购个体经营的车辆 2070 辆，个体经营线路 670 条，集约化运营车辆 4614 辆，占农村客运车辆数的 28%。省内和长三角县级以上主要城市间的干线快速客运网络基本形成；省际班车通达除我国西藏、台湾外的其他省份，通达水平全国领先。干支相连、覆盖农村的客运网络已初步形成。同时，建立和加强了农村客运服务体系：建立以 96520 投诉系统为主的动态监管体系，建立城乡客运一体化道路交通安全管理体系，建立提高农村班线通达率的保障体系。

2020 年全省公路客运量、客运周转量分别为 3.89 亿人次、204.84 亿人千米。2016—2020 年间，公路客运量除 2019 年略有增长外，总体呈逐年下降趋势。全省公路客运量及客运周转量在综合运输体系中的占比维持在 64% 和 30% 以上。

截至 2020 年底，全省道路旅客运输经营业户 454 户。全省营运客车 1.86 万辆，平均客位数为 37.1 个，公共汽电车运营车辆 4.46 万辆，巡游出租汽车运营车辆 4.44 万辆，轨道交通运营车辆 2880 辆。城市公交车、出租车清洁能源率分别达 82% 和 80%。

"十三五"期间，建成 20 个客运枢纽、27 个货运枢纽、1.1 万个港湾式停靠站；城市轨道交通运营里程 514 千米；试点推进定制客运班线 180 条，提前 3 年实现建制村客车"村村通"。实现城市公交 500 米半径和公交移动支付全覆盖。设区市出租车视频监控实现全覆盖，是全国第一个所有地市发布网约车实施细则的省份。

（二）公路货运业快速增长

2004 年，全省公路运输行业紧紧抓住实施"六大工程"带来的机遇，从道路运输服务网络、科技含量、市场信用环境等方面全面加快发展，提出实现网络运输、智能运输、信用运输"三个运输"的目标。

2005 年，全省公路货运业在转轨现代物流业、发展快速货运、提升货运能力、推进市场开放过程中，取得突破性进展，全省 46 家三级以上货运企业有 2/3 开始向现代物流业转轨提升。2005 年后，浙江省加强公路货物运输组织与协调，加快建设农村货物服务网络体系。至 2006 年，全省拥有有形货运市场等货运集散经营单位 70 余家，入驻经营户 5000 余家，辐射全国的运输线路 4500 余条，每年将 1.5 亿吨左右的乡镇企业货物运往全国各地，为全省 1641 个省级无公害农产品基地完成了物流服务，初步形成了农村零售消费品配送网络。2006 年，浙江公路货物运输业先后成立了 89 家配送企业，拥有 4 万余辆厢式货运车辆，形成了覆盖全省 92.3% 的乡镇和 19.1% 的行政村的服务网点 7600 余个，较好地满足了"千镇连锁超市"等配送服务需求。2006 年共为"千镇连锁超市"和"万村放心店"提供了 400 亿元销售量、1300 万吨商品的农村配送服务。

2005 年全省完成货运量 8.1 亿吨、货运周转量 372.7 亿吨千米，分别比 2000 年增长了 48.1%、33.1%，年均增幅为 8.2%、5.9%。全省营运货车 24.1 万辆，分别比"九五"末增长了 44%。专用、厢式、重型货车分别比 2000 年底增长了 29%、36% 和 24%。货运发送全国各省市的直达快速线路 2000 余条，覆盖长三角主要地区的快件线路 330 余条，拥有年运量 10 万吨以上的货运市场 37 个。

2005 年后，浙江省逐步涌现出一批具有较大规模和较强实力的优秀交通物流企业。在 2006 年中国物流采购联合会认定的 172 家 A 级物流企业中，浙江省有 21 家，其中 5A 级 1 家，4A 级 2 家，3A 级和 2A 级各 9 家。全省拥有的重点联系企业及年收规模 5000 万元以上企业共 74 家，超亿元规模的 20 家，平均营收规模 6253 万元。2006 年，全省完成道路货运量 8.9 亿吨、货运周转量 430 亿吨千米，约占综合运输的 65% 和 11.5%，为制造业提供了 4.5 亿吨的普通货物运输服务、1160 万标准箱的集装箱运输服务；在全省 4064 个商品交易专业市场中，80% 以上的市场都是依靠联托运市场等道路货运场站来实现货物的国内外分销分拨服务。宁波-舟山港等沿海沿河主要港口的货物对外集疏运服务中，也有 80% 以上是通过道路运输方式完成。

2007 年，全省道路运输总量持续增长，完成货运量 9.87 亿吨、货运周转量 493.6 亿吨千米，比 2002 年增长 1.53 倍和 1.64 倍。全省拥有营运货车 43.6 万辆，有道路货运经营业户 30.4 万户，其中个体经营户近 26.2 万户，占全部经营户的 86%。

2007 年，道路货运业以发展快速货运、培育现代物流业为主线，提升行业服务水平，成立了"浙江快运"联盟机构，推进小件快运标准化作业服务体系，完善小件快运县级网络，推出"站到门"业务的市县有 20 个，开展城乡配送网络研究和试点，推动长三角地区道路货运业的一体化进程。至 2007 年底，物流服务业户共 1157 户，货运代办业户共 5345 户，信息配载业户共 1020 户，客运代理业户共 73 户，全省货运从业人员达 53.4 万人。至 2007 年末，全省共有道路物流场站 137 个，其中一级货运站 1 个，二级货运站 20 个，三级货运站 66 个，四级货运站 50 个。拥有年运量 10 万吨以上的道路货运市场 37 个，直达发送全国各省区市（除台港澳）的经营线路 1900 余条，年运量 8000 余万吨，成交额 100 多亿元。

"十二五"时期，除公路旅客运输受到高铁快速发展影响出现下降态势外，其他运输服务行业一直保持增长态势。公路货运量、货运周转量年均增速为 3.5%、3.1%。城市公共汽车客运量年均增速为 3%，机动车维修和驾驶员培训业务量年均增速为 3.3% 和 7.1%。并且，运输结构持续优化。2015 年与 2010 年相比，道路客运企业户均车数由 46 辆提高到 51 辆，货运业户数由 31 万户减少到 24 万户，10 辆以上的货运企业数量增长 19%，全省 A 级以上物流企业 470 家，位居全国第一。中高级客车占比提高到 82.1%。营运货车平均载重吨位均提高到 7.2 吨，重型车比重提高 14.9 个百分点。

"十三五"期间，公路综合运输服务网络发展显现成效。货物运输生产服务加速转型发展，公路货运强度居世界前列，水陆联运服务模式不断涌现。运输装备发展呈现高级化、重型化、绿色化、智慧化，道路货运网络平台在干线运输、城市配送等领域加快推广。2020 年，全省公路货运量为 18.96 亿吨、货运周转量 2209.95 亿吨千米。2016—2020 年间，全省公路货运量每年均有较大幅度增长，年增长率分别为 9.3%、13.4%、9.6%、6.7%、6.7%。截至 2020 年底，全省道路货物运输经营业户 5.26 万户，营运货车 34.49 万辆（其中牵引车 9.8 万辆），平均吨位数 20.22 吨位。

"十三五"期间，全省建成货运枢纽 27 个。省内 A 级物流企业 666 家，居全国第一，33 家企业获网络货运许可。累计淘汰国三及以下柴油营运货车 5.16 万辆。

二、水路运输

（一）运输生产

2003 年后，浙江省积极实施"水运强省"战略，水运业紧紧抓住发展机遇，制定和实施积极的经济引导政策，培育和规范水运市场，促进运力的发展和结构调整，水运业规模不断扩大，运输保障能力大幅提升。2005 年，全省完成水路客运量 0.25 亿人次、客运周转量 7.7 亿人千米、货运量 4.2 亿吨、货运周转量 2761.4 亿吨千米，与 2000 年相比，客运量有所下降，但货运量显著上升。2005 年全省沿海港口吞吐量为 4.4 亿吨，位居全国第三；集装箱吞吐量为 555 万标准箱，位居全国第四位。

这一时期，运输船舶继续向大型化、专业化方向发展。2004 年，浙江出台内河挂桨机船拆解改造政府补贴等政策，积极扶持运力发展，淘汰营运水泥船和挂桨机船，推进船型标准化。2002—2004 年累计淘汰水泥船 42386 艘，水泥船已基本退出内河运输市场；淘汰内河钢质挂桨机船 1500 艘。2005 年 7 月 1 日，挂桨机船淘汰工作全面启动，京杭大运河等 3 条主干航道禁止挂桨机船进入航行。[①] 2005 年，全省淘汰内河钢质挂桨机船 4755 艘。到 2005 年底，全省船舶运力为 2.9 万艘，1037 万载重吨。内河船舶大力发展标准化船型，淘汰老旧船、挂桨机船、水泥船，船舶平均吨位由"九五"期末的 47 吨提高到 114 吨。远洋、沿海船舶重点发展大型散货船、大型油轮和集装箱船，船舶平均吨位由"九五"期末的 969 吨提高到 1979 吨。

"十一五"期间，水路运输承担了全省 90% 的能源和外贸物资的运输。2010 年，水路完成客运量 0.3 亿人次、客运周转量 6.0 亿人千米、货运量 6.3 亿吨、货运周转量 5476 亿吨千米。内河货运量、港口货物吞吐量分别为 2.67 亿吨和 3.39 亿吨，年均增速分别为 2.5% 和 4.7%。从货种构成来看，矿建材料、煤炭及制品、水泥、非金属矿石和钢铁五大货种的运量均超过 1000 万吨，占全省内河货运量的 94%。海运已成为支撑浙江国计民生、出口创汇的重要力量，特别是在重点物资运输和对外贸易运输中，浙江省约 70% 的重点物资（如电煤）

---

①禁航区域包括：京杭大运河浙江段杭州余杭武林头—三堡船闸航段、嘉兴乌镇—鸭子坝航段；长湖申线长兴小浦—长兴电厂航段、湖州三里桥—南浔航段；东宗线湖州东迁—安丰塘桥航段等。

和 85% 的国际贸易货物通过海上运输完成。全省沿海港口货物吞吐量为 7.9 亿吨（其中外贸吞吐量 2.9 亿吨），集装箱吞吐量为 1404 万标准箱；内河港口货物吞吐量为 3.4 亿吨。

这一时期，全省水路船舶运力规模为 2.14 万艘、净载重量为 1813 万吨。内河通过实施船型标准化工程，淘汰水泥船和营运挂桨机船，运力为 333 万载重吨，平均吨位由"十五"末的 114 载重吨提高到 188 载重吨。2007 年 1 月前，京杭大运河水系浙境段挂桨机船全面禁航。至 2007 年，内河船舶结构调整取得突破性进展，淘汰内河水泥船舶 4.2 万余艘，钢质挂桨机船 61.4 万艘；内河船型逐步实现标准化，大力研发和推广标准船型，在 250—1100 载重吨范围共 18 个吨级基础上评选出 41 个简统船型，基本涵盖了内河主流船型。沿海、远洋重点发展大型散货船、大型油轮和集装箱船，运力为 1479 万载重吨，平均吨位由"十五"末的 1979 载重吨提高到 3968 载重吨。

"十二五"期间，在国际国内航运市场持续低迷的不利环境下，浙江省水运业克服重重困难，保持了运输量的平稳增长。2015 年全省完成水路客运量 3910 万人，年均增长 4%，客运周转量 6.0 亿人千米，与"十一五"末持平；完成水路货运量 7.5 亿吨、货运周转量 8152 亿吨千米，年均增长 3.5%、8.3%。到 2015 年底，全省船舶 1.64 万艘、净载重量 2365 万吨，平均吨位相较"十一五"末有较大提高。积极推进内河集装箱运输船舶推广和沿海客渡船更新等技改项目。

"十三五"期间，水路货运三年增长量 2 亿吨（约占全国的 40%），三年行动计划提前 1 年完成，超额完成目标任务的 15.9%。2020 年，全省完成水路货运量 10.6 亿吨、货运周转量 9883.14 亿吨千米，分别下降 0.3%、1.8%，降幅分别比全国低了 3 个百分点和 0.7 个百分点。水路客运量稳定恢复，完成水路客运量 3360 万人次，蝉联全国第一，为上年的 70%，降幅低于全国 15.4 个百分点。2017 年，随着舟山江海联运服务中心的加快建设，国内首艘 2 万吨级江海直达船下水，全省江海联运量超 2.6 亿吨。2020 年，全省拥有内河货船 10404 艘，净载重量 518.5 万吨。全省海运机动船舶数量为 3075 艘，其中沿海 3061 艘，远洋 14 艘，海运船舶净载重量 2607.9 万吨。内河、海洋货船平均吨位分别为 559、9105 载重吨。

第一个水上公交巴士——杭州水上巴士

水上公共巴士项目是杭州为打造城市立体交通、挖掘运河文化底蕴、提升城市生活品位而实施的一项水上交通综合工程。

2004年，水上巴士刚开通时只有3站，自北而南分别是拱宸桥站、信义坊站、武林门站，全长近6千米，时间需要30分钟。

2005年完成一期港航锚泊区工程、艮山门站工程。至年底，水上巴士建设项目累计完成"四站一点一锚泊区"（拱宸桥站、信义坊站、武林门站、艮山门站、大关停靠点、港航锚泊区），6艘巴士共330客位，航线长度从5.5千米延伸至8千米。

水上巴士公司探索多途径经营，新开通了钱塘江夜游、运河市区游、余杭塘栖游、直航西溪湿地等项目。水上巴士的开通及营运，使杭州成为全国首个在市区运河主干道中开通水上公共交通巴士的城市。水上巴士在优化城市交通运输网络、缓解杭州交通堵塞、促进运河综合治理、配合运河申遗、提升城市品位及方便市民出行等方面起到了积极的作用。

江海联运、多式联运快速发展。2003年后，加快发展江（河）海联运。开工建设了嘉兴港海盐港区何家桥航道、独山港区黄姑塘航道等江（河）海联运航道工程，开发近海、内河皆适用的船型，发展江（河）海联运。

2016年4月，国务院批复，原则同意设立舟山江海联运服务中心。舟山江海联运服务中心以宁波-舟山港为依托，加快发展江海联运，打造国际一流的江海联运综合枢纽港。2018年4月10日，我国首艘2万吨级江海联运直达船——"江海直达1号"自舟山到港，顺利靠泊，完成首航。2020年全省江海联运量超2.6亿吨。集装箱海铁、海河联运量超100万标准箱。湖州成为全国唯一的内河水运转型示范区。

2015 年 7 月，交通运输部与国家发改委联合发布《关于开展多式联运示范工程的通知》，揭开了多式联运示范工程的建设序幕。2016 年"宁波舟山港—浙赣湘（渝川）"多式联运入选首批 16 个工程项目名单。2019 年 12 月，"宁波舟山港—浙赣湘（渝川）"海铁公联运列入国家多式联运示范工程。江海河联运量超 3.3 亿吨、集装箱海铁联运量超 80 万标准箱，同比分别增长 13.8%、33%，铁水联运量比重提高 0.4 个百分点。

"十三五"期间，多式联运快速增长。江海河联运量达到 3.6 亿吨，增长 9.4%。内河集装箱吞吐量、海铁联运量双双突破 100 万标准箱，分别增长 13.6%、24.2%。

（二）港口生产

沿海港口生产取得快速发展。2005 年全省沿海港口吞吐量为 4.4 亿吨，位居全国第三，仅次于广东省和上海市；集装箱吞吐量为 555 万标准箱，位居全国第四。水运承担了 90% 的能源和外贸物资运输，水路货运周转量占综合运输比重的 77%。公路、水路运输在综合运输体系中的优势得到充分发挥。2004 年，宁波港集装箱吞吐量一年内连跨 300 万、400 万标准箱这两个台阶，成为全国第四大集装箱运输干线港。宁波港集装箱进提箱时间平均为 16 分钟，达到国际先进港口水平。此后，宁波-舟山港向世界强港迈进。2006 年底，宁波-舟山港航线总数 162 条，其中，国际远洋干线 82 条，每月 700 多个航班，连接全球 100 多个国家和地区的 600 多个港口；货物吞吐量突破 4 亿吨，达到 4.24 亿吨，居世界港口第四位、全国港口第二位；集装箱吞吐量为 713.54 万标准箱，列全国第四位。2019 年宁波舟山港集装箱吞吐量为 2753.5 万标准箱，居世界第三；货物吞吐量为 11.2 亿吨，连续 11 年蝉联世界首位，成为全球首个 11 亿吨大港，宁波舟山港穿山港区集装箱码头成为全球第三个千万级集装箱单体码头。宁波舟山港承担了长江经济带原油、铁矿石进口总量的 90%、45% 和长三角 1/3 国际集装箱量，宁波舟山港航线数增至 244 条、其中"一带一路"航线 89 条。

"十三五"期间，围绕"四港联动"，运输结构调整取得显著成效。全省港航积极应对疫情影响，全面落实行业减负政策，加大水水中转货源开发力度，加强内贸航线开辟，推行港口单证无纸化等惠企举措，全省港口吞吐量、水路客货运量低开稳走、持续向好，实现 V 形反转。2020 年，全省港口货物吞吐量达到 18.5 亿吨、集装箱吞吐量突破 3327 万标准箱，分别增长 6.0%、5.4%，增速高于全国 1.6、4.2 个百分点，实现"二季红、半年正、全年增"。2020 年宁波舟山港货物吞吐量为 11.7 亿吨、集装箱吞吐量为 2872 万标准箱，分别增长 4.7%、4.3%，蝉联全球第一、三位。

三、铁路运输

杭州铁路分局管辖浙江省内沪杭、浙赣、宣杭 3 条干线及金千、长牛、北仑 3 条支线，营业线路长 776.7 千米，共有客货车站（包括会让站）93 个，配属机车 242 台（内燃机车 236 台、蒸汽机车 6 台）。配属客车 700 辆。全分局职工 25874 人。2003 年分局完成旅客发送 3149.1 万人次，货物发送 1902.1 万吨，运输总周转量 349.1 亿吨千米，客运周转量 144.9 亿人千米，货运周转量 204.1 亿吨千米。2005 年 3 月杭州铁路分局撤销，列车开行由上海铁路局统一管理。

2007 年 4 月，全国铁路第六次大面积提速，使客运能力增加 18% 以上。浙江省主要在沪杭、浙赣线开行动车组列车，共开行杭州—上海南动车组 13 对，杭州—南昌、义乌—上海南各 1 对；上海南—长沙、南昌各 1 对经过浙江省。到年底，增加杭州—南京、金华西—上海南各 1 对，减少杭州—上海南的对数。同时组织增开局管内普通旅客列车，适应沿线小城镇、农村群众的出行需要。2008 年 12 月，宁波—北京直达列车开通，单程运行 15 个小时。2009 年，衢州—上海南两趟动车组列车首发，甬台温、温福高铁开始试运营。2010 年 10 月，沪杭高铁开通运营，浙江已步入高铁时代。沪杭高铁在上海与杭州间构筑起一条方便快捷、大能力的客运通道，安排开行动车组列车 80 对，沪杭间最短运行时间为 45 分钟。是年，由省铁路投资集团控股的金华至温州铁路共发送旅客 561 万人次，货物到发量 1131 万吨，实现净利润 1.52 亿元，创 1998 年开通以来的最好成绩。

2011 年 6 月起，浙江所有铁路动车组售票实行实名制，并且开始推行网络售票。从 6 月 30 日始，京沪高铁和京杭高铁相继开通运营，从杭州坐火车去北京不再到上海换乘，可以坐高铁直达。京杭高铁运行 5 种列车，即高速动车组、动车组、直达特快、特快、快速列车。

2012 年 10 月 9 日，浙江首列开往哈萨克斯坦阿拉木图的铁路国际专列在金华站始发，50 辆平车满载着浙江青年尼奥普兰汽车集团建造的电力公共汽车，经由沪昆线、京沪线、陇海线、兰新线运行 4636 千米后进入哈萨克斯坦。

2013 年 7 月，宁杭、杭甬高铁开通，杭州东站枢纽启用。宁杭高铁开通，杭州与南京、宁波 3 个副省级城市"黄金三角"的最后一条金边被补上，杭州到南京无须绕行上海，行程省时一半。宁杭、杭甬两条高铁开通，大大改善了浙江铁路布局，沪宁杭甬区域实现"一小时交通圈"，有利于宁波、绍兴、台州等长三角南翼城市与沪杭宁等中心城市的交流，有力促进长三角城市圈及经济一体化，真正实现"同城效应"。

2014 年 12 月，杭州至长沙高铁全线投入运营。杭长高铁的开通成为是月全国铁路实施新列车运行图的亮点，从此，长三角高铁动车可直接开往江西、湖南和两广地区。

2004 年 11 月 18 日，首趟中欧班列（义乌—马德里）装载 82 个标准箱的外贸小商品，从义乌西站开行，发往西班牙马德里，义乌成为唯一一个开通的中欧班列县级城市。该班列经新疆进入哈萨克斯坦，再经俄罗斯、白俄罗斯、波兰、德国、法国，最后到达西班牙马德里，穿越 7 个国家，是所有中欧班列中运行线路最长的一趟班列。这趟班列的开行，为义乌小商品出口欧洲开辟了一条安全、高效、便捷的绿色物流通道。2018 年后，中欧班列运量迅速提升，每周发送 4—5 列，最高时 7 列。2018 年义乌中欧班列共开行 320 列，发运 25060 个标准箱，同比上年增长 68.8%。中欧班列创造了陆上新丝路的"七个第一"，即发送线路方向最多、换轨次数最多、历经国家最多、满载率最高、发送增长速度最快、班列吸引省市最多、商品种类最多。

2015 年，新金温铁路开通运营，萧山货场启用。全省铁路运营里程 2537.1 千米，其中复线 1980.4 千米，复线率 78.1%，电气化线路 1860.6 千米，电气化率 73.3%；路网密度为 249.2 千米 / 万平方千米，为全国平均水平的 2 倍。上海铁路局从 1 月 29 日起，在义乌、金华（衢州、江山）至宁波港间开行铁海联运集装箱班列，为货主提供更加快捷的物流服务。铁路班列与国际货轮实现无缝对接，缩短了货物在陆地与水路的全程物流时间，具有快速、安全、运量大、成本低等优势。3 月 11 日，绍兴东至大朗的集装箱直达班列首发。该趟班列编组 40 辆，载有 80 个满载轻纺产品的集装箱，终到站为东莞大朗。7 月 8 日，浙粤集装箱快运班列开行。该班列由乔司站发往广州三眼桥站，除周日外，每天双向开行，浙江发广州的编组 35 辆，广州返回浙江的编组 20 辆以上，到达海宁站卸车。2016 年 5 月，长三角地区首个公铁联盟——浙江省公铁物流联盟在杭州成立。9 月，萧山—北仑港海铁联运启动，装有 30 标准箱的货物列车从萧山货运站驶抵北仑港后将换装上船出口。10 月，上海铁路局首开长兴至宁波的海铁联运专列，铁路长兴物流基地启用，长兴综合物流园区迈入"铁公水"多式联运时代。

全省第一条中欧班列——义新欧专列

2014 年 11 月 18 日，全省第一列烙着"义新欧"标识的货物列车从义乌西站鸣笛启航。隆隆的铁轨声中，沿着新丝路，"中国制造"一路向西，经新疆阿拉山口口岸进入哈萨克斯坦，再经俄罗斯、白俄罗斯、波兰、德国、法国，最后抵达西班牙马德里，行程 1.3 万千米。

中欧班列是以固定车次、线路、班期开行，往来于中国与欧洲及"一带一路"沿线的集装箱国际铁路联运班列，义乌是该班列在中国重要的始发站之一。在"义新欧"的带动下，海铁联运方式也在浙江全省建设"义甬舟"大通道的背景中，逐步得到完善，未来"一带"和"一路"商贸，都可以从"义新欧"的母港找到"买全球、卖全球"的影子。

2018 年 12 月 25 日，杭黄高铁开通运营。该线全长 265 千米，设计速度 250 千米/小时。杭黄高铁东起浙江省杭州市，向西经杭州市萧山区、富阳区和桐庐县、建德市、淳安县，进入安徽省宣城市绩溪县和黄山市歙县、徽州区至黄山北。全线地形起伏较大，部分地段地势陡峻，具有隧道多、桥梁多的线路特点。该线把西湖、西溪湿地、千岛湖、绩溪龙川、古徽州文化旅游区、黄山和西递宏村等 7 个国家级 5A 风景名胜区串联起来，形成一条世界级的黄金旅游线。杭黄高铁开通后，杭州到黄山最快旅程仅 1 个多小时，从上海、宁波、南京等地到黄山最快旅程 2 个多小时。

2019 年全省铁路发送旅客 24090.42 万人次，发送货物 3968.29 万吨，接收到达货物 4735.76 万吨，完成客运周转量 743.26 亿人千米，完成货运周转量 235.40 亿吨千米。2020 年，浙江高铁实现陆域"市市通"，同时省域"一小时交通圈"关键项目——杭温高铁、杭绍台铁路开工建设，高速铁路超过 1500 千米；轨道运营里程 660 千米、增长 3 倍，铁路运输服务能力显著提升，高铁客运量突破 2 亿人次，城市轨道交通客运量 7.5 亿人次、增长 1.9 倍。

四、民航运输

2003 年全省共有民用机场 7 个，通航航线近 200 条，飞往国内外 60 多个城市。全年共保证航班 103119 架次，完成旅客吞吐量 820.75 万人次，货物吞吐量 18.63 万吨。

2010 年全省机场完成旅客吞吐量 2871 万人次，货邮吞吐量 40 万吨。

"十二五"期间，全省机场完成旅客吞吐量 4521 万人次，首次突破 4500 万人次大关，货邮吞吐量 59 万吨，分别比"十一五"期末增长 58% 和 45%，起降架次超过 38 万架次，有 40 余家国内外航空公司在 7 个运输机场提供客货运输服务，共开通国内外航线 392 条，其中国内航线 322 条，国际及地区航线 70 条，运输生产指标保持在全国前 6 位水平。杭州机场运输量呈现快速增长态势，2015 年旅客吞吐量 2835 万人次、货邮吞吐量超过 42 万吨，位列全国十大机场之一，国际及地区航线旅客吞吐量超过 365 万人次，成为全国第五大空港口岸。宁波、温州机场开发国际航线取得重大突破，宁波机场开通至罗马、法兰克福包机航线，温州机场开通温州至罗马定期航线。义乌机场开通了至韩国包机航线，机场旅客吞吐量首次突破 100 万人次。浙江本土航空公司长龙航空公司投入运营。

2019 年民航国际（地区）通航点增至 102 个，范围辐射至五大洲。全省机场旅客吞吐量突破 7000 万人次，完成旅客吞吐量 7015.1 万人次，同比增长 7.28%，全省机场货邮吞吐量突破 90 万吨。其中，杭州机场年旅客吞吐量突破 4000 万人次，跃升至 4000 万级全球最繁忙机场行列，完成旅客吞吐量 4010.84 万人次、货邮吞吐量 69.03 万吨，同比分别增长 4.88%、7.70%。义乌机场年旅客吞吐量突破 200 万人次，跨入中型机场行列。浙江省成为全国唯一的低空飞行服务体系建设试点省和全国首批应急救援航空体系建设试点省。

（一）杭州萧山国际机场

2003 年，杭州萧山国际机场新开通 4 条航线，其中国内航线 2 条、国际航线 2 条。开展国际年活动，加强机场的规划和建设，在设备、设施上增加投入，提高保障能力和服务水平。与此同时，克服"非典"带来的不利影响，优先做好"非典"相关物资运输，争取中国东方航空公司 3 个航班的包舱。6 月，开通首条杭州—深圳的定期货运包机航线。9 月，又获得商务部和海关总署批准的国际快递业务的经营资格，成为杭州市第四家具有该资格的企业。全年完成旅客吞吐量 435.23 万人次，货邮吞吐量 11.21 万吨。

2004 年，机场先后与韩国韩亚航空、大韩航空，日本全日空，厦门航空公司签订监管卡车转运业务协议，开通杭州至上海、宁波、苏州、南京的转运业务，还与华立通讯公司、赛诺菲民生制药厂签订快件运输合作协议，完成中央政府援助香港的抗"非典"物资的货运包机保障任务。韩国大韩航空公司开通杭州至汉城（今首尔）的国际货运包机航线，马来西亚航空公司开通杭州—吉隆坡、杭州—迪拜—阿姆斯特丹的国际货运包机航线，还保障乌克兰安东诺夫航空公司 AN124 特大货运包机（杭州—阿拉木图—雅典）运输任务。机场开通的国内、地区和国际航线有 93 条，其中 9 条国际航线、2 条地区航线；保障飞机起降 6.65 万架次；旅客吞吐量为 634 万人次，其中国际及地区航班旅客吞吐量为 75 万人次；货邮吞吐量为 12.82 万吨，其中国际及地区货邮吞吐量为 2.4 万吨。

2007 年，旅客吞吐量首次突破千万人次，杭州萧山国际机场跻身世界繁忙机场行列。2009 年旅客吞吐量排名世界第 86 位，货邮吞吐量排名世界第 73 位，两大指标双双进入全球百强机场行列。

2013 年，旅客吞吐量首次突破 2000 万人次。2016 年，旅客吞吐量首次突破 3000 万人次，出入境旅客吞吐量首次突破 400 万人次，货邮吞吐量排名首次升至全国第 6 位。2019 年，旅客吞吐量首次突破 4000 万人次，货邮吞吐量排名上升至全国第 5 位，国际航点新增 10 个。2020 年，受新冠疫情影响，民航业受到严重冲击，生产指标大幅下行。杭州萧山国际机场完成旅客吞吐量 2822.4 万人次、货邮吞吐量 80.2 万吨、航班起降 23.7 万架次。根据国际机场协会（ACI）发布的数据，2020 年杭州萧山国际机场旅客吞吐量全球排名第 18 位，货邮吞吐量全球排名第 33 位。

（二）国航浙江分公司

2003 年 5 月，中浙航划归中国国际航空公司，改称国航浙江分公司。是年 9 月 5 日，开通杭州至汉城（今首尔）首条国际航线，实现"飞出去"的目标。 2004 年 1 月 16 日，开通杭州至新加坡航线，当日至 2005 年 10 月 29 日，每周飞 3 班，2005 年 10 月 30 日起，改为每天飞 1 班。2004 年 4 月 19 日，开通杭州至香港航线，每天 1 班。2005 年夏秋季，国航浙江分公司开通国内航线 25 条，国际航线 3 条，地区航线 1 条。2006 年夏秋季，共有国内航线 27 条，国际航线 2 条，地区航线 1 条。2007 年夏秋季，国内航线新增至 29 条，国际航线 2 条。2008 年夏秋季，执行国内航线 30 条，国际航线 4 条。2009 年新开杭州—金边—杭州、杭州—广元—杭州、杭州—大连—杭州等航线，至 2010 年夏秋季，公司共执行国内航线 26 条，国际航线 2 条，地区航线 1 条。

2003 年，中浙航归属国航后，积极拓展联程销售，以北京和成都为中转点，推出杭州/宁波—北京—呼和浩特、海拉尔、延吉和杭州—成都—九寨沟/拉萨等联程航班。但是，突如其来的"非典"疫情给该公司经营造成极大影响。从 6 月中旬"非典"得到有效控制后，该公司全面实施"蓝天振兴"计划，在引进 3 架空客 319 型飞机的基础上，新开通杭州—南昌—成都、温州—杭州—重庆、烟台—北京、烟台—浦东等国内航线。全年共实现运输总周转量 3.08 亿吨千米，完成客运量 222 万人次、货邮运量 3.28 万吨，实现利润 1.01 亿元。2004 年，国航浙江分公司充分利用国航强大的网络优势，积极开展市场营销，全年实现运输总周转量 3.28 亿吨千米，完成客运量 249.4 万人次，实现利润 3.64 亿元。2005 年公司实现客运周转量 3.71 亿吨千米，完成客运量 285.6 万人次。2006 年公司实现客运周转量 4.24 亿吨千米，完成客运量 310.5 万人次。2007 年公司实现客运周转量 4.0 亿吨千米，完成客运量 360.1 万人次。2008 年公司实现客运周转量 4.58 亿吨千米，完成客运量 344.4 万人次。2009 年公司实现客运周转量 4.47 亿吨千米，完成客运量 346.1 万人次。至 2010 年，国航浙江分公司全年实现客运周转量 4.81 亿吨千米，完成客运量 364.5 万人次。

2003 年后，国航浙江分公司充分利用国航网络优势，积极开展以北京、杭州为中转点的物流联程业务；采取国际货物国内调运的方法，与其他航空公司开展国际到达业务和卡车航班运输业务。在营销手段上，改变以往包舱包吨位的方式，推行保量销售、冲量积累等鼓励性销售政策，扩大货运量。全年实现货邮运量 3.28 万吨。2004 年 1 月 17 日，中国国际货运航空有限公司杭州运营基地成立，公司货邮运输业务剥离至国航杭州运营基地，是年实现货邮运量 3.74 万吨。

2011 年，客运周转量 5.36 亿吨千米，客运量 375.69 万人次，货邮运量 4.13 万吨千米。此后逐年上升，2019 年客运周转量 9.82 亿吨千米，客运量 662.29 万人次，货邮运量 4.34 万吨。2020 年受新冠疫情影响，客运周转量 8.87 亿吨千米，客运量 595.28 万人次，货邮运量 4.01 万吨。

（三）宁波机场

2004 年 9 月 15 日，宁波—新加坡国际航线开通。2004 年，宁波航站成立市场部，市场部以市场为导向，开拓航空客货源市场，至 2004 年共开通国内航线 40 条，国际及地区航线 4 条，全年旅客吞吐量 185.21 万人次，货邮吞吐量（不含行李）2.55 万吨，飞机起降 2.02 万架次。

2005 年 3 月 1 日，宁波至香港全货机航班开通，MU5082 的 A300B4 全货机满载 19.73 吨货物从宁波栎社机场直飞香港机场。11 月 18 日，经中国民用航空总局批复，宁波栎社机场更名为宁波栎社国际机场。12 月 13 日，港联航空公司首飞宁波至香港，ERJ-170 客机从宁波栎社国际机场直飞香港。

2006 年初，宁波栎社国际机场被民航华东地区管理局列入"数字民航"试点单位，6 月启用"数字民航"生产统计系统，沿用 10 年的原"ASP"机场统计系统停止运行。

2007 年 3 月，由 2 架波音 747-400 全货机保障，共运送 400 头新西兰种牛到宁波栎社国际机场，这条航线成为宁波栎社国际机场第一条国际货运直飞航线。7 月 10 日，南方航空河南分公司在机场设立临时过夜基地，将新引进的波音 737-300 飞机放置在宁波。2009 年 8 月 31 日，宁波栎社国际机场开通宁波直航台湾地区航班。2010 年 2 月 1 日，机场推出通程登机服务。

2005—2011 年，机场客流量两年上一个新台阶，接连突破 200 万、300 万、400 万、500 万人次。2011 年 11 月，机场快速干道开通，地铁 2 号线一期 2015 年建成通车，宁波栎社国际机场成为浙江省内首座地铁直达候机楼的机场。2018 年，宁波栎社国际机场旅客吞吐量首次突破 1000 万人次，达到 1171.84 万人次。2019 年，宁波栎社国际机场共开通航线 143 条，其中国内航线 123 条，地区航线 5 条，国际航线 15 条；通航城市 96 个。

（四）温州机场

2003 年，温州永强机场增加至赣州、西宁航线，2004 年又增加至呼和浩特航线。2004 年底，温州永强机场通航城市共有 65 个，旅客吞吐量 243.9 万人次，通航以来首次突破 200 万人次大关。2005 年 4 月 7 日，温州永强机场首辟省内第一个卡车航班，该航班采用欧美通行做法，即实际用卡车承运货物，但用的是飞机航班的名义，温州开往杭州航班号为 CA2402，杭州开往温州航班号为 CA2401。

2006 年旅客吞吐量达 300 万人次。2010 年，温州永强机场累计通航城市 72 个，完成旅客吞吐量 532.68 万人次、货邮吞吐量 5.00 万吨，实现安全保障航班起降 4.99 万架次。旅客吞吐量居全省第 2 位，全国排名第 28 位。2010 年 4 月 17 日，中国货运航空公司 A300-600 全货机装载 40.5 吨青海省玉树赈灾物资从温州永强机场飞往西宁，这是温州永强机场通航以来的大型全货机首航。是年 6 月 4 日，温州永强机场首条全货机定期航线，即温州—深圳航班开通运营，结束温州永强机场无全货机的历史。顺丰速运集团租赁了东海航空有限公司的一架波音 737 全货机进行营运，该货机整舱货运量达 14 吨。

2018 年，温州龙湾国际机场年旅客吞吐量首次突破 1000 万人次，迈入千万级大型国际机场行列。2019 年，温州龙湾国际机场完成航班起降量 9.23 万架次、旅客吞吐量 1229.17 万人次、货邮吞吐量 8.11 万吨。

第三节　行业管理

一、交通行业管理体制改革

为深化行政管理体制改革，根据省政府机构改革方案，2009 年组建省交通运输厅。浙江省机场管理公司成建制划入省交通运输厅并更名为浙江省机场管理局，履行政府监管工作。浙江民航业实现政企分开，同时还整合了建设部门指导城市客运职责。在交通行业管理上，平稳实施了成品油税费改革，取消 78 个政府还贷二级公路项目收费，并及时接管接养；推进宁波-舟山港一体化工作，整合沿海港口资源。

2016 年 3 月，中共中央办公厅、国务院办公厅联合印发了《关于开展承担行政职能事业单位改革试点的指导意见》，要求在中央国家机关和地方开展承担行政职能事业单位改革试点。2019 年，浙江省交通运输厅落实中央、省委改革要求，稳妥完成省级交通部门机构改革，有序完成事业单位、地方交通部门机构改革，实现整体性、系统性重构。通过机构改革，省交通运输厅明确综合交通规划职能、划归海港规划建设管理职能、划入渔船检验监管职能、拓展民航机场管理职能，形成"规划一张图、建设一盘棋、管理一体化"格局，强化综合交通统筹，进一步优化机构职能，将原来下属 5 个事业局整合为 3 个事业中心，可概括为"1 厅 3 中心"，即厅机关和省公路与运输管理中心、省港航管理中心、省交通工程管理中心。省级行政职能全面回归，机构调整、人员转隶平稳有序。

"十三五"期间，浙江省成为全国仅有的两个交通运输综合改革试点省之一，出租汽车、道路客运等改革先行先试。"最多跑一次"改革①纵深推进，取消下放道路班车客运经营许可等权力事项 60 项，基本建成掌上办公、掌上办事部门。率先出台《浙江省公路条例》《交通建设工程质量和安全生产条例》，行政执法"三基三化"②、"四统一"③经验被推广到全国，浙江省获评"信用交通典型省份"。

（一）公路管理体制改革

1. 公路养护体制"两合并，两分开，一加快"

针对浙江省公路管理机构管养不分、体制不顺、政出多门、市场化进程不快的弊端，从 2001 年开始，浙江省全面推行以"两合并，两分开，一加快"为主要内容的公路管理体制和运行机制改革，将专业公路管理机构与县乡公路管理机构合并、公路管理机构与路政管理机构合并，同时将高速公路养护管理职能纳入各市公路管理机构，设立统一、高效的公路管理机构；将公路管理与养护生产分开、事业与企业分开，把养护管理中生产性和经营性部分剥离出来，按市场化运作方式组建养护公司，引入企业经营机制，使养护公司成为自主经营、自负盈亏的养护实体；加快公路养护市场化进程，养护公司通过招投标获得养护工程，公路管理机构对养护实体实行合同管理，计量支付养护资金，逐步建立起公平竞争、规范有序的公路养护市场。通过改革，公路管理机构与养护公司之间关系初步理顺，基本做到了管养分开、事企分开，同时，根据"一个行政区域只有一个公路

---

① "最多跑一次"改革：指通过"一窗受理、集成服务、一次办结"的服务模式创新，让企业和群众到政府办事实现"最多跑一次"的行政目标。

② "三基三化"：指基层执法队伍职业化、基层执法站所标准化、基层管理制度规范化。

③ "四统一"：指执法标志、执法证件、执法服装、执法站所统一。

管理机构"的要求,建立并完善了省、市、县三级的精简高效的路政管理体制,按照"条块结合,以块为主"模式进行路政行业管理。建立了以政府为首、部门配合、齐抓共管,共同保障公路完好、安全、畅通的良好机制。

2. 完善养护管理制度和经费投入机制

在公路行业管理上,2003年后,建立较为完善的养护管理制度和以养路费为主、市县自有资金配套,稳步增长的经费投入机制。共安排公路安保专项资金8.43亿元,对全省74条国省道和600余条农村公路实施了安保工程。养护管理成绩突出,在全国公路"十五"养护与管理检查中获得第七的历史最好成绩。路政工作以全国开展"治超"为契机,会同公安、工商等部门齐心协力,各司其职,通过路面整治、源头管理、建立部门联席会议制度,有效打击了违法超限超载运输行为,保障了公路完好和畅通,维护了国家、公路经营者和使用者的合法权益。做到执法标准、执法程序、执法文书、内业资料、路政装备、站房建设等统一规范。全省公路规费数量稳步增长,连续实现历史性跨越。同时,在地方各级政府的支持配合下,2003—2007年全省共撤销收费站点44个,促进收费公路健康发展,切实减轻社会负担,缓解社会矛盾。

3. 高速公路管理体系化

2003年后,为加强全省高速公路养护管理,在深入调研的基础上,出台了《浙江省高速公路养护管理办法》《浙江省高速公路养护质量检查办法》等一系列规章制度,建立完善的高速公路养护质量管理体系。高速公路多元化、分割式的投资运营给高速公路养护行业管理带来挑战,浙江省根据公路事业的发展规律和全省高速公路的实际情况,建立高速公路养护计划备案审查制度、养护目标责任书制度、养护管理工作年度例会制度、养护监督检查制度、养护质量评比制度,高速公路管理实现体系化、制度化、标准化。

4. 农村公路养护管理和"四好农村路"建设

2007年积极开展了农村公路养护管理体制改革试点工作,测算农村公路养护资金需求,修改《浙江省公路路政管理条例》并由省人大审议通过,起草完成《浙江省农村公路养护与管理办法》《浙江省农村公路管理养护体制改革方案》。进一步明确和强化各级政府与部门在农村公路管理养护中的职能,基本建立符合浙江省实际的、新型的"统一领导、分级管理、以县为主、乡村配合"的农村公路养护管理体制,因地制宜建立以政府投入为主的稳定的养护资金渠道,建立健全农村公路养护管理工作制度，实现农村公路养护与管理工作的正常化、制度化和规范化，确保农村公路路况良好、路产完整、路权得到有效保护。

2012年后，浙江将"四好农村路"作为一号民生工程常抓不懈，率先推进"建管养运"一体化。2020年，出台《深化农村公路管理养护体制改革实施意见》，提高公共财政投入标准，完善省、市、县、乡、村协同机制，强化乡镇对乡、村道管养责任。制定普通国省道建设养护、通用航空、水运设施和综合运输转型升级等配套政策。

（二）水路管理体制改革

1. 加强水路行业科学管理

在水路行业管理上，随着《浙江省水路运输管理条例》《浙江省港口管理条例》相继实施和全省港航管理法规体系逐步完善，全省港航发展的法治环境得到了不断优化。坚持科学规划、合理规划、超前规划，全省水运规划体系框架已基本成形。2004年以后，浙江省港航管理系统全面贯彻落实国务院《全面推进依法行政实施纲要》，合法行政、合理行政，"阳光执法"稳步推进。不断加强港口市场监管，积极维护公平、有序的港口市场秩序。全省2500多家港口企业和320多家危险货物作业港口企业已基本纳入管理。建成了水上交通指挥系统，对航道、重要港口、重点船舶实行视频监控管理和定位服务。2003年后，浙江省水上交通安全形势总体稳定，事故各项指标均未突破省政府考核数。全面开展港口安全监管，共有61个码头取得港口设施保安证书。

2. 实施"港航强省"的发展战略

2007年6月12日，在浙江省第十二次党代会上，浙江首次提出"港航强省"的发展战略：以宁波-舟山港为龙头，整合全省资源，增强集疏运能力，形成"一个龙头"（宁波-舟山港）、"两个区域"（嘉兴港、温台港）、"三条主线"（浙北航道、钱江中上游航道、杭甬运河）的水运网络，着力培植航运业的发展，以更好地发挥全省港航资源的整体功能。

浙江建设"港航强省"的重大举措是推进宁波-舟山港一体化，加强温、台、嘉等地新港区建设，大力推进水运强省工程。2006年，宁波-舟山港一体化的第一年，全省沿海港口货物吞吐量5.1亿吨，而宁波-舟山港的货物吞吐量则冲破4亿吨大关，在国内港口排位稳居第二，集装箱吞吐量连上两个百万台阶，达到706万标准箱，较上一年增长超过30%。

2007—2008年间，浙江省港航建设投入190亿元，超过前4年（2003—2006年）投资总和。新增万吨级以上泊位30个，新增吞吐能力9200万吨，总吞吐能力5.2亿吨。内河航道网进一步完善，新增高等级航道234千米，高等级航道总里程突破1200千米。虾峙门口外航道建成并启用，北仑四期集装箱码头和舟山煤炭中转码头投入运行；北仑五期集装箱码头、岙山和大榭30万吨级原油码头等项目核准建设；杭甬运河、杭州湾大桥的建成以及西堠门大桥、金塘大桥、疏港高速的顺利推进，使得港口集疏运网络更趋完善。此外，还进一步加大了梅山、金塘港区的开发力度，加快推进梅山港区集装箱码头、舟山武港凉潭矿石码头、北仑五期集装箱码头、岙山30万吨原油码头、六横金润石化码头等重大项目建设。

此外，温州、台州港以乐清湾、状元岙、头门开发为着力点，推进优势互补和协调发展；嘉兴港加快推进独山港区建设。通过构建浙北骨干航道与嘉兴港、杭甬运河与宁波-舟山港、瓯江与温州港的海河联运体系，扩大港口的辐射服务范围。

浙江的"港航强省"战略，把握住了港口这个浙江最大优势，以宁波-舟山港为龙头，全力服务国家战略和浙江省开放发展。习近平同志在浙江工作之初就强调，浙江经济进一步发展的天地在海上，浙江的港口可以发展成全国乃至世界之最，亲自决策推动宁波舟山港一体化。通过持续的推动和建设，浙江全面实现港口资源整合，其港口一体化经验在全国复制推广。至2020年，全省港航建设年度投资连续14年超百亿元，完成港口货物吞吐量18.5亿吨、集装箱吞吐量达到3327万标准箱；宁波舟山港向世界强港迈进，2020年完成货物吞吐量11.7亿吨，居全球第一位，集装箱吞吐量为2872万标准箱，居全球第三位。宁波舟山港的货物吞吐量连续9年居世界首位，承担了长江经济带90%原油的货运周转量、45%进口铁矿石的货运周转量和长三角1/3的国际集装箱运输量，连通世界100余个国家600余个港口。这里曾靠泊全球首艘超2.1万标准箱集装箱船、世界最大的40万吨级矿石船，是国内最大保税油加油港。

加快建设"港航强省"是浙江实现经济结构转型的重要举措，这对浙江的经济发展至关重要。"港航强省"战略的实施，有力地促进浙江省经济社会协调发展，推动产业沿江、沿海布局，提升经济竞争力，促进经济要素多层次发展，优化产业结构，保障城市建设，改善生态环境，缓解陆路交通压力，开创了浙江经济发展的新格局。

3. 推进宁波-舟山港一体化和全省港口资源整合

2003年3月，浙江省政府提出宁波、舟山两港资源整合的战略构想，并成立浙江省港口规划建设委员会，与省港航管理局合署办公。8月6日，浙江省港口规划建设委员会成立，时任浙江省省长吕祖善任主任，副省长巴音朝鲁任副主任，委员会下设的办公室设在浙江省交通厅。2005年7月4日，省政府成立宁波-舟山港口一体化工作领导小组，成员由浙江省经贸委、浙江省交通厅等15个单位的领导组成。领导小组办公室设在浙江省交通厅，与浙江省港口规划建设委员会办公室合署办公。为加快推进宁波舟山港口一体化进程，12月2日，按照"四个统一"①的要求，经交通部批准，成立了宁波-舟山港管理委员会，与宁波-舟山港一体化工作领导小组办公室合署办公。2006年1月1日起使用"宁波-舟山港"名称，同时不再使用"宁波港"和"舟山港"名称。一体化港口海域北起杭州湾东部的花鸟山岛，南至石浦的牛头山岛，南北长220千米，岸线总长4000余千米。在两港一体化起步阶段，宁波、舟山两市港口行政管理部门仍按属地管理原则依法行使具体港口管理职能；外贸船舶和货物进出港时，仍分别向宁波、舟山两市口岸、港口等管理部门及相关港口企业申请。但重大项目建设由两港共同协调安排，统计数字统一汇总发布。

宁波-舟山港一体化是浙江省港口发展的里程碑。宁波港是长三角除上海港以外唯一拥有远洋航线的港口，2004年货物吞吐量2.3亿吨，居我国第二位；集装箱吞吐量400万箱，居我国第四位，且增长率连续7年在国内保持第一。同时，舟山港货物吞吐量7200多万吨，居我国第九位。但由于行政体制的束缚，两港虽地处同一海域，使用同一航道，拥有同一经济腹地，却人为地一分为二，造成规划、建设、营运、管理上相互分割，宝贵的岸线资源难以优化配置。打破行政区划限制，整合宁波港和舟山港资源，实现宁波-舟山港一体化，是面向未来的必然趋势。宁波-舟山港一体化，有利于上海国际航运中心建设，促进中国沿海港口的良性互动；有利于浙江建设海洋经济强省，加快提升综合实力和竞争能力；有利于实现两港优势互补，促进宁波和舟山两地互利双赢。推进两港一体化，将

---

① "四个统一"，即统一品牌，以统一的品牌加快其他方面的一体化进程；统一规划，对宁波、舟山港口资源的开发利用进行统筹安排；统一开发，合理开发港口资源，加大招商引资力度，欢迎国内外战略投资者参与；统一管理，受省政府委托，宁波-舟山港管理委员会将负责日常管理协调工作，并争取通过若干年努力逐步实现全方位的统一管理。

增强两港参与全球港口业竞争、服务全省和长三角地区经济发展的能力。

2015 年 8 月 7 日，浙江省委、省政府决定，整合统一全省沿海港口及有关涉海涉港资源和平台，组建省海港委和省海港集团，加快海洋经济和港口经济一体化、协同化发展。2016 年 2 月，浙江省海洋港口发展委员会成立，宁波−舟山港管理委员会完成了其历史使命。浙江省海洋港口发展委员会主要负责海洋港口经济发展的宏观管理和综合协调，统筹推进全省海洋港口一体化、协同化发展。在港口资源整合上，2015 年 8 月 21 日，浙江省海洋开发投资集团有限公司经工商登记变更为浙江省海港投资运营集团有限公司（简称省海港集团）。次月，宁波舟山港集团有限公司挂牌，实现了宁波、舟山两港以资本为纽带的实质性一体化。"宁波−舟山港"改称为"宁波舟山港"，实行"两块牌子、一套班子"一体化运作。此时，宁波舟山港拥有国际航线 240 条，连通世界 100 余个国家的 600 余个港口，以东方大港的整体优势参与全球海运业务的角逐。

2016 年下半年省海港集团与嘉兴港、温州港、台州港和义乌签署股权划转协议，将相关港口资产无偿划入海港集团并成为海港集团股东，实现了以资产为纽带的全省沿海港口实质性一体化，确立了以宁波舟山港为主体、以浙东南沿海港口和浙北环杭州湾港口为两翼、联动发展义乌陆港及其他内河港口"一体两翼多联"的新格局。整合后浙江省海港集团总资产超 1000 亿元、净资产 650 亿元。

2019 年，宁波舟山港完成货物吞吐量 11.2 亿吨，同比增长 3.3%，连续 11 年位居全球第一；完成集装箱吞吐量 2753.5 万标准箱，同比增 4.5%，继续保持世界前三。宁波舟山港在新华·波罗的海国际航运中心发展指数排名中升至第 13 位，企业的营业收入、利润保持稳定增长。宁波舟山港航线总数 244 条，其中国际航线 192 条；以宁波舟山港为枢纽港的内贸大中转布局得到进一步加强，内贸集装箱业务量 348 万标准箱，同比增长 9%。海铁联运班列增至 17 条，业务辐射 15 个省、50 个地级市，业务量首破 80.9 万标准箱，同比增长 34.5%，跻身海铁联运全国第二大港，"宁波舟山港—浙赣湘（渝川）"集装箱海铁公多式联运示范工程被评为"全国多式联运示范工程"；江海联运业务拓展有力，完成业务量 40.06 万标准箱，同比增长 59.2%。散杂货业务稳健发展。集团完成铁矿石接卸量 1.43 亿吨，同比增长 3.6%，其中鼠浪湖矿石中转码头接靠 40 万吨矿船 54 艘次；完成原油接卸量 7983 万吨，同比增长 8.6%；完成液化油品吞吐量 1751 万吨，同比增长 6%；汽车滚装业务继续保持快速增长势头，作业量 25.2 万辆，同比增长 67.6%。

（三）铁路管理体制改革

2003 年，按照实施铁路跨越式发展的战略部署，积极推进主辅分离、辅业改制工作：规划起草分局主辅分离、辅业改制总体方案；做好试点企业改制方案的拟订、论证和修改；帮助指导分离单位抓好内部各项管理制度的建立，充分做好实施前的各项准备工作，并从政策上和可操作性上确保生活后勤、房建、装卸等单位分而能立，使其尽快融入市场经济轨道；努力推进医院、幼儿园等社会职能移交地方政府的相关工作。2004 年全面完成生活后勤、房建、装卸等单位分离改制工作。累计重组改制企业 26 家，分离职工 2285 人，资产总额 13473.08 万元。是年分局拥有多经企业 74 家，其中有限责任公司 38 家。从业人员 4127 人，年末总资产 12.82 亿元。主辅分离、辅业改制和站段企业脱钩如期完成。

2004 年制定《关于调整杭州铁路林场管理体制的方案》和《加快推进杭州铁路园林工程公司"三分开"实施意见》，9 月撤销杭州林场建制，成立林业绿化管理所。按照园林工程二级资质目标，调整公司资产关系的业务界面，重组铁路园林工程公司。分局积极推进主辅分离、辅业改制，先后完成生活后勤、房建、装卸管理系统与运输系统分离、改制，站段委托管理多经企业与基层站段"脱钩"，杭州铁路中心医院成建制移交浙江第一医院。

2005 年 3 月，根据铁道部党组统一部署，上海铁路局撤销杭州等 4 个所辖铁路分局，实行由路局直管站段的重大改革。与新体制相适应，浙江铁路实施大规模的生产力布局调整。运输站段减至 10 个，给水、装卸、地铁系统完成重组整合，实行系统管理，地区多元经营系统有序整合归并。杭州铁路分局撤销后改设上海铁路局杭州铁路办事处，为上海铁路局派出机构。办事处机关下设党群工作部、办公室、综合管理部、社保部、人武部、老干部部等"五部一室"。

此后，浙江铁路继续实行由上海铁路局直接管理站段的体制，在新体制运作下，铁路各级职能界定渐趋清晰，管理关系逐步理顺，新的管理格局得到确立。

2020 年，出台《深化铁路、高速公路投融资改革若干意见》，建立"分类管理、分级负责"机制，明晰省级与地方出资比例和补亏责任，创新"交通＋"融资模式。

（四）机场管理体制改革

1. 民航管理机构改革，三机场移交地方管理

2003 年 12 月 28 日，经国务院批准，行政性的民航浙江省管理局被撤销，其承担的监管职能由新设立的民航浙江安全监督管理办公室履行。浙江监管办为民航华东地区管理局派出机构，其辖区内有杭州、宁波、温州、黄岩、义乌、衢州、普陀山等 7 个民用机场和安吉、义乌、舟山等 3 个主要通用航空起降点，有国航浙江分公司、东航宁波分公司、东华通用航空公司等 3 家基地航空公司，香港港龙等 8 家航空公司的飞机在浙江临时过夜。2003 年，浙江监管办监管的在飞航线 135 条，其中国际航线 14 条，地区航线 4 条；日航、全日空、韩亚等 6 家外航公司在浙江执行国际航班任务；销售代理企业 268 家。三机场移交地方政府管理。根据国务院、中国民用航空总局关于民航体制改革的统一部署，12 月 28 日，民航将在杭州萧山国际机场所持有的股份以及宁波栎社机场和温州永强机场整体移交给浙江省政府，同时中国民用航空浙江安全监督管理办公室成立。

2. 成立省机场管理公司

2004 年 1 月 17 日，根据《国务院关于印发民航体制改革方案的通知》和《国务院关于省（区、市）民航机场管理体制和行政管理体制改革实施方案的批复》精神，在浙江航空投资公司的基础上组建成立省机场管理公司。公司净资产 30 亿元，主要由民航华东地区管理局下放的杭州、宁波、温州三个机场的省属资产组成。省机场管理公司承担全省民航机场管理的部分职能，即直接管理萧山机场，委托地方政府管理宁波、温州机场，指导、服务省内民航机场的行业管理职能。省机场管理公司组建完成后，浙江航空投资公司于 2007 年 1 月 26 日注销。11 月 2 日，省机场管理公司变更杭州萧山国际机场有限公司（简称杭州萧山机场公司）股东，经过调整，杭州萧山机场公司的注册资本为 9.4 亿元，其中，省机场管理公司占 68.5%，杭州市投资控股有限公司占 15.75%，萧山市机场投资公司占 15.75%。12 月 8 日，中国民用航空总局将宁波、温州机场财务隶属关系和杭州萧山机场股份划转入省政府，由省机场管理公司统一接收，其中宁波、温州机场委托地方政府经营管理。2005 年 1 月，浙江省财政厅、省国资委联合发文，将中国民用航空总局下放的资产划转省机场管理公司管理。

2006 年 12 月 18 日，杭州萧山机场公司与香港机场管理局设立的合资企业——杭州萧山机场公司挂牌。杭州萧山机场公司的净资产转增注册资本金 36.96 亿元，占注册资本总额 65%，其中：省机场管理公司占 44.52%；杭州市投资控股有限公司占 10.24%；萧山区国有资产经营总公司占 10.24%；香港机场管理局出资额 19.9 亿元，占注册资本总额的 35%。合资公司成立董事会，董事会由 11 人组成，其中杭州萧山机场公司 7 人，香港机场管理局 4 人。合资公司设董事长 1 名、副董事长 2 名，设总经理 1 名、副总经理若干名，设总会计师、总经济师各 1 名。10 月 13 日，根据省国资委下发的《关于同意变更杭州萧山机场有限公司股东的批复》精神，原公司解散。

2007 年 10 月 14 日，浙江省机场管理公司成立。12 月 29 日，浙江省政府召开会议，专题研究萧山机场二期建设有关投资事宜。会议决定建立浙江机场投资有限责任公司，由浙江省机场管理公司、杭州市投资控股有限公司、萧山区国有资产经营总公司（后改名为杭州空港投资开发有限公司）共同投资，注册资本金 12 亿元。公司地址设在浙江省机场管理公司内。5 月 20 日，浙江机场投资有限责任公司首次股东大会暨一届一次董事会召开。6 月中旬，首期注册资本金 4.8 亿元到位，6 月 30 日，浙江机场投资有限责任公司完成工商注册登记取得企业法人营业执照，组建工作完成。10 月上旬资本金 12 亿元全部到位。

3. 成立浙江省机场管理局

2008 年，国务院机构改革，决定组建交通运输部，中国民用航空局和国家邮政局均划归交通运输部管理。2008 年 12 月 16 日，省机场管理公司成建制划归省交通厅，更名为浙江省机场管理局，为正处级监管类事业单位。其机构属性从国有企业向管理部门转变，工作性质则从投资管理向行政监管转变，履行政府监管职责，统筹全省民航机场规划、建设和管理工作。省机场管理公司不再由省国资委监管，不再履行杭州萧山机场公司和浙江机场投资有限公司省属国有资产的出资人职责。12 月 16—17 日，省机场管理公司分别与温州市人民政府、宁波市国资委签署国有产权无偿划转协议，将温州永强机场及财务隶属关系划归温州市国资委，宁波栎社机场的资产及财务隶属关系划归宁波市国资委。

2010 年 9 月 15 日，浙江省机场管理局挂牌成立。9 月 25 日启用新印章。2019 年省机场管理局撤销。

二、完善全省交通规划体系

"十五"期间，编制完成省市县三级交通发展规划，是浙江省"十五"交通发展一个十分重要的成就。2003 年后，从全省经济社会发展的全局出发，从全国交通发展和全省交通发展的全局出发，编制了《浙江省公路水路交通建设规划纲要（2003—2010）》《浙江省公路水路交通"十一五"规划》《浙江省国家高速公路网路线规划》《长三角都市圈高速公路网规划方案》《浙江省内河航运发展规划》《浙江省沿海港口布局规划》（含《宁波-舟山港口资源整合规划》）等一系列综合、区域和专项规划。各市、县也都完成了本地区的交通发展规划。交通规划体系的完善增强了交通发展的前瞻性、科学性、有序性和指导性，实现了"思路—规划—项目—政策—投资"的良性互动。2005 年，交通部和浙江省人民政府联合批复了《浙江省内河航运发展规划》，提出到 2020 年形成"北网南线、双十千八"的骨干航道布局，明确了发展思路和重点，成为指导全省内河水运发展的纲领性文件。在此基础上，"十一五"期间陆续开展了杭州、嘉兴内河、湖州、绍兴等 7 个内河港口的总体规划编制或修编工作，完成了钱塘江中上游航运规划、瓯江航运规划等一批专项规划，全省内河水运规划体系基本形成并不断完善，为内河水运近期建设和长远发展提供了科学指导。2003—2007 年，还修编《浙江省公路水路交通"十一五"规划》《浙江省沿海港口布局规划》《浙江省新农村公路交通专项规划》等一系列规划。

2007 年省第十二次党代会提出"港航强省"战略后，港航发展相关规划体系不断完善。宁波-舟山港、嘉兴港、台州港、温州港四大沿海港口和杭州、嘉兴、湖州等内河主要港口总体规划获得了部省批复并公布实施，同时实施了《浙江省沿海港口综合集疏运网络规划》和《宁波-舟山港综合集疏运网络规划》，沿海港口重点港区的控制性详规、航道与锚地等专项规划通过评审，公布了《浙江省船舶运输发展规划》，编制了《浙江省水路客运航线布局和运力配置规划》，初步形成了层次分明、内容全面、功能清晰、相互配套的规划体系。推进宁波-舟山港口一体化。《宁波-舟山港总体规划》于 2009 年获得了交通运输部和省政府联合审批并公布实施。

2010 年后，省交通运输厅全面强化规划指导，编制并发布《浙江省公路水路民用机场交通运输发展"十二五"规划》，编制完成农村公路、内河水运、道路运输、民用机场、养护、路政、科技、信息化、节能减排等一系列专项规划。同时，抓好规划的组织实施，实行计划项目分类管理，充分调动各地积极性。促成省政府与中国民航局签订会谈纪要，联合省发改委、民航华东地区管理局开展"加快浙江民航发展推动产业转型升级"课题研究。

2016 年，省交通运输厅编制《浙江省综合交通运输发展"十三五"规划》，牵头起草并发布《杭州城西科创大走廊综合交通规划方案》，研究起草《义甬舟开放大通道综合交通建设行动方案》《四大经济交通走廊实施方案》《全省现代综合交通发展实施意见》等规划方案，开展综合交通产业、投融资体制、信息资源整合等重大课题研究。2019 年，省交通运输厅牵头研究编制《加快推进浙江省大湾区综合交通建设方案》《加快推进现代化交通体系建设方案》和《加快推进浙江交通强国示范区建设指导意见》（简称《指导意见》）等。《指导意见》围绕到 2035 年的主要发展目标，按照对标国际、引领全国、体现特色的要求，研究确定浙江交通强国示范区八个重点示范方向：一是着力打造人民满意交通样板，即三个"一小时交通圈"；二是着力打造现代交通新业态样板，即推进"四港"融合发展；三是着力打造"一带一路"交通样板，即义甬舟开放大通道；四是打造杭州都市区世界领先的大枢纽样板，即杭州"三枢一轴"门户枢纽；五是着力打造美丽中国、美丽浙江样板，即全域建成美丽交通走廊；六是着力打造智慧交通样板，即建成全域智慧高速公路；七是着力打造交通可持续发展样板，即打造万亿综合交通产业；八是着力打造综合交通改革创新发展样板，即以"最多跑一次"改革促进治理能力现代化。通过实施 12 项举措、力争用 10 年时间，即实施"1210交通强省行动"，着力打造高水平基础设施体系、高品质运输服务体系、高标准现代治理体系、高层次创新驱动体系，基本形成交通强国示范区总体格局和框架。

三、行政审批制度和"最多跑一次"改革

在实行机构变革和职能调整的同时，积极推进行政审批制度的改革。自《中华人民共和国行政许可法》颁布实施以来，根据省政府对全省行政许可项目"统一名称、统一数量"的要求，2006 年省交通厅对全省交通系统行政许可项目进行了集中清理，提出了《浙江省交通系统行政许可项目调整方案》。经清理，全省交通系统行政许可项目共 135 项，其中省级交通行政许可项目 50 项，设区的市级交通许可项目 42 项，县（市、区）级交通行政许可项目 33 项，港口所在地人民政府港口行政管理部门行政许可项目 8 项，地方性法规设定的杭州市交通行政许可项目 2 项。经过集中清理，达到了"统一项目、统一名称，相同系统、相同事项"的目标。同时，还规范了非行政许可事项，建立和实施了行政许可的受理、审查、告知、听证等一系列配套制度，提高了行政许可的公开性、便民性、

透明度，方便了服务对象，节省了服务对象的许可成本。

在减少交通行政审批项目的同时，省交通厅通过地方立法，将道路客运线路审批纳入招投标的轨道，通过线路经营权质量招投标，将原来完全依靠行政手段变成依靠市场手段，通过申请人的条件、资格的公开比较来决定。实践证明，实行线路经营权招投标，有利于发挥优胜劣汰的市场调节机制，促使经营者规范其经营行为，提高经营水平，为社会提供规范、优质的服务，体现了行政许可的公开、公平、公正原则，同时也是政府政务公开和加强廉政建设的体现，有利于防止道路经营权审批过程中因"闭门审批""少数人决定"等导致的腐败。

2007 年省交通厅又开始组织实施网上交通行政许可的改革，建成了统一的网上交通行政许可审批平台，到 2007 年底省级的交通行政许可项目实现网上审批。通过推行网上交通行政审批，进一步推动交通部门的职能转变，改变了计划经济条件下的"重审批、轻监管、轻服务"的管理方式，将工作重点转移到提高效率和服务上来；通过推行网上行政审批，改变传统审批方式，使行政审批更公开、更透明、更便民，节省服务对象的往返时间和费用开支，使交通部门的审批程序和办事流程更加简明、畅通，有利于节约人力、物力和财力资源，提高办事效率；通过推行网上行政审批，使交通行政管理呈现动态和透明，有利于加强对行政审批的监督，减少和避免不必要的暗箱操作，形成更加科学、合理、规范的行政审批运行机制，消除官僚主义，反腐倡廉，便于广大人民群众对交通行政审批进行监督和检查。

"十三五"期间，深化"最多跑一次"改革和法治政府部门建设。全面梳理、规范和精简权力事项，取消、下放 18 项省级审批事项。打造"浙里畅行"特色品牌，出台向公共服务领域延伸"五畅"行动、20 条便民举措，杭州火车东站实现单向"免检换乘"、网约车合规率全国居前。加快数字交通建设，"掌上办""跑零次"事项 95% 以上，"掌上执法检查"率 99%，5 类电子证照实现长三角互通互认。

四、交通法治和廉政建设

2003 年后，交通法治和廉政建设不断推进。贯彻落实《中华人民共和国行政许可法》，清理行政许可的主体、项目、收费及依据，省级交通行政许可项目由 59 项减少至 21 项。同时积极推进地方性法规和政府规章的制定工作，至

2010年，省人大常委会颁布《浙江省道路运输管理条例》《浙江省水路运输管理条例》《浙江省公路路政管理条例》，省政府颁布《浙江省高速公路运营管理办法》《浙江省内河航道"四自"工程管理暂行办法》《浙江省高速公路项目业主招标投标暂行办法》，修订《浙江省航道管理办法》《浙江省渡口安全管理办法》。杭州、宁波市也先后出台一批地方交通法规，形成覆盖浙江公路、水路建设和管理的地方交通法规体系。

在交通综合执法的改革试点方面，支持舟山市实行公路综合执法，探索建立与社会主义市场经济体制相适应的交通行政执法管理模式。加大法治宣传、培训力度，落实行政执法责任制，规范交通执法行为，提高交通执法队伍的素质。围绕《中华人民共和国港口法》《中华人民共和国道路运输条例》《收费公路管理条例》的颁布实施和治理公路超限超载，广泛开展交通法律法规宣传活动和培训工作，提升了交通执法队伍素质。

"十二五"期间，致力于建立科学民主决策机制，规范行政处罚自由裁量权，全面打造"信用交通"，交通发展在法治轨道内有序推进。颁布实施《浙江省水上交通安全管理条例》《浙江省交通建设工程质量和安全生产管理办法》等法规规章，修订《浙江省道路运输条例》《浙江省公路路政管理条例》等地方性法规，交通运输地方法规体系臻于完备。"十三五"期间，《浙江省公路条例》通过省人大常委会初审，废止139件规范性文件，统一执法文书等标准，出台重大行政决策、监管清单等15项制度。

强化执法责任制建设和执法监督，在全国率先开展行政执法"三基三化"试点，全面完成执法形象"四统一"，推进非现场执法等执法手段创新工作，行政执法规范化建设继续走在全国行业前列，交通行业依法治理能力不断强化。"十三五"期间，启动执法能力建设三年行动计划，推进非现场执法试点，省厅获全国"七五"普法中期先进集体称号。

实施交通建设"六大工程"之"廉政保障工程"。把廉政建设作为一项重要任务，贯穿于交通建设全过程，常抓不懈。落实交通建设执法的各项措施，抓好思想教育和制度建设，防腐拒变，打造一支清正廉洁、务实高效的建设和管理队伍。坚持"两手抓，两手都要硬"的方针，大力推进交通系统党风廉政建设和反腐败工作。以廉政文化建设为重点，开展反腐倡廉教育，促进尊廉崇廉良好氛围的形成；以制度建设为重点，着力构建具有浙江交通特色的惩治和预防腐败体系，制定完善多项制度；以基础设施建设领域为重点，推行工程廉政双合同制、纪检监察派驻制、全程审计制等，开展治理商业贿赂工作，严肃查处违法违纪案件；不断深化纠风工作，切实解决群众反映强烈的突出问题，实现了公路基本无"三乱"[①]目标。

五、智慧交通、绿色交通建设

信息化发展水平显著提升。信息技术全面融入交通各个子行业、各个领域。在提升综合管理能力、公共服务能力方面，以及在云平台、大数据、安全应急管理等全局应用上取得明显突破。深化整合行政管理、公路、港航、运管综合业务管理平台，完善公路、航道、港口、营运车辆（船舶）、从业人员等基础性数据库，建成率100%。在全国率先利用云计算建成集约化的基础服务支撑平台，率先将大数据技术应用在高速公路路况分析上取得突破，相比传统的布设，投资降低90%。全面整合原公路、运管、水上救援等热线电话，开通12328服务热线，提供行业统一的监督、投诉、咨询等服务。浙江省的信息化应用总体水平继续走在全国的前列。

全面建成"浙江国家交通运输物流公共信息共享平台"，并代表中方平台与日方COLINS、韩方SP-IDC物流信息平台实现信息互联，支撑东北亚物流信息服务网络合作。在公路领域，实现高速公路不停车收费系统、公路不停车治超管理系统全覆盖，推广了隧道通风照明控制等生产服务管理系统。在运输管理领域，所有客运一级站、90%的二级站和86.5%的跨县班车实现了全程监控。在港航领域，开展智慧航道和船联网建设试点，并成为国家"十二五"内河船联网示范工程。在城市交通领域，不断优化公众出行服务系统，全面推广公交、城市出租车智能调度等系统，全省主要地级城市均已建成公交出行信息系统。客运联网售票实现了杭州、绍兴、宁波、湖州等异地联网售票。形成了千岛湖智慧港航、宁波智慧物流、嘉兴智慧交通等智慧交通成果。

为打造具有国际影响力的全国性综合交通产业合作平台，加快实现交通核心

---

① "三乱"：乱设站卡、乱收费、乱罚款。

技术"浙江造"，推进综合交通产业做大做强，更好发挥交通稳投资稳增长引擎作用，2018 年 12 月 21—23 日，由浙江省交通运输厅、浙江省经济和信息化厅和杭州市萧山区人民政府主办的首届浙江国际智慧交通产业博览会·未来交通大会在杭州国际博览中心举行。首届大会以"交通产业 智引未来"为主题，采取"1 + 6 + 1"的形式（1 个开幕式暨主旨论坛、6 个主题论坛、1 个重大项目推介和签约活动），旨在建构国际国内交通产业与未来智能科技的交通展示平台，聚合国际国内创新主体、创新平台和创新企业，力求通过对前沿技术的探索，与全球资源、视角和要素相互联动、促进与协同，为浙江交通产业发展打通未来的时空隧道。博览会共吸引国内外 131 家企业参展，包括世界 500 强和行业龙头企业签约参展，16 个重点产业项目集中签约，总投资达 200 亿元。

2018 年是交通强国建设的起步之年，也是浙江推进交通强国示范区建设以及全省综合交通产业发展的关键之年。浙江国际智慧交通产业博览会·未来交通大会是浙江省综合交通产业培育的重要抓手，建构了国际国内交通产业与未来智能科技的交流展示平台，对于推动浙江省综合交通产业高质量发展，加快形成"大建设带动大产业、大产业支撑大建设"的良性机制，对全面提升浙江省综合交通产业影响力，打造长三角一体化的智慧交通网络意义重大。此后又分别于2019、2020 年举办了第二、第三届浙江国际智慧交通产业博览会·未来交通大会。

2003 年后，实施"生态交通五项行动"计划，全省生态交通建设走在前列，黄衢南高速、湖嘉申航道成为全国生态公路、生态航道建设的示范工程；政策标准体系不断完善，浙江省交通厅与浙江省环保局联合下发《关于在全省道路运输行业贯彻落实资源节约与环境保护行动计划的通知》，完成《道路运输节能减排经济指标体系研究》。"十二五"时期，推动绿色循环低碳发展，开展"两美"现代化浙江建设，全面推进行业"五水共治""四边三化"和"三改一拆"工作，实施生态交通五项行动和节能减排"六个专项行动"。加强船舶防污染和绿色内河航运建设，整治内河小散乱码头；打造美丽公路，推进公路边"三化"创建工作，"三改一拆"完成率 99%，发布了《浙江省公路建设生态设计指南》，编制《浙江省公路建设生态施工指南》。积极推广节能环保运输装备，"十二五"末累计投入清洁能源公交车 1.5 万余辆、出租汽车 2 万余辆；清洁能源营运性客货车辆由"十一五"末的 12 辆增长至"十二五"末的 3500 辆左右，淘汰营运性黄标车 9.8

万辆，淘汰老旧车船 4 万辆。发展内河集装箱运输、多式联运和甩挂运输等集约高效的运输组织模式，建设浙北航区内河集装箱运输系统。全省营业性运输能耗占全社会总能耗的 5%—6%，低于全国平均水平 3 个百分点。

2020 年，落实中央环保督察和长江经济带污染整治要求，推动解决码头环保手续不全等历史遗留问题，完成 100—400 总吨内河货船生活污水防污染改造任务，实现港口污染物接收设施全覆盖，五类专业化码头泊位岸电覆盖率 70%。淘汰老旧营运货车 2.5 万辆。新增和更新清洁能源公交、出租车近 1.1 万辆。

附　录

嘉兴南湖"红船"与"红船精神"

　　1921 年，中国共产党一大最后一天会议从上海转移到嘉兴召开，在南湖游船上，通过了党的第一个纲领和第一个决议案，选举产生了党的中央领导机构，庄严宣告了党的诞生，完成了建党的历史使命。这条游船见证了中国共产党历史上开天辟地的大事件，因而获得了一个永载中国革命史册的名字——"红船"。2005 年 6 月，习近平发文，将中国共产党建党伟业所蕴含的伟大革命精神，称为红船精神，并阐释了红船精神的深刻内涵和历史地位。

南湖红船

　　这条红船，是江南水乡常见的丝网船，俗称"无锡快""灯船"。两侧船舷上部有木制棚板，可装可卸，镶嵌玻璃推窗，增加了客舱的透明度。棚板上覆有多扇篾篷，可遮阳避雨。船体用青油、桐油多次涂抹，光洁匀亮。客舱内用紫光漆装饰。全船分三舱，舱与舱之间用低矮横梁分隔。中舱、前舱为客舱。中舱宽大，中间留有一条走道（称单夹弄），有的左右各置一条走道（谓双夹弄）。客舱前半部设有木凳、茶具、方桌，供客消闲品茗。客舱还铺设高舱板，上铺草席，成为可卧可躺的床。后半部分隔成多个小房间，置板床，有被褥，供客人睡觉。小船乘7—8人，大船乘10人以上。后舱为船家举炊、住宿处。此船途中可供乘客膳食、住宿，收费高于其他的客船。陶元镛《鸳鸯湖小志》载："丝网船常泊北门外荷花堤，客在东门，可托旅馆或酒肆介绍，招船主来面洽。菜随客点，通例船菜并计，自二十元至三十元。烟酒自办，或并属代办均可。最好先与讲完价目，菜用何色，船泊何地，一一与之接洽妥善。"中共一大代表乘坐的为中型的单夹弄丝网船（在南湖展示的丝网船的船长16米、宽3米），中国共产党一大会议，就是在这舱中举行的。

1959年10月1日，南湖革命纪念馆成立，以湖中烟雨楼作为馆址，按照当年中共一大代表乘坐的游船样式仿制的革命纪念船，陈列在烟雨楼下方的福桥旁。每年有数十万游客前来瞻仰，接受革命传统教育。

船，是江南水乡最重要的交通工具。明清时，江苏无锡一带的丝网船在太湖流域、京杭大运河捕鱼。因江南名胜古迹遍布各地，东西南北游客纷至沓来，游人如云，水上客运船供不应求。清徐珂《清稗类钞》说："无锡快者，无锡人所泛之船也，往来于苏之苏州、松江、常州、镇江、太仓，浙之杭州、嘉兴、湖州。"春秋两季，游人乘坐丝网船沿京杭大运河南下至杭州天竺烧香、西湖旅游，此船常泊杭州松木场、湖墅等地。直至明末清初，"无锡快"载客比较常见。《1896—1901年杭州海关报告》载："本地区各方向都有运河支流，主要靠小船运输货物，运输的数量和种类非常多……各种各样大小不一的'无锡快'是附近最主要和最有用的船，几乎都被轮船公司用来运载乘客和货物到上海和苏州。有时几条'无锡快'被租用几个月，跑趟运输，偶尔也租用几天，运价2—3元，视船舶大小和货运要求而定。这些船由住在船上的船主及其家人驾驶，如果运载的客人增加，他们就再雇用别人，这些雇工工钱是一天一角并提供伙食，船运的利润估计是运费的10%。"[1]1890年春，蔡元培往北京应会试，就坐过"无锡快"。《蔡元培

---

[1] 陈梅龙、景消波：《近代浙江对外贸易及社会变迁》，宁波出版社2003年版，第235页。

自述》中称："先至杭州，因雨滞留数日，向某公司借小汽船拖'无锡快'至上海，因那时候还没有小轮船公司的缘故。"① 据《嘉兴市志》载，民国初年时船舶数目最多，抗战爆发后绝迹。② 抗战胜利后，嘉兴有五六艘丝网船。

"红船精神"作为从中共建党到井冈山时期这一段历史的总结和提炼，源于 2005 年上半年开展的党员先进性教育。当时，嘉兴市南湖区委（时称秀城区）以红船为载体，开展了新时期"红船精神"的内涵及如何弘扬"红船精神"的大讨论，决定向社会各界征集"红船精神"的表述语。2005 年 3 月 8 日，《嘉兴日报》《南湖晚报》刊登了征集启事。活动半月，从征集来的 663 条表述语中评出了"开天辟地坚定信念、劈波斩浪、扬帆起航"等五条表述语。嘉兴市的首创行为，引起了省委和学界的广泛及时关注。浙江省委迅速派出专人进行实地调研，把提炼"红船精神"工作置于浙江乃至全国大局的高度来抓。2005 年 6 月 21 日，时任浙江省委书记习近平在《光明日报》发表署名文章《弘扬"红船精神" 走在时代前列》，首次公开提出了"红船精神"的概念，并对红船精神的内涵进行了概括和论述，认为"开天辟地、敢为人先的首创精神，坚定理想、百折不挠的奋斗精神，立党为公、忠诚为民的奉献精神，是中国革命精神之源，也是'红船精神'的深刻内涵"。

"红船精神"是中国共产党的建党精神，贯穿于党的百年奋斗历程，所包含的首创、奋斗、奉献精神，在不同发展阶段和时代背景下必将被注入新的内涵。"红船精神"完善了中国革命精神链条的起始性环节，使中国共产党的精神创建史与发展奋斗史实现了时间序列上的高度一致，而浙江作为红船扬帆起航、"红船精神"凝练升华之地，已成为浙江交通人宝贵的精神财富，"红船精神"将不断地引领交通人不忘初心，勇猛精进，为浙江交通事业书写出一份又一份精彩的时代答卷。

---

① 蔡元培：《蔡元培自述》，中国言实出版社 2015 年版，第 25 页。
② 嘉兴市志编纂委员会：《嘉兴市志》（中册），中国书籍出版社 1997 年版，第 1849 页。

浙江水运支援解放浙江沿海岛屿及上海战斗

1949年5月3日，浙江省会杭州解放，接着钱塘江沿岸，杭、嘉、湖地区，温州、宁波、金华等城市也先后解放。到1949年底，浙江境内除舟山及沿海岛屿外，战事基本结束。但浙江的陆路交通尚未恢复。同时，国民党残部又以定海为据点，经常派飞机轰炸、扫射沿海港口，出动舰艇袭击海上的船舶，掳掠船（渔）民，封锁海上交通，妄图阻止中国人民解放军渡海解放定海。浙东运河东段（余姚至镇海）航线，只能利用夜航运送物资。庵东的盐，余姚的棉花、蚕豆，鄞县的草席、粮食，奉化的毛竹等出口的传统物资，原来通过内河运至宁波再转海运，这时只好改运上虞百官，通过曹娥江经萧绍内河至杭州转口。

1949年5月3日杭州解放后，浙江省建设厅第三科航政股被中国人民解放军杭州市军事管制委员会接管，划归军管会财经部交通处领导，改为航政科。8月12日杭州市军管会交通处所属第一局与浙江省公路局合并，改组成立浙江省交通管理局，原交通处所属的航政科即改归该局领导。1949年12月上旬，为了统一组织临浦至余姚庵东段盐、米、棉等物资运输及杭甬间支前运输，设萧、绍、虞、姚航运管理所暨庵东、临浦两分所，隶属于省交通管理局。12月24日，省交通管理局经过4个月的筹备，成立浙江省航务局，归浙江省人民政府实业厅领导，并接受华东交通部的指导。1950年5月，浙江省人民政府交通厅成立，省航务局即划归交通厅领导，并于同年8月改称浙江省人民政府交通厅航务局，成为全省最高航运管理部门，承担当时迫切的支前运输任务，还负责全省航运业船舶、船员、引水、海事等行政管理工作。

解放舟山群岛的海上运输力量动员始于1949年7月。在相继攻占了舟山外围岛屿之后，为解放舟山本岛，1949年12月，华东军区和第三野战军联合召开了船舶准备会议，会议遵照中央军委和毛泽东主席关于"舟山作战必须集中足够兵力，充分准备，如果准备不周，宁可推迟发起攻击时间"的指示，对作战所需船舶征集和船工动员工作做出安排，规定征集的船舶必须符合航海要求，配齐船工和属具，能容纳30人左右的突击船和容纳50—70人的跟进船分别为800艘和400艘。1950年1月，华东军区和第三野战军运输部抽调第二十一、第二十二、第二十三军部分干部，组成上海船舶管理处，由运输部部长唐少田兼任处长，负责接收各地征集的船舶,进行检查、修理、编号,并运送至宁波附近海域。山东、苏北、苏南地区也在各自军区成立了船舶动员委员会,分区成立了船舶管理处,负责各自区内船舶动员、集中、管理、编组、调运工作。

1. 解放上海

当浙江省即将解放时,驻守在浙江省的国民党部队向上海方向溃退,并炸毁了石湖铁路桥、焦山门公路桥和平湖至上海的公路,切断了陆路交通,解放上海的战役所需军粮、武器、弹药等主要依靠水路运输。中国人民解放军第二十七军支申营在嘉善购买了大批军粮,由三路出发运送。一路出泖港,走黄浦江,经闵行、龙华到上海;一路出枫泾,经新江、四泾、七宝到虹桥机场;一路出舍泽,经黄渡、北新泾到上海。海宁县调"永利"轮从硖石运后勤物资到上海金山县,调"振华"轮从硖石运炮弹经平湖四顾桥转运上海。这些支前船舶的船员不分昼夜,不顾疲劳,往返运输物资,直到上海解放,完成任务以后,才回到自己的家乡。

2. 解放舟山

1949年10月,大榭、金塘、六横、桃花等岛屿先后解放,负责解放舟山战役的中国人民解放军第二十一军、第二十二军、第二十三军集中兵力15万人,在省第二专区(今宁波市)沿海狭长地带待命。粮食、柴草、武器、弹药等军用物资急需筹集供应。

11月9日,浙东前线指挥所司令员宋时轮、副司令员王必成、政治委员姬鹏飞发布命令,成立定海战役支前司令部。来光祖任司令,苏展任政委。支前司令部内设粮食部、交通运输部和人力部,具体负责支前任务。在宁波设立运粮总调度点,由粮食部直接负责,在镇海大碶设立总粮站。宝幢—宁波,新碶—三山,璎珞—大碶,陈华浦—穿山,块斗桥—方门为5条粮食转运线。11月1日—12月15日,突击调运军粮8500吨,其中宁波专区各县6500吨,萧山、绍兴调来2000吨。据余姚、慈溪、鄞县、奉化、镇海、象山、定海等7县统计:1949年11月—1950年5月,共动员支前船民4479人,出工160874个,组织支前船舶10815艘(不包括临时借用海船619艘、河船678艘)。支前干部和船民冒着枪林弹雨,不顾生命危险,肩挑、背负从曹娥至宁波过6道人力堰坝,从鄞县到镇海间隔1座育王岭,再装船转运大碶,昼夜往返4航次。11月10日,突击运军粮750吨至金塘岛,从镇海直达军粮250吨,从新碶转运军粮500吨,供应中国人民解放军第二十二军;11月18日,突击运军粮到穿山750吨,供应中国人民解放军第二十三军；突击运军粮到柴桥 300 吨，供应中国人民解放军第二十一军。

中共定海县委确定当时的中心任务：充分发动群众，开展生产自救，积极做好战地支前工作，全力支援中国人民解放军解放定海。金塘有 386 名渔民、船工报名参加中国人民解放军六十六师举办的军民水手训练班。领航老大和水手，冒着枪林弹雨，日夜为部队运送兵员、武器装备和军需物品，仅运输大米就达 400余万斤。渔民兄弟无偿拿出铁锚、锚索、风篷、桅杆、橹、舱板、桅竹、桅布、橹盘、桐油等船上紧缺材料支援解放军战船急用，并让出房屋 2000 余间，给解放军住宿。金塘岛驻军部队与二军分区后勤部船舶修造厂协作，拆卸国民党军队撤走时遗弃汽车上的引擎，安装在木帆船上，改装出一批航速快、机动性好、噪声小的机械木帆船。不久厂址被敌机发现，天天有空袭警报，青年技工姚宝根为抢救他人，不幸中弹牺牲。在军民齐心合力奋战下，1950 年 3 月，第一批 30 艘木帆船改装完成，参加渡海作战。宁波港参加支前船员 400 余人，70% 立功、受奖。

温州地区派出"通利""瑞光""三利""利兴""鸿来"等机帆船和部分木帆船，配合中国人民解放军北上参加解放舟山群岛的战斗。台州专区动员参加支前船民 1103 人，出工 18800 日，船员 667 人，运送军粮 1275 吨。嘉兴专区的嘉善、海盐等县组成运粮大队，支援解放舟山。嘉善县动员民船 100 艘，从嘉善运粮到乍浦后，选择 15 吨以上民船 20 艘，用盘车将船翻过海塘入海，配合解放军渡海作战。海盐县的运粮船水运至硖石后，用火车转运至萧山再水运至舟山，为解放舟山及沿海岛屿做出了贡献。

3. 解放温州

1949 年 9 月中旬，温州专署动员 20 多艘机帆船与 500 多艘木帆船及其船工参加解放洞头列岛的支前运输。10 月 7 日，由六十三师师长李光军统一指挥，晚 7 时，中国人民解放军部队一八九团主力部队，乘坐"云龙""永益""金龙""风华""台航 8 号"等机帆船和 200 多艘木帆船，以"云龙"轮为指挥船，从黄华码头起渡进军洞头岛；一八八团三营从飞云江口启航抵达北麂岛，其余参战部队渡海向大瞿岛发起进攻；一八七团三营由玉环鲜迭小里岛起渡向鹿西岛登陆；浙江警备第一旅二团从乐清黄华、翁蛑、地团出发，进攻大门岛。由于各参战部队协同作战，一次歼敌 3000 多人。

1950 年 7 月 6 日，进驻洞头的解放军部队因寡不敌众，撤离洞头岛。1952

年 1 月 11 日 17 时左右，温州军分区二〇八团主攻部队从龙湾、黄华及市区出发，由 30 多艘机帆船护送，向洞头进军，于 15 日上午 3 时发起总攻，全歼国民党守军，洞头列岛全境解放。继一江山岛、大陈、坡山、渔山列岛解放后，1955 年 2 月 23 日，洞头驻岛部队奉命出发，20 多艘机帆船的船工们配合部队，驾驶机帆船，冒着倾盆大雨黑夜出战，解放了北麂诸岛。1955 年 2 月 25 日，南麂岛上的国民党军陷于三面包围之中，弃岛而逃，南麂岛解放，从此浙江省沿海岛屿全部解放，海上运输畅通无阻。

　　国民党占据浙江沿海群岛时，国民党军舰不时出没海面骚扰，不少航商畏惧不前，严重影响了沿海运输。浙江沿海岛屿全部解放后，海上运输实现了基本畅通无阻。为保障浙江海运的恢复和沿海运输的安全，浙江省政府设法从华东调拨了一批机帆船，并由解放军部队承担浙江沿海海域的护航责任。浙江省航运公司以钱江为起点，打通了上海—宁波的海运航线，继而又派船由杭州试航至温州、福州，打通了温榕航线，使国营航运业在当时社会航商感到危难的浙江沿海海运恢复工作中起到了带头和示范作用。

浙江交通大事记（1949—2020 年）

• 1949 年

5月7日，华东军区杭州市军事管制委员会成立，军管会财经部交通处负责全省水、陆交通管理，铁道处接管浙赣铁路及沪杭甬铁路杭州至嘉兴段。

8月1日，沪杭铁路全线恢复通车。

8月10日，浙江省交通管理局成立，管理全省水陆交通，隶属浙江省实业厅。

8月31日，上海铁路管理局杭州办事处成立。

12月21日，浙赣铁路全线恢复通车。

• 1950 年

1月，杭甬公路宁波至上虞百官段（借用铁路路基）抢修通车。

4月3日，浙江省交通厅成立，掌理全省公路、航务之管理及指导邮政、电信、铁路等交通事宜。

6月19日，杭州铁路分局成立。

7月，杭州至温州公路上虞蒿坝至温州港头段修复工程竣工，全线初步贯通。

• 1951 年

2月4日，铁路杭州站开启中苏联运。

9月1日，浙江省运输公司首开杭州至孝丰、递铺货运零担班车。

• 1952 年

12月，宁波机场抢修工程基本竣工。

• 1953 年

1月1日，宁波、温州两港管理机构改由交通部管理，设上海区港务局宁波分局和温州办事处。

10 月 1 日，金华至温州开行客运直达班车。

12 月，宁波港港务监督设立。

是年，乌镇市河改道工程竣工，杭申乙线成为杭州至上海的干线航道。

• 1954 年

1 月 1 日，杭州开通了至苏联、朝鲜、蒙古以及东欧国家的国际铁路联运业务。

12 月，湖申线航道南浔市河段疏浚改线工程完成，可通航 200 吨级船舶。

• 1955 年

7 月 1 日，杭温线上的黄岩大桥建成通车，桥长 184.3 米，为中华人民共和国成立后浙江省首建的大型公路桥梁。

• 1956 年

7 月 16 日，福州—温州—上海间开展货物水陆联运。

8 月，"中浙一号"客货轮投入甬申航线营运，为中华人民共和国成立后我国自行设计、制造的第一艘沿海钢质客货轮。

是年，全省私营轮船业完成社会主义改造，并入国营轮船公司统一经营。

• 1957 年

2 月 21 日，国务院批准温州港为对外开放港口。

5 月 11 日，省交通厅公路运输管理局接管公私合营的宁波汽车公司。至此，全省所有私营长途汽车公司均以不同形式纳入国营体系，统一由省经营。

• 1958 年

2 月 1 日，萧甬铁路（萧山—宁波）通车。

3 月 29 日，浙江省第一辆自行车由杭州市运输公司试制成功。

7月22日，全省第一辆自制"西湖"牌汽车出厂。

8月，浙江省航务学校、浙江省金华公路学校创办。

12月，省交通厅成立民用航空处，与杭州民用航空站两块牌子、一个机构，由省交通厅和民航上海管理处双重领导。

· 1959 年

12月，省交通厅航运局颁发《浙江省港口管理暂行办法》。

· 1960 年

5月25日，杭州航空站扩建为民航浙江省管理局，实行"局站合一"的体制。

7月，杭兰公路白沙大桥（又名新安江大桥）建成，时为浙江省第一座多孔最大跨径50米大型石拱桥。

· 1961 年

1月，杭兰线（杭州—兰溪）桐庐大桥建成通车。

4月26日，杭州市公交公司经营的无轨电车开始运行，定为1路，南起城站，北至拱宸桥，全长12千米。

· 1963 年

3月，浙江省交通学校在浙江省公路学校（原浙江省金华公路学校）、浙江省航务学校基础上成立。

6月，公路养护工作从公路运输部门划出，实行厅工程局、养路总段、工区三级管理体制。

是年，浙江省公布《浙江省内河通航标准（试行）》，航道定为1—13级。

· 1964 年

1月1日，我国自行设计制造的双层新型铁路客车在沪杭铁路线试车。试车后，在沪杭线担当客运任务。

7月1日，浙江省汽车运输公司成立，负责全省汽车运输业务的经营，实行独立经济核算。

7月，省交通厅驻沪办事处、驻沪运输经营处合并为浙江省航运公司驻沪运输经营处。

8月6日，北京—杭州—广州直达航线通航。

• 1965 年

5月，缙云至木栗公路蛟坑隧道建成，这是中华人民共和国成立后省内首座公路隧道。

• 1966 年

1月，浙江省轮船运输公司改称浙江省航运公司。

5月1日，沪杭线27个车站全部采用半自动闭塞。

8月，民航系统实行军管，各地民航机场先后进驻陆军或空军。

9月21日，船舶进出口签证制度和机动船船员考试发证制度停止执行。

• 1967 年

3月29日，浙江省交通厅军事管制小组成立。

6月10日，杭州铁路分局军事管制委员会成立。

• 1968 年

3月，浙江省第一张航道图印发（比例1∶10000）。

6月，全省各养路总段改称公路总段，养路工区改称公路段。

• 1969 年

11月，民航划归中国人民解放军建制。

• 1970 年

5 月，省交通厅与省邮政局合并成立浙江省交通邮政局。

6 月，修复公路杭沪线嘉兴经嘉善至枫泾段，实现了全省县县通公路。

是年，船舶进出口签证制度恢复。

• 1971 年

1 月 21 日，杭州至金华间铁路沿线站启用列车无线调度电话指挥行车。

11 月 8 日，国务院、中央军委下达"关于扩建笕桥机场"的紧急指示，省委随即开始实施"118 工程"。1972 年 2 月 9 日，"118 工程"候机楼交付使用。

• 1972 年

1 月 1 日，养路费恢复由省统收统支的办法。

1 月 30 日，杭长铁路（杭州—长兴）全线贯通，全长 165 千米。该工程于 1959 年底动工，曾停工多年，1968 年—1971 年 1 月复建。

7 月，恢复沿海机动船船员考试发证工作制度。

8 月，完成全省第二次航道普查。

• 1973 年

5 月，浙江省交通邮政局撤销，分设为浙江省交通局和浙江省邮政局。

5 月，省道长兴—牛头山公路铺筑水泥混凝土路面 23 千米，为省内第一条高等级路面。

8 月 27 日，杭州笕桥机场定为国际航班备降机场。

• 1974 年

6 月 22 日，杭州铁路机务段首次配置内燃机车，牵引动力由蒸汽机向内燃机过渡。

• 1975 年

12 月，浙江船厂建成浙江省第一艘千吨级沿海货轮"浙海 504 轮"。

• 1976 年

12 月，浙江 130 型 2 吨汽车通过技术鉴定。省交通局决定该车由杭州交通机械厂和宁波市交通局修理厂定点批量生产。

• 1977 年

10 月 24 日，浙江省交通局第一、二汽车运输公司合并成立浙江省交通局直属汽车运输公司。

• 1978 年

3 月 23 日，杭州铁路分局成立，杭州铁路分局革命委员会撤销。

10 月，宁波港镇海港区两个连片式煤码头建成，是省内第一个万吨级泊位。

12 月 4 日，宁波港对外开放。

12 月，全省交通管理体制恢复三局二公司建制，即成立浙江省交通局工程管理局、浙江省交通局公路运输管理局（浙江省汽车运输公司）、浙江省交通局航运管理局（浙江省航运公司）。并对 1970 年下放给地（市）的省属交通企事业单位，实行省与地（市）双重领导，以省为主的领导体制。

• 1979 年

1 月 1 日，宁波实行港、航分设。宁波老港、镇海煤码头和北仑矿石中转码头合并，成立新的港务管理局，名称为交通部宁波港务管理局，直属交通部；浙江省宁波地区航运公司改称浙江省航运公司宁波分公司，直属浙江省航运公司。

1 月，开辟杭州—香港不定期包机航班。1980 年 11 月 4 日，杭州—香港航线开航，每周 3 班。

2 月，浙江省交通设计院成立。

5 月，开化县华埠镇下田坞村村民应永潮购置 2.50 吨位"跃进牌"旧汽车 1 辆，经营货物运输，成为改革开放后浙江省第一位从事个体汽车货物运输的专业户。

8月22日，日本籍"湖山丸"轮抵达宁波港镇海港区。这是宁波港对外开放以后到港的第一艘外国籍船舶。

9月27日，宁波港第一艘中国籍"胜利4号"邮轮装载2975吨石脑油，驶往日本千叶港。

9月，杭州梵村至建德白沙段公路全面改建工程竣工，是浙江省第一条按照二级公路技术标准整段改建的国道公路。

11月，杭州客运码头和候船大厅建成投入使用。该码头位于杭州市武林门，占地面积15.14亩，时为浙江省最大内河客运码头。

· 1980 年

3月15日，民航脱离军队建制，改为国务院直属局。同时将义务工役制改为招工制。

3月26日，宁波—温州—香港海运航线通航。

3月，中国远洋运输总公司浙江省分公司组建。24日，公司"姚江"轮自宁波启航，装载浙江省出产物资首航香港成功。

3月，金华—温州国内集装箱公铁联运业务开办，成为浙江省公路集装箱运输的首创。

5月，浙江省交通局改称省交通厅。

8月16日，浙江省第一艘远洋自营油轮——中远浙江省公司"兰江"轮，开通宁波港至日本大阪港航线。

是年，浙江省船舶工业公司成立。

· 1981 年

4月，浙江省航运公司杭州分公司豪华卧铺旅游船"龙井号"在运河试航无锡；5月29日，开通杭州至无锡运河客运航线。

• 1982 年

8 月，宁波—温州—香港海上货运航线从不定期航行改为每月上、中、下旬三次的定期航行，开辟了浙江省第一条散杂货定期班轮航线。

12 月 25 日，北仑港 10 万吨级矿石中转码头通过竣工验收并投入试生产。这是我国建成的第一个具有现代化水平的卸矿码头主体工程。该工程于 1979 年 1 月 10 日开工建设，1980 年 6 月 27 日，码头主体工程竣工。码头年吞吐能力为 2000 万吨。

• 1983 年

1 月，浙江省汽车运输公司杭州分公司开辟全国公路运输业中第一条公路零担货物集装箱"站对站"直达班线——杭温线（杭州—温州）。

7 月 1 日，杭甬运河沟通工程基本完成，40 吨级基本全线通航。杭甬运河西起杭州三堡，东至宁波镇海城关，全长 252 千米。该工程于 1980 年 1 月开工建设。

6 月，浙江省交通厅工程管理局与浙江省交通厅公路运输管理局合并，改称浙江省交通厅公路管理局。浙江省交通厅航运管理局与浙江省航运公司分设，结束政企合一管理体制。

9 月 21 日，浙江省第一支个体联合运输车队——台州市仙居县第一联合运输车队成立。

11 月初，温岭县城关镇西门村村民吴松青购置"凤凰"牌大客车经营客运，成为浙江省第一个从事个体汽车旅客运输的专业户。

11 月 18 日，海门港对外开放。

12 月 29 日，时为全国第一艘浅吃水万吨级散装货轮——浙江省航运公司温州分公司"浙海 117"轮投产运行。

• 1984 年

5 月 4 日，宁波、温州成为全国首批 14 个沿海港口开放城市之一。

8 月 6 日，中远浙江省公司"鳌江"轮利用甲板捎带形式，在宁波港镇海港区装载浙江省首批集装箱运往香港，再中转运往西欧 4 个港口。10 月 29 日，该公司"衢江"轮又在宁波港装载 96 只国际标准集装箱运往香港，再中转运往北美、西欧各地。浙江省国际集装箱运输起步。

10 月，温州瓯江大桥建成通车并开始征收车辆过桥费。浙江省首开对利用贷款集资建造的公路桥梁、隧道等征收车辆通行费先例。

11 月 16 日，中国民航班机首降宁波庄桥军用机场。是日，上海—宁波航线开航。

• 1985 年

1 月 5 日，全省第一家地方航空服务公司——杭州飞达航空服务公司成立。

5 月，温州市区出现第一辆出租车——菲亚特小轿车。

7 月，台州温岭县采取发行股票、贷款等方式集资 160 万元建设藤岭隧道，为浙江省首条股份合作制隧道，开启了全省股份制建设交通基础设施的先河。

10 月 1 日，湖州市新建内河客运码头投入使用，时为浙江省最大内河客运码头。

10 月 16 日，浙江省民航局调派双水獭型机 512 号在杭州市上空进行遥感飞行，为杭州市城乡规划和建设提供彩色图片资料。

11 月 11 日，浙江省航运公司宁波分公司"浙海 501"满载 1 万多吨煤炭驶入宁波港镇海港区，"浙海 501"为省内首艘万吨货轮。

11 月 16 日，省内第一条民用航空线——杭州至宁波航线通航。

• 1986 年

1 月 3—7 日，省政府在杭州召开全省交通工作座谈会，提出在今后相当长的一段时期内，交通运输应贯彻"先缓解，后适应"的方针。并确定"七五"期间前三年拨款 7000 万元，重点用于"三三四一"工程项目，即改造杭州—枫泾线、杭州—父子岭线、杭州—宁波线、金华—丽水—温州线等 4 条公路，改造和新建温州港、舟山港、乍浦港、椒江港等 4 个沿海港口，改造京杭大运河浙境段、长湖申线、杭甬运河等 3 条内河航道，新建飞云江大桥和甬江隧道。

2 月 1 日，舟山定海鸭蛋山至宁波镇海白峰汽车轮渡码头建成。2 日，鸭蛋山至白峰海峡汽车轮渡航线通航。这是浙江省第一条大陆与海岛间开辟的滚装客运航线。

3月1日，浙江省航运公司杭州分公司与中国国际旅行社杭州分社合营组建的"古运河旅游公司"，投入"天堂""古运河"轮船组，营运杭州至苏州旅游航线。

3月20日，杭州钱塘江汽车轮渡通航。该轮渡工程于1985年9月1日开工建设，1986年2月25日竣工，投资119.42万元（不含政策处理经费）。1997年1月28日，钱江三桥通车，钱塘江汽车轮渡即停止使用。

5月30日，中波轮船公司1.6万吨级"永兴号"集装箱轮，从波兰丁尼亚港驶抵镇海港区9号泊位卸货。这是宁波港新辟的一条洲际集装箱直达航线。

6月14日，省计经委、省物价局、省财政厅、省交通厅联合发出通知，自1986年7月1日起征收客运汽车站和公路设施建设专用基金。

6月29日，国内第一座配备比较完整储运设施的液体化工产品储运工程——宁波港镇海港区5000吨级液体化工专用泊位通过国家验收，年吞吐能力为20万吨。

· 1987年

2月5日，宁波花港有限公司"甬兴号"高速双体客轮开通宁波—上海芦潮港航线，为国内第一条合资经营沿海省际高速客轮班线。

3月16日，上海—武汉—杭州航班开通，每周两班。

4月1日，经国务院批准，舟山港对外国籍船舶开放。5月5日，舟山市在沈家门举行舟山港开港典礼。当天，第一艘6000吨级的日轮"第八义宗丸"抵达舟山港。

4月27日，我国第一个液体化工专用泊位——宁波港镇海港区16号泊位投产。

5月5日，上海—宁波—北京航班开通，每周两班。

6月26日，香港港龙航空公司开辟的香港—杭州包机航线首航。

7月24日，根据国务院《关于改革道路交通管理体制的通知》精神，浙江省交通部门将公路交通监理中的安全管理及机动车管理成建制地移交同级公安部门。

8月13日，省政府批复同意撤销浙江省汽车运输公司，公司所属11个分公司、2个厂和浙江省汽车驾驶技工学校及其宁波分校，成建制下放给所在省辖市（地）；浙江省汽车驾驶技工学校金华分校由省交通厅直管，并改名为浙江汽车技工学校。

9月15日，国务院、中央军委批复同意海军浙江路桥机场实行军民合用。

10月4日，浙江航空公司成立。

10月10日，交通部宁波港务管理局下放宁波市，改称宁波港务局。原属交通部宁波港务管理局的宁波港务监督，改名为交通部宁波海上安全监督局。均实行交通部、宁波市人民政府双重领导、以部为主的领导体制。

10月24日，黄岩民用航空站成立，成为全国第一家县级民航站。

11月19日，从秦皇岛装载1.8万吨煤炭的"长建"轮顺利停靠宁波港镇海港区煤码头，从而结束甬江航道不能驶入万吨轮的历史。

12月23日，浙江省第一艘直航香港的客货班轮"雁荡山"轮在温州举行首航仪式。

12月，浙江航空公司首辟杭州—黄岩—上海航线，每周3班。

• 1988 年

5月2日，国内航空干线乌鲁木齐—西安—杭州航班开通。

5月17日，鄞县柘岭隧道建成，长1226米，是当时省内县乡公路最长的隧道。

10月20日，国务院、中央军委批准海军浙江义乌机场实行军民合用。

12月31日，温州瑞安飞云江大桥建成通车。时为国内最大跨径的简支梁桥，大桥为浙江交通建设实行公开招投标的首个项目，于1986年3月15日开工建设。

12月31日，京杭大运河与钱塘江沟通工程竣工。该工程于1983年11月12日动工兴建，总投资7391.63万元。沟通工程包括船闸1座，闸上下游航道6.97千米，桥梁11座，全线可通300吨级船舶。1984年12月24日，主体工程三堡船闸竣工，1988年12月全线通水。1989年1月31日，沟通工程首次试航成功，同年3月通过省交通厅验收，6月通过交通部验收。

12月，温州港龙湾港区2个万吨级泊位建成投产，年吞吐能力为49万吨。该工程于1987年5月开工。它的建成投产，改变了温州港无深水泊位的状况。

· 1989 年

1 月 11 日，省政府批复同意省交通厅关于公路、航运、沿海港口和航运公司管理体制改革方案，将公路管理、航运管理改为条块结合、以块为主的领导体制；厅属沿海港口和省航运公司所属 4 个内河分公司及钱塘江海运公司，成建制下放给所在地的省辖市管理；浙江省航运公司改称省海运总公司。

5 月 3 日，铁路杭州站开通直达沈阳的快车。

5 月 31 日，杭州港濮家码头（亦称三堡内河码头）工程通过交工验收，并投入试生产。该码头于 1987 年 3 月动工，为国内第一个利用外资（瑞典政府优惠贷款）建设的内河码头。

7 月 31 日，浙江航空公司与加拿大德·哈维兰飞机制造公司在杭州笕桥机场举行首架冲 8-300 型飞机交接仪式。

9 月 4 日，宁波港国际客运站大楼在镇海港区落成启用。该客运站为浙江省第一个国际海运客运站。

9 月 16 日，国内第一艘自行设计、自行制造的海峡汽车轮渡船——"舟渡 4 号"轮在甬江下水。该船可同时装载 5 吨标准汽车 20 辆和随车旅客 600 人。

9 月 29 日，舟山至香港定期海上货运航线开通，第一艘货轮"芝山"号首航香港。

10 月 20 日，中断 40 多年的宁波石浦—上海的客运航线恢复通航。

12 月 26 日，杭州至沈家门 329 国道上虞曹娥江大桥竣工。该桥主体工程长709 米，桥面车行道宽 10 米，总投资 698 万元。

· 1990 年

1 月，浙江省沪杭甬高速公路建设指挥部成立。

3 月 16 日，杭州港三堡内河码头工程竣工。该工程于 1987 年 3 月 14 日开工建设，是浙江省最大的内河码头。

5 月 10 日，温州机场工程竣工，6 月 17 日试航，7 月 3 日通过国家验收，7月 12 日通航。

6 月，中国民航温州站成立。

6 月 30 日，宁波栎社机场建成通航，宁波庄桥机场的民航业务全部转移到栎社机场。该机场于 1987 年 7 月开工建设。

7 月 4 日，温州机场通航。

7 月 13 日，台州大陈岛 300 吨级客货码头通过竣工验收，结束了岛上没有客货运码头的历史。

10 月 1 日，海门港对外开放，成为中国对外开放的第 49 个港口。

11 月 11 日，北仑港电厂 5 万吨级煤码头通过验收。该码头泊位是当时我国自备码头中最大的。

12 月 15 日，浙江省第一个海河直达联运港——乍浦港内河港建成通航。浙东南沿海第一座现代化大型灯塔——北麂山灯塔建成发光。

• 1991 年

3 月 9 日，民航义乌机场启用。

7 月 1 日，宁波港北仑集装箱公司（北仑港区二期工程）第一个国际集装箱专用泊位投入试生产。

7 月 20 日，铁路宁波北站开通经欧亚大陆桥直达欧洲的铁路货运通道。

7 月 26 日，省政府下达《关于清理整顿公路检查站的通知》，对国道、省道原有的 415 个公路检查站进行撤并，调减为 124 个。

9 月 28 日，我国水深条件最好、装卸设备最先进的 5 万吨级北仑集装箱码头建成投产。

10 月 25 日，富春江上第一桥——桐庐富春江大桥建成通车。

10 月 28 日，铁路"中取华东"第一条新线——宣杭线（宣城—杭州）全线贯通。这条铁路西起安徽宣城，东达浙江长兴，全长 119 千米。

11 月 20 日，杭甬高速公路杭州至萧山段——钱塘江第二大桥公路桥建成，实现浙江省高速公路"零的突破"。12 月通车。

12 月 24 日，宁波市政府将宁波栎社机场一期工程财产及产权移交给民航浙江省管理局管理。

12 月 27 日，沪杭铁路复线全线开通。

12 月 27 日，杭州汽车东站启用。汽车东站于 1988 年 8 月 6 日开工建设，总投资 1667 万元，建筑面积 15114 平方米。

1991 年，宁波港北仑港区建成国内大型国际集装箱专用码头深水泊位 3 个，总长 710 米，可供第三、四代大型集装箱船舶停靠作业。年吞吐能力 10 万个国际标准集装箱。工程于 1989 年 5 月 3 日开工，这是宁波港第一次利用世界银行贷款建设的项目，第一次采用国际公开招标确定水土工程施工单位和装卸设备供应单位，第一次选聘国际咨询公司的专家进行监理。

• 1992 年

1 月 22 日，宁波至美国东海岸集装箱干线开通，北仑港集装箱码头列入国家远洋海运干线。

2 月 20 日，乐清至北京超长途客运班车开通，全程 1953 千米，是当时我国公路客运里程最长的班线。

4 月 1 日，杭州彭埠大桥（又名钱江二桥）通车。该桥于 1987 年 11 月 20 日动工，1991 年 12 月 20 日建成。

7 月 6 日，国务院同意开放宁波航空口岸。

9 月 2 日，宁波至香港空中航线开通。

10 月 1 日，宣杭铁路（宣城—杭州）全线开通运营。

12 月 1 日，省政府印发《关于加快交通基础设施建设的通知》，提出公路建设实行自行贷款、自行建设、自行收费、自行还贷的"四自"方针。

• 1993 年

4 月 1 日，铁路杭州东站启用。

5 月 3 日，省道丽水—浦城线云和赤石岭隧道通车。该隧道全长 1240 米，时为全省干线公路最长隧道。

7 月 27 日，杭州萧山国际机场国内出港大厅启用。9 月 1 日，该机场国际联检厅投入使用。

10 月 28 日，义乌机场扩建工程通过竣工验收，扩建后的机场规模由 3C 级升至 4C 级。

11 月 26 日，衢州机场通航，成为继杭州、宁波、温州、黄岩、义乌之后的省内第 6 个航空港。

12月14日，104国道绍兴段"南连北建"两条复线改建完成并通车。该复线长45千米，是浙江省第一个"四自"工程项目。

12月30日，铁路浙赣复线工程建设全部完成。

• 1994 年

1月19日，时为浙江省最大豪华渡轮——舟山市海峡汽车轮渡公司"舟渡5号"轮投入营运。

7月9日，宁波镇海至上海金山车客轮渡开通，甬沪之间从此可缩短行程362千米，减少行车时间6小时左右。

8月30日，320国道杭州珊瑚沙至富阳段25.8千米拓宽改建工程竣工通车，浙江省一级公路实现"零的突破"。

9月30日，国务院同意开放温州航空口岸（限中国籍飞机飞行）。

9月，宁波港镇海港区国内最大的27.5万吨级原油码头竣工，该工程于1992年12月开始建设。

11月10日，宁波港北仑港区20万吨级（兼靠30万吨级）卸矿码头竣工进行试生产，成功接卸25万吨级"易坚号"轮靠泊卸矿。

12月5日，义乌民航机场扩建工程竣工并复航。

12月30日，京杭大运河杭州市河整治工程全线竣工。

• 1995 年

2月21日，金温铁路金缙（金华—缙云）84千米轨道铺通。3月5日试通车。

5月15日，从深圳、汕头直航杭州的"浙海1166"号江海直达散货集装箱两用货轮，满载1500吨聚乙烯塑料颗粒等货物，一次靠泊六堡杭州海运码头成功。

8月16日，温州机场对外开放。

11月21日，宁波镇海经上海至韩国釜山国际集装箱班轮航线开通。

12月6日，舟山普陀山—江苏南通港的首条江海直达旅游客运航线开通。

• 1996 年

1 月 26 日，浙赣铁路复线全线开通。浙赣复线全长 945 千米，其中浙江段全长 294.6 千米，累计投资 53.25 亿元，建成通车后，年运输能力从 2000 万吨增加到 5000 万吨。

7 月 28 日，舟山朱家尖机场建成通航。

8 月，兴中公司岙山基地 20 万吨级油码头升级为 25 万吨级码头，成为国内最大油品转运码头。

12 月 1 日，浙江省首个水上"四自"工程——杭州三堡二线船闸建成通航。该船闸于 1993 年 9 月开工，按五级航道标准建设，年设计通过能力 550 万吨。

12 月 6 日，浙江省第一条高速公路——杭甬高速公路全线建成通车。

• 1997 年

1 月 8 日，杭州铁路分局管内沪杭线共 42.716 千米自动闭塞开通。

1 月 28 日，西兴大桥（钱塘江第三大桥）通车。

4 月 30 日，湖州铁公水中转港区建成。

5 月 15 日，浙江沪杭甬高速公路股份有限公司 H 股在香港联合交易所挂牌上市交易。这是浙江省首家在香港上市的地方企业。

5 月 19 日，99 次沪港列车首开，杭州至香港九龙直通列车开通。

6 月 24 日，有 87 年历史的铁路杭州城站停止营运，开始重建。

6 月，浙江东华通用航空公司投入运营。

8 月 8 日，舟山朱家尖机场通航。

8 月 8 日，金温铁路全线铺通。金温铁路全长 251.51 千米，其中桥梁 135 座、隧道 96 条，由浙江省、铁道部、香港南怀瑾分别按 45%、30%、25% 的股比出资建设，是内地引进香港投资建设的第一条地方铁路。该铁路于 1992 年 12 月 18 日开工建设。

• 1998 年

1 月 8 日，南星桥客运码头在服役 69 年后，光荣"退休"。该码头被称为"浙江第一码头"。

4月29日，舟山机场更名为舟山普陀山机场。

6月11日，金温铁路（金华—温州）全线通车。金温铁路北起金华新东孝，南至温州龙湾，全长250.7千米。

6月，嘉兴港铁水中转港区建成。该港区于1994年3月22日开工，北接杭申航道，南连乍嘉苏航道，占地25.4公顷，是一个现代化综合性内河港区。

10月6日，宁波经澳门至台北/高雄航线试航成功，11月开通。

10月，杭州长运集团公司的杭州—衢州直达快客班线开通，拉开了全省承包车改革序幕，为创建"浙江快客"品牌奠定了基础。

11月30日，舟山朱家尖海峡大桥顺利合龙。该桥长2706米，于1997年3月8日动工建设。

12月29日，沪杭高速公路全线建成通车。沪杭高速公路起自上海莘庄，在杭州彭埠与杭甬高速公路连接，全长151千米，其中浙江境内103千米。

12月29日，由省、市国有企业共同投资组建的浙江新干线快速客运有限责任公司开业营运，开通杭州、宁波、绍兴、嘉兴至上海的班车及部分省内班线。

是年，杭州萧山机场有限公司组建。

· 1999 年

1月1日，民航浙江省管理局实施局场分离。

3月12日，浙江交通职业技术学院成立，为浙江省第一批专科层次的高等职业教育类学校。

4月26日，浙江省船舶工业行业管理职能由省交通厅移交给省机械工业厅。

9月28日，京杭大运河浙江段航道改造工程通过竣工验收。改造后的京杭大运河浙江段航道可通航500吨级的内河船舶。该工程于1993年12月开工，是中国首次利用世界银行贷款进行建设的内河航道项目之一。

9月29日，铁路杭州新客站（城站）场投入使用。

10月1日，杭州汽车客运北站建成投入使用。该站为当时浙江省规模最大的汽车客运站。

10月9日，宁波—上海—福冈国际航线延伸航班开通。

　　12 月，位于台州、温州交界处的甬台温高速公路温岭大溪岭至乐清湖雾岭隧道（左洞长 4114 米，右洞长 4116 米）建成。该隧道于 1995 年 4 月 18 日开工建设，时为国内建成通车长度最长、规模最大、设施最齐全的高速公路隧道。

• 2000 年

　　1 月 21 日，上海海运局决定春运期间在温申（温州—上海）客运航线上，不再安排客运班轮。这是该航线首次出现春运无客轮的局面，意味着这条经营了 40 多年、曾经有过辉煌业绩的客运航线悄然退出历史舞台。

　　4 月，京杭大运河上海—杭州—上海首条国际集装箱航线开通运营。

　　8 月 26 日，宁波至中东的"波斯湾快航"国际集装箱班轮运输干线开通。

　　8 月 30 日，中华人民共和国浙江海事局成立。

　　9 月 28 日，中远浙江省公司与中远（集团）公司，遵照国家体制改革的要求，终止合作经营。中远（集团）公司持有的 50% 股份全部转让给浙江省。随后，中远浙江省公司改制，并更名为浙江远洋运输公司。

　　11 月 8 日，宁波港年累计货物吞吐量达 1 亿吨。

　　12 月 22 日，杭州萧山国际机场一期工程通过竣工验收。12 月 30 日，杭州萧山机场启用，杭州笕桥机场民用航班全部转至杭州萧山机场。9 时 40 分，该机场第一个航班，即杭州—广州航班，由中航浙江航空公司 A320 飞机执飞。

　　12 月 28 日，浙江省最大的内河散货码头——杭州港内河港区管家漾码头交付使用。该工程于 1996 年 11 月开工，岸线总长 1602 米，可供 13 艘 300 吨级船舶和 3 艘 500 吨级船舶同时作业。

　　12 月，长湖申线浙境段航道改造工程完成。改造后，长兴小浦至雪水桥航段 31.8 千米为五级航道，可通 300 吨级船舶，湖州市区段（雪水桥）至南浔省界 44.71 千米为四级航道，可通 500 吨级船舶。

• 2001 年

　　4 月 20 日，嘉兴乍浦港对外国籍船舶开放。至此，浙江沿海主要港口全部对外开放。

　　4 月 20 日，厦门航空公司开通杭州—曼谷往返定期航线，每周 2 班。这是杭州萧山机场开航后的首条国际航线。

5月28日，浙江省规模最大的道路运输企业——杭州长运集团公司改制揭牌，全公司整体改制工作完成。

7月1日，舟山至上海、宁波的进口集装箱内支线班轮开通。

7月2日，浙江省交通投资集团有限公司组建。

12月13日，杭州萧山机场更名为杭州萧山国际机场。

12月24日，浙江省首条采用股份制形式建造的高速公路——甬台温高速公路台州段建成通车。

12月25日，浙江省在全国率先实现了全省域高速公路联网收费，省内1307千米高速公路做到"一卡通"。

• 2002 年

1月18日，中国民用航空温州站更名为民航温州永强机场。

5月30日，洞头五岛相连工程通车。该工程于1996年12月29日开工兴建，以7座跨海桥梁连接境内8个海岛，线路总长13.1千米。

7月，杭申线浙境段航道改造工程完成。全线达到四级航道标准，可通航500吨级船舶。

10月28日，乍嘉苏高速公路浙江段全线建成通车。

11月28日，杭宁（杭州—南京）高速公路浙江段全线建成通车，全长98.8千米。

12月21日，全国最大的矿石中转港区——舟山港马迹山矿石中转港区通过竣工验收并投入运营。该港区于1998年11月8日开工建设，2002年5月30日建成试运营。

12月26日，时为浙江省最大的汽车客运服务中心——宁波汽车客运中心站建成。该站占地面积10.7万平方米，总建筑面积33373平方米。

12月28日，杭金衢（杭州—金华—衢州）和金丽（金华—丽水）高速公路建成通车。至此，浙江省"四小时公路交通圈"实现。

• 2003 年

9月22日，杭金衢高速公路二期工程（衢州翁梅至常山窑上）建成通车。

11月3日，省政府批准武獐线（武林头—余杭区獐山镇）、嘉于硖线（嘉兴—海盐县于城镇—海宁市长水塘）、妙湖线（湖州市妙西矿区—湖州）、武新线（德清县武康镇—新市镇）4条航道改造项目为全省第一批自行贷款、自行建设、自行收费、自行还贷的水运"四自"工程，分别由项目所在市、县政府组织实施。

11月8日，苏嘉杭（苏州—嘉兴—杭州）高速公路浙境段通车。

11月20日，嘉苏高速公路通过省交通厅组织的竣工验收。该工程是按照"四自"方针修建的高速公路，全长155千米，其中浙江段53.861千米，工程总投资26.44亿元。

12月26日，淳安县左口乡通乡公路通过竣工验收。这是浙江省最后竣工的通乡公路，从此全省实现"乡乡通公路"。

12月28日，杭州绕城高速公路全线贯通。

12月30日，甬台温（宁波—台州—温州）高速公路全线建成通车。

• 2004 年

3月15日，杭州航空口岸对外籍飞机开放。

4月28日，宁波栎社机场移交宁波市政府，实行属地化管理。

5月20日，甬沪宁进口原油管道投产。管道全长645千米，年原油输送能力为2000万吨。

9月15日，杭州至湖州天然气输气管道工程全线投产，并向湖州市供气。

10月16日，杭州复兴大桥（又名钱江四桥）通车，全长1376米，为当时世界上唯一一座双层钢管混凝土系杆拱桥。

10月28日，全国通航水域首条水上公交巴士线路在杭州开通。

12月21日，浙江省水上交通指挥系统一期工程建成并投入试运行。

12月，乍嘉苏高速公路（浙江段）工程荣获"鲁班奖"。

• 2005 年

3月18日，杭州铁路分局撤销，铁路实行铁路局直管站段重大体制改革。

4月15日，杭州萧山国际机场公司与香港机场管理局签订增资认购协议。机场公司净资产36.959亿元，占股份的65%，香港机场管理局以港币现汇方式出资，折合人民币 19.901 亿元，占股份的 35%。

9 月 20 日，宁波航空口岸对外籍飞机开放。

9 月 28 日，宣杭铁路复线开通。该工程起自安徽省宣城，经长兴县至杭州，全长 224 千米，总投资 34.1 亿元。

12 月 20 日，宁波-舟山港管理委员会成立。省委、省政府在杭州为宁波-舟山港管理委员会举行授牌仪式。时任浙江省委书记习近平为管委会授牌。

12 月 23 日，金丽温（金华—丽水—温州）高速公路建成通车。

12 月 28 日，甬金（宁波—金华）高速公路全线建成通车。

是年，浙江省高速公路联网运行监控系统建成运行。

· 2006 年

1 月 1 日，使用"宁波-舟山港"名称，同时不再使用"宁波港"和"舟山港"名称。

1 月 1 日，舟山大陆连岛工程一期工程（岑港、响礁门、桃夭门三座大桥及相关接线），历经 6 年建设，建成通车。

2 月 1 日，杭州钱江四桥（复兴大桥）获"鲁班奖"。2007 年 1 月 15 日，又获中国土木工程最高奖"詹天佑金像奖"。

3 月 30 日，温州洞头半岛工程竣工。

4 月 22 日，东方航空公司空客 320 型客机由宁波直飞韩国首尔国际机场。这是宁波栎社机场升格为国际机场后开通的首条定期国际航线。

8 月 11 日，宁波-舟山港北仑四期 3 号、4 号泊位及配套工程通过国家验收。北仑四期集装箱码头工程建设规模为 5 座 5 万—10 万吨级专用集装箱泊位，码头总长 1785 米。

9 月 15 日，浙赣电气化改造工程竣工并全线通车。

10 月 30 日，申苏浙皖高速公路浙江段全线建成通车。

11 月 20 日，湖州市最后一艘渡船在该市南浔区菱湖镇南溪东渡口"退役"。湖州成为浙江省第一个"零渡口"的地级市。

12 月 18 日，杭州萧山国际机场公司与香港机场管理局合资成立杭州萧山机场公司。

12 月 19 日，衢州经小湖南镇至岭洋乡白岩村开通农村公交车。这是浙江省最后一个乡镇通上公交车。

12 月 25 日，杭新景高速公路杭州至千岛湖段全线通车。

• 2007 年

1 月 28 日 7 时 15 分，国产动车组从杭州城站出发赴上海，开始中国铁路高速列车的首航。列车行驶速度 200 千米 / 小时以上，杭州到上海只需 1 小时左右。

6 月 26 日，世界上最长的跨海大桥——杭州湾跨海大桥全线贯通。

6 月 30 日，浙江机场投资有限责任公司成立。

9 月 28 日，我国首条民资参建的干线铁路——衢常铁路开始运行。该铁路于 2004 年 4 月开工，全长 45 千米，总投资 7.75 亿元。

10 月 14 日，浙江省机场管理公司成立。

11 月 8 日，杭州萧山国际机场旅客吞吐量首次突破 1000 万人次，成为继北京、上海、香港、广州、深圳、成都和昆明机场之后，达到千万人次级别的机场。

11 月 28 日，沪杭甬高速公路拓宽工程全线完成通车。拓宽工程分三期进行，于 2000 年 10 月开工建设。沪杭甬高速公路全线由原来的双向四车道拓宽为双向八车道。

12 月 25 日，两龙（龙丽、丽龙）高速公路全线建成通车。两龙高速公路起自龙游，经丽水，到达龙泉，全长 222 千米，总投资 105 亿元。

12 月 29 日，杭甬运河改造工程基本完成。

• 2008 年

1 月 10 日，省政府在全省交通工作会议上提出，交通发展的战略目标是推进现代交通"三大建设"：建设大港口，建设大路网，建设大物流。

1 月 28 日，杭浦（杭州—浦东）、杭州湾跨海大桥北岸接线、申嘉湖三条高速公路建成通车。

5 月 1 日，世界上最长的跨海大桥——杭州湾跨海大桥建成通车。大桥建设获得多项技术创新成果，形成 9 大系列自主核心技术。

9 月 6 日，杭州公路客运中心站建成投入试运营。该站是交通部确定的全国

45 个主枢纽场站之一。

11 月 21 日，宁波-舟山港年集装箱吞吐量首次突破 1000 万标准箱，成为国内第 4 个千万等级的世界大港。

11 月 26 日，中国海上最大的人工深水航槽在舟山虾峙门口外建成并开通启用。启用后 30 万吨级超大型船舶无须过驳可满载进出宁波-舟山港。

12 月 13 日，新长铁路通过国家验收。新长铁路于 1998 年 9 月 16 日开工建设，2005 年 7 月 1 日全面开办客货运输业务。

12 月 15 日，杭州—台湾空运直航通航。

12 月 23 日，黄岩路桥机场更名为台州路桥机场。

是年，经国务院和中央军委批准，浙江省先后开放 8 个一类口岸（其中 5 个海港口岸分别为宁波、舟山、温州、台州和嘉兴港，3 个航空口岸分别为杭州、宁波和温州机场），以及 5 个外轮海面交货点和接卸点；经省政府批准，先后开放 12 个二类口岸（后经清理整顿撤并为 6 个，国家“十一五”口岸发展规划中划入相应的一类口岸）；经海关总署批准，设立一批陆路外贸货物海关监管点（封关点）和邮政国际邮件交换点。

2008 年，萧甬铁路电气化改造完成并投入使用。该工程于 2006 年 11 月 28 日开工建设，总投资 10 亿元。

• 2009 年

1 月 7 日，“台塑 4 号”轮停靠宁波市北仑化工码头，这是海峡两岸开通直航后抵达浙江省的首艘台湾船舶。

4 月 1 日，根据中共中央、国务院批复的《浙江省人民政府机构改革方案》，组建省交通运输厅，将省交通厅的职责、省建设厅的指导城市客运职责、省机场管理公司的全省民航机场管理职责，整合划入省交通运输厅，不再保留浙江省交通厅。4 月 15 日，浙江省交通运输厅挂牌。

9 月 28 日，甬台温、温福铁路开通试运营。

12 月 1 日，申嘉湖杭高速公路全线贯通。

12 月 25 日，我国当时最大的连岛工程——舟山跨海大桥试通车。舟山跨海大桥全长约 50 千米，其中西堠门大桥主跨 1650 米，时为世界上跨径最大、首座分体式钢箱梁悬索桥。

· 2010 年

5 月 9 日，由荷兰皇家航空公司执飞的杭州至阿姆斯特丹往返直达航线开通。该航线为浙江历史上第一条真正意义上的洲际直达定期客运航线。

7 月 22 日，诸永（诸暨—永嘉）高速公路全线通车。

9 月 15 日，浙江省机场管理局挂牌成立。

10 月 26 日，沪杭高速铁路投入运营。沪杭高铁于 2009 年 2 月开工建设，全长 202 千米，设计速度 350 千米 / 小时。

12 月 1 日，全省收费公路对所有整车合法装载鲜活农产品的车辆免收车辆通行费。

· 2011 年

1 月 27 日，黄衢南高速公路全线贯通。

10 月 9 日，台金高速公路东延段建成通车。

11 月 7 日，杭州湾跨海大桥荣获"鲁班奖"。

· 2012 年

3 月 25 日，温州机场举行温州—台北首航仪式。

4 月 28 日，浙江省撤销 29 个收费公路项目、30 个收费站点，另 11 个高速公路收费站取消合并收取普通公路车辆通行费。

5 月 16 日，亚洲最大的原油码头宁波实华原油码头有限公司 45 万吨级码头泊位对外开放。

9 月 12 日，杭州地铁 1 号线投入试运行。

12 月 28 日，象山港跨海大桥建成通车。

· 2013 年

4 月 10 日，云景高速公路建成通车。

7月1日，铁路杭州新东站建成启用。

7月19日，嘉绍大桥建成通车。

• 2014 年

5月30日，宁波轨道交通1号线一期开通载客试运营，宁波成为浙江省第二个开通地铁的城市。

7月15日，杭州火车东站城市航站楼启用。

11月18日，浙江省被列为全国交通运输综合改革试点，这是交通运输部9项改革中分量最重、涵盖最广、内容最为综合的改革试点工作。

11月18日，首趟"义新欧"（义乌—马德里）铁路班列从义乌驶出，发往目的地西班牙马德里，标志着"义新欧"铁路国际货运班列开行。

12月10日，沪昆高速铁路杭州东至南昌西段开通运营。

12月19日，义乌机场成为浙江省第四个对外开放的口岸机场。

• 2015 年

7月6日，浙江省首条由地方政府投资兴建的东永（东阳—永康）高速公路建成通车。

9月29日，宁波舟山港集团成立，集团由宁波港集团和舟山港集团通过股权等值划转整合组建而成。

12月26日，金温高铁开通运营。

• 2016 年

1月7日，金华至中亚、中俄班列暨海铁联运班列实行常态化开行。该班列自金华西货运站出发，经阿拉山口开往俄罗斯等中亚地区。

1月16日，杭甬运河宁波段开始通航500吨级船舶，至此杭甬运河全线通航500吨级船舶。

9月22日，浙能嘉兴独山煤炭中转码头开港试运行。

9月28日，龙浦（龙泉—浦城）高速公路通车。

12 月 1 日，钱塘江中上游航运枢纽富春江船闸（改扩建工程）实施有条件试运行。

12 月 19 日，宁波舟山港年货物吞吐量突破 9 亿吨，成为全球首个 9 亿吨大港。

12 月 22 日，义乌航空口岸开通航空货运。

• 2017 年

2 月 20 日，浙江省委副书记、省长车俊在萧山国际机场调研时，强调要拉高标杆、整合资源，做强浙江航空产业。全省 7 个机场资源整合工作启动。

3 月 9 日，温州港首条至东南亚集装箱航线首航。

3 月 20 日，嘉兴至日本的集装箱船班轮航线首航。

4 月 25 日，杭黄高铁淳安段全线贯通。

8 月 24 日，在全国"四好农村路"养护现场会上，浙江省 3 个县被评为"四好农村路全国示范县"。

9 月 14 日，嘉兴内河集装箱码头岸电项目投运，这是省内首次将岸基供电设备运用于内河集装箱码头。

11 月 17 日，浙江省机场集团有限公司正式成立。浙江省 27901 个建制村实现全部通客车，通车率 100%，提前 3 年实现全省建制村客车"村村通"目标。

12 月 27 日，宁波舟山港成为全球首个年货物吞吐量超 10 亿吨大港，连续 9 年位居世界第一。

• 2018 年

1 月 12 日，S45 义乌至东阳高速公路（原疏港高速公路）并网通车。

2 月 1 日，横店通用机场完成首飞。

2 月 6 日，国务院批复同意舟山普陀山机场对外开放。

3 月 12 日，杭黄铁路全线铺轨贯通。

6 月 1 日，温州机场 T2 航站楼正式投入使用。

7 月 13 日，浙江省通用航空产业发展有限公司揭牌成立，注册资金 5 亿元，为省机场集团全资子公司。

8 月 8 日，舟山普陀山机场新航站楼正式启用。

9月28日，乐清湾大桥及接线工程全线通车，结束玉环市不通高速公路的历史。

11月3日，从杭州萧山国际机场飞往比利时列日机场的洲际电商航线开通，这是杭州首条直飞西欧的货运专航。

11月30日，台州沿海高速公路路面全线竣工。

11月，宁波栎社国际机场、温州龙湾国际机场年旅客吞吐量均首次突破千万人次。

• 2019 年

1月23日，杭州圆通货运航空有限公司开通义乌—首尔货机航线，填补了义乌机场货机航线的空白。

3月6日，长三角一体化互联互通三地跨省公交举行开通仪式，苏州市吴江黎里至上海青浦公交专线（7618路）和吴江黎里至嘉兴市嘉善西塘公交专线（7619路）两条跨省公交线路开行。

4月11日，省公路与运输管理中心成立，该中心由省公路管理局和省道路运输管理局整合组建而成。同日，省港航管理中心成立。

6月12日，中国国际航空开通杭州—意大利罗马航线，每周3班，机型为A330-200。这是国航在华东地区开通的第一条直飞罗马的航线。

6月20日，"新盛集06"千吨级集装箱船靠泊龙游港区桥头江作业区，钱塘江中上游龙游港区集装箱航线首航成功。

8月20日，中国邮政航空公司开通义乌直达日本大阪货机航线。

8月21日，乍嘉苏线航道48标准箱集装箱船舶投入试运行，该船型可沿乍嘉苏线、杭平申线驶往上海。

9月2日，宁波舟山港主通道（鱼山石化疏港公路）公路工程——富翅门大桥通过交工验收。

9月29日，杭州航空口岸正式实施24小时无障碍通关。

11月29日，杭州至开罗国际航线开通。该航班是华东地区与北非之间首个直飞航班。

12月20日，杭甬运河宁波段集装箱试通航首航成功。

12 月 28 日，宁波栎社国际机场三期工程正式投入运营。

12 月 30 日，杭州机场年旅客吞吐量突破 4000 万人次，跃升至 4000 万级全球最繁忙机场行列。

12 月 31 日，华东地区首条横跨浙皖两省、连接 3 个 5A 级国家景区的黄山—建德—舟山短途运输航班成功首航。浙江省低空飞行服务中心正式启用。

• 2020 年

1 月 15 日，国内首个城市货站——杭州机场（下沙）综保区货站挂牌成立。

2 月 10 日，省交通运输厅落实保障货物畅通十大举措，在"防控第一"的要求下，做到"人管住、物畅通"，两手抓、两手硬，统筹做好疫情防控和保通保畅工作，坚决阻断病毒传播渠道。

2 月 17 日，浙江交通全力启动建设项目复工复产工作。

3 月 6 日，宁波市成为浙江首个综合运输服务示范城市。

3 月 31 日，习近平总书记来到杭州市城市大脑运营指挥中心考察调研，观看"数字治堵"等应用展示。

5 月 15 日，《浙江省公路条例》发布。

6 月 6 日，上海市、江苏省、浙江省、安徽省签署《长三角地区省际交通互联互通建设合作协议》。

6 月 28 日，商合杭高速铁路建成通车。

7 月 21 日，浙江长龙航空 GJ8585 航班从杭州萧山国际机场起飞前往温州龙湾国际机场，杭州—温州航线停航 10 年后再次启航。

8 月 12 日，省交通运输厅联合省发展改革委等印发《进一步推进靠港船舶使用岸电工作实施意见的通知》，在全国率先推行全省域靠港船舶使用岸电一揽子支持政策。

9 月 1 日，上海、江苏、浙江、安徽三省一市将内河船舶证书信息簿等证照纳入长三角地区交通运输首批互认的电子证照，浙江内河普通货船持"一证"可航行于长三角。

9 月 2 日，浙江省交通强国建设试点实施方案获批复同意，成为首批交通强国试点单位。

9月2日，浙江省在长三角地区率先完成船舶生活污水防污染改造任务。

11月28日，温州港集团与俄罗斯远东航运（FESCO）携手新开的温州—海参崴集装箱快速航线在温州港状元岙港区首航。

11月23日，交通运输部原则同意宁波在双层集装箱海铁联运创新、沪甬通道创新发展、提升交通综合监管质量、提升末端投递电动配送车辆管控水平、提升交通工程工业化水平、城乡交通运输一体化六个方面，进行交通强国建设的试点。

12月1日，浙江省交通运输厅印发《浙江省数字交通建设方案（2020—2025年）（试行）》。

12月21日，宁波舟山港年集装箱吞吐量首次突破2800万标准箱。

12月22日，浙江省委、省政府举行全省"县县通高速"集中通车暨"十四五"综合交通重大项目开工仪式。

后 记

　　根据浙江省交通运输厅的党史学习教育安排，2021年4月初，浙江省交通运输厅党史学习教育专班会同厅编志办公室组织编纂一部旨在反映浙江当代交通发展的简史，以展示中华人民共和国成立70余年来，浙江交通人在党的领导下筚路蓝缕、实干担当、砥砺奋进的光辉历程。

　　根据浙江交通的发展特点，《浙江当代交通简史》将中华人民共和国成立之后70余年的交通发展史分为四个时期：第一个时期（1949—1977年），以新中国成立为关键节点，这一时期浙江快速恢复交通体系，并开展社会主义交通建设和管理的有益探索，取得了一定成就，但也遭受到"文化大革命"的巨大冲击；第二个时期（1978—1991年），以党的十一届三中全会召开为节点，这一时期国家工作重点转移到社会主义现代化建设上来，实行改革开放，浙江交通迎来了恢复发展的春天，交通面貌产生前所未有的深刻变化；第三个时期（1992—2002年），以省政府印发《关于加快交通基础设施建设的通知》为节点，这一时期全省深化交通改革，加快交通基础设施建设，突破"瓶颈"制约，实现快速发展；第四个时期（2003—2020年），以中共浙江省委提出"八八战略"为节点，这一时期浙江交通转向"先行引领"的跨越式发展，逐步走向强盛。为体现浙江交通在党史和新中国史中的特殊贡献，赓续共产党人精神血脉，正文之后增加两篇文章，分别介绍中国共产党梦想起航之地嘉兴南湖"红船"和后来提炼总结的"红船精神"，以及浙江水运支援解放浙江沿海岛屿及上海战斗的业绩。

　　本书主要由徐子寿编写，周永富、杨艳参与部分章节的编写，吕青负责全书统稿，袁晓笛负责绘图。在本书编写过程中，主要参考了《浙江通志·交通运输业志》（浙江科学技术出版社2022年版）、《浙江交通年鉴》、《浙江交通与改革开放三十年》（杭州出版社2008年版）、《浙江交通统计年鉴》以及《浙江交通旅游导报》等出版物。在编写时，得到了浙江省交通运输厅和相关处室的大力支持，浙江省交通运输厅的老领导对本书提出了宝贵的修改意见，提升了本书的质量，在此一并表示感谢！

因本书编写范围广，内容多，时间紧，不足之处在所难免，敬请读者批评指正！

编者

2023 年 7 月